上市公司内部人交易行为研究

SHANGSHI GONGSI
NEIBUREN JIAOYI XINGWEI YANJIU

徐向艺　房林林　宋理升　著

经济科学出版社
Economic Science Press

图书在版编目（CIP）数据

上市公司内部人交易行为研究/徐向艺，房林林，宋理升著．
—北京：经济科学出版社，2014.6
ISBN 978 – 7 – 5141 – 4682 – 0

Ⅰ.①上…　Ⅱ.①徐…②房…③宋…　Ⅲ.①上市公司－企业管理－研究－中国　Ⅳ.①F279.246

中国版本图书馆 CIP 数据核字（2014）第 108002 号

责任编辑：柳　敏　宋　涛
责任校对：靳玉环
版式设计：齐　杰
责任印制：李　鹏

上市公司内部人交易行为研究
徐向艺　房林林　宋理升　著
经济科学出版社出版、发行　新华书店经销
社址：北京市海淀区阜成路甲28号　邮编：100142
总编部电话：010 – 88191217　发行部电话：010 – 88191522
网址：www.esp.com.cn
电子邮件：esp@esp.com.cn
天猫网店：经济科学出版社旗舰店
网址：http://jjkxcbs.tmall.com
北京汉德鼎印刷有限公司印刷
华玉装订厂装订
710×1000　16开　15.75印张　270000字
2014年6月第1版　2014年6月第1次印刷
ISBN 978 – 7 – 5141 – 4682 – 0　定价：48.00元
（图书出现印装问题，本社负责调换。电话：010 – 88191502）
（版权所有　翻印必究）

摘　　要

　　上市公司内部人交易是指上市公司的董事、监事和高级管理人员及其亲属等买卖本公司股票的行为。上市公司内部人比外部投资者了解更多公司的内部信息，在信息优势的存在及逐利动机的驱使下，上市公司内部人交易极易转化为内幕交易，从而给上市公司、外部投资者及整个证券市场带来严重的负面影响。为此，我国立法曾经对内部人交易采取了"堵"的策略，即严格禁止上市公司内部人交易行为的发生，直到2006年新《公司法》的实施，才开始对上市公司内部人交易行为解禁，对内部人交易的管理变"堵"为"疏"。

　　从2006年内部人交易解禁到现在，八年的时间里内部人交易行为逐年增加。这一现象在促进了我国股票市场繁荣的同时也带来了负面影响，违规交易行为的层出不穷损害了证券市场的公平。那么，如今我国上市公司内部人交易的现状到底如何？内部人交易是否遵从了及时披露的原则？内部人买卖自家股票是否获得了超额收益？这种超额收益来自于内部人的信息优势吗？违规交易如何发生？其发生是否源于相关法律法规的漏洞？我国的相关立法同其他国家和地区相比存在哪些不足？又应当如何完善？这些问题的发现和解决意义重大，为此我们进行了相关研究。本书共八章，主要内容如下：

　　第一章，绪论。主要介绍了上市公司内部人交易行为的研究背景、研究意义、研究内容、基本框架结构以及研究方法。第二章，概念辨析与文献综述。对内部人交易、内幕交易、短线交易等概念进行了辨析，梳理了国内外有关内部人交易的文献，明确了国内外对内部人交易行为的研究进程，为后续研究奠定了理论基础。第三章，上市公司内部人交易行为的现状分析。利用沪深证券交易所公布的内部人交易数据，从交易的规模、频率、方向、市值、短线交易及其处罚等方面明确了内部人交易的现状及存在的问题。第四章，上市公司内部人交易的市场反应分析。利用实证研究方法研究了内部人交易的市场反应以及影响因素，以此来判断内部人交易是否获得超额收益。第五章，上市公司内部人交易信息披露的及时性分析。利用实证研究方法考察了内部人交易信息披露的及时性问题以及影响及时披露的因素。第六章，上市公司内部人交易的国际立法比较与启示。利用比较分析法考察了国内外内部人交易立法的区同，在借鉴发达国家先进立法的基础上，提出了完善我国内部人交易法律法规的启示。第七章，上市公司内部人交易的相关案例分析。从短线交易的主体范围认定、身份时点认定、交易行为认定、短线交易归入收益计算等方面考察了不同国家的司法实践。第八章，上市公司内部人交易治理机制设计。在总结前文的基础上从不同层面提出了对上市公司内部人交易进行规范管理的具体措施。

本书的创新之处主要体现在以下两方面：

第一，提出了自动锁定违规交易账户法、预交易公告制度及上市公司内部人财产申报制度三个对上市公司内部人交易进行规范管理的措施。自动锁定违规交易账户法是一种通过及时锁定违规内部人交易账户来防止违规交易行为发生的新方法；预交易公告制度是一种内部人交易的事前申报制度，具体指上市公司内部人在进行买卖双向股票交易之前就进行申报，并且必须按照已申报的交易方向、时间、规模进行交易；上市公司内部人财产申报制度是一种通过监督内部人财产来源来控制内部人非法交易的新方法，要求上市公司内部人准确及时的申报个人及家庭成员的财产状况及来源。

第二，提出了完善我国上市公司内部人交易立法的建议。本书在对美国、日本、韩国、中国台湾等国家和地区的内部人交易相关立法及司法实践比较分析的基础上，借鉴其他国家立法先进之处，从内部人持股申报、严格信息披露、短线交易主体、客体范围认定、短线交易归入收益计算及归入权行使等方面提出了完善我国内部人交易立法的建议。

目 录

第一章 绪论 …………………………………………………… 1
    一、研究背景与意义 ……………………………………… 1
    二、研究思路与研究框架 ………………………………… 3
    三、研究方法 ……………………………………………… 5
    四、创新点 ………………………………………………… 5

第二章 概念辨析与文献综述 ………………………………… 7
    一、主要概念界定与辨析 ………………………………… 7
    二、国内外相关文献综述 ………………………………… 10
    三、本章小结 ……………………………………………… 16

第三章 上市公司内部人交易行为的现状分析 ……………… 18
    一、样本选择 ……………………………………………… 18
    二、现状分析 ……………………………………………… 20
    三、本章小结 ……………………………………………… 29

第四章 上市公司内部人交易的市场反应分析 ……………… 30
    一、引言 …………………………………………………… 30
    二、理论分析及研究假设 ………………………………… 31
    三、研究设计 ……………………………………………… 33
    四、实证检验 ……………………………………………… 36
    五、本章小结 ……………………………………………… 44

第五章 上市公司内部人交易信息披露的及时性分析 ……… 45
    一、引言 …………………………………………………… 45

二、理论分析及研究假设 …………………………………… 46
三、研究设计 ………………………………………………… 50
四、实证检验 ………………………………………………… 53
五、本章小结 ………………………………………………… 60

第六章 上市公司内部人交易的国际立法比较与启示 ………… 61
一、上市公司内部人交易的法律比较 ……………………… 61
二、上市公司内部人交易的立法启示 ……………………… 89
三、本章小结 ………………………………………………… 95

第七章 上市公司内部人交易的相关案例分析 ………………… 97
一、对短线交易非股东型主体范围认定的案例 …………… 97
二、对短线交易股东型主体范围认定的案例 ……………… 103
三、对短线交易主体身份时点认定的案例 ………………… 105
四、对短线交易行为认定的案例 …………………………… 108
五、对短线交易归入收益计算的案例 ……………………… 110
六、本章小结 ………………………………………………… 111

第八章 上市公司内部人交易治理机制设计 …………………… 112
一、上市公司内部人交易的管理现状及不足 ……………… 112
二、上市公司内部人交易治理机制 ………………………… 116
三、本章小结 ………………………………………………… 122

参考文献 ……………………………………………………………… 123
附录一：上市公司内部人交易相关法律法规 …………………… 131
一、美国内部人交易相关法律法规 ………………………… 131
二、德国内部人交易相关法律法规 ………………………… 136
三、日本内部人交易相关法律法规 ………………………… 137
四、中国内部人交易相关法律法规 ………………………… 139
五、我国台湾地区内部人交易相关规定 …………………… 166
附录二：上市公司内部人交易行为研究的相关阶段性成果 …… 169
金字塔结构与股价信息含量 ………………………………… 169
金字塔结构、股权制衡与上市公司股价信息质量 ………… 185

基于 SAMO 框架的中外上市公司信息披露机制比较研究 ………… 201
母子公司关联度与子公司审计师选择 ……………………………… 211
母子公司治理研究脉络梳理与演进趋势探析 …………………… 226

第一章

绪　论

自 2006 年新《公司法》对内部人买卖自家公司股票行为解禁以来，我国上市公司内部人交易得到迅猛发展。内部人交易在促进上市公司对管理层激励及股票市场繁荣的同时，内部人违法交易行为的出现也损害了外部投资者的利益及证券市场的公平。本书正是在此背景之下，对内部人交易行为进行研究，主要内容有上市公司内部人交易行为现状分析、内部人交易市场反应分析、信息披露的及时性分析、内部人交易立法及司法实践的国际比较、内部人交易治理机制设计等。本章内容作为本书的开篇，主要包括本书的研究背景与意义、研究思路与框架、研究方法以及本书的创新点四部分内容。

一、研究背景与意义

(一) 研究背景

上市公司内部人交易是指上市公司的董事、监事和高级管理人员及其亲属等买卖自家公司股票的行为。由于内部人比外部投资者掌握更多有价值的内部信息，若允许内部人交易，必然会导致内幕交易的增加。因此，我国处于对外部投资者保护的考虑，曾一度对内部人交易行为进行严格禁止，直到 2006 年新《公司法》实施才开始对内部人交易实行有条件的解禁。

仔细分析我国立法对内部人交易态度转变的原因，主要有以下三点：

第一，内部人交易并不必然会转换为内幕交易，美国、欧洲等成熟资本市场考虑到公司内部人的正常经济需求以及法律上的无罪推定，从来没有完全禁止过内部人交易；第二，我国1999年开始管理层持股作为一种对公司管理层的激励手段被广泛应用，随后又推行了对管理层的股权激励，但禁止内部人交易法律规定的存在，限制了管理层持股及股权激励作用的有效发挥，为了顺应环境的变化也应当放开对内部人交易的规定；第三，股权分置改革使非流通股通过支付对价等方式获得解禁并得以流通，股票市场逐渐繁荣。随着股权分置改革的逐步完成，内部人持有的股票也获得了流通权，这些股票的正常流通也需要我国立法解除对内部人交易的限制。

为此，从2006年新《公司法》、新《证券法》颁布开始，我国法律法规对内部人交易开始有限制的解禁，主要规定如：2006年新《公司法》第142条规定，"公司董事、监事、高级管理人员应当向公司申报所持有的本公司的股份及其变动情况，在任职期间每年转让的股份不得超过其所持有本公司股份总数的25%"；2006年新《证券法》第47条规定，"上市公司董事、监事、高级管理人员、持有上市公司股份5%以上的股东，将其持有的该公司的股票在买入后六个月内卖出，或者在卖出后六个月内又买入，由此所得收益归该公司所有，公司董事会应当收回其所得收益"；中国证监会2007年4月25日发布的《上市公司董事、监事和高级管理人员所持本公司股份及其变动管理规则》第11条规定，"上市公司董事、监事和高级管理人员所持本公司股份发生变动的，应当自该事实发生之日起2个交易日内，向上市公司报告并由上市公司在证券交易所网站进行公告"；第13条规定，"上市公司董事、监事和高级管理人员在下列期间不得买卖本公司股票：上市公司定期报告公告前30日内；上市公司业绩预告、业绩快报公告前10日内；自可能对本公司股票交易价格产生重大影响的重大事项发生之日或在决策过程中，至依法披露后2个交易日内；证券交易所规定的其他期间。"除此之外，沪深证券交易所还针对内部人交易及相关问题公布了详细的业务指引。

然而，从近几年的内部人交易情况来看，虽然我国立法对内部人交易作出上述诸如转让股份份额、短线交易收益归入、及时信息披露和交易敏感期等多项限制，但从相当一部分内部人交易买卖时点的精准性来看，内部人违规交易的现象较为普遍。例如，2007年1月11日《上海证券报》的一篇题为"上市公司高管成炒股高手"的报道引起了市场的广泛关注；

同年6月6日《北京商报》也报道了"上市公司高管违规炒股仍猖獗，9天揪出13例"的文章；2010年11月23日《新闻报》道了北陆药业（300016）股东频繁违规交易现象，北陆药业（300016）高管无视法律法规竟然在1个月内多次违规短线交易。上述这些现象损害了其他投资者利益，扰乱了证券市场的正常秩序，给投资者、上市公司、证券市场等都造成了诸多不利影响。

本书正是在上述背景之下，利用沪深证券交易所公布的内部人交易数据，分析了上市公司内部人交易的实际状况；考察了内部人交易的市场反应和信息披露情况；并在内部人立法及司法实践层面进行了国际比较，最终在此基础上提出了对内部人交易进行规范管理的措施。

（二）研究意义

本书对内部人交易行为的研究，有利于制止内部人违规交易行为，促进对内部人交易的规范管理。其中，对内部人交易现状、内部人交易的市场反应及信息披露及时性的分析，清楚地呈现了内部人交易解禁以来的实际交易状况，存在的问题及弊端；对国际上内部人交易相关法律法规及司法实践的比较，明确了发达国家立法的先进及我国立法的不足之处，有利于我国的立法借鉴。总之，本书的研究及结论，为我国有关公司内部人交易法规完善、制度建立提供有益的建议，有利于更好地维护证券市场参与者之间信息获知的平等地位，防止具有信息优势的内部人以外部人利益为代价来获取超额利润，维护所有投资者的信心和证券市场的稳定，对我国内部人交易相关法律法规的制定及上市公司内部人交易行为的规范管理具有积极的借鉴意义。

二、研究思路与研究框架

（一）研究思路

对内部人交易的规范管理，必须从对内部人交易现状的正确认识开始。因此，本书首先用三章的内容考察了内部人交易现状、内部人交易市场反应及信息披露的及时性问题。内部人交易现状分析为本书其他研究奠定了基础，提供了内部人交易的特征、违规交易及其处罚措施等方面的信息；内部人交易之所以备受关注，源于外界对内部人超额收益的质疑，对内部人交易市场反应的分析，提供了判断内部人是否利用内部信息获得超额收益的方法；对信息披露及时性的分析，明确了影响内部人交易信息披露因素，为内部人交易规范管理提供了依据。

其次，完善有关内部人交易的立法，是对内部人交易规范管理的重点。因此本书在对内部人交易现状剖析之后，用两章内容综合比较了美国、日本、韩国、中国台湾等国家和地区有关内部人交易立法及司法实践的区同，为我国内部人交易立法的完善提供借鉴。

最后，本书综合上述研究，从上市公司自治、中间性组织监管、国家立法规制、市场参与管理四个方面提出了对内部人交易规范管理的措施。

(二) 研究框架

本书的研究框架如图1-1所示。

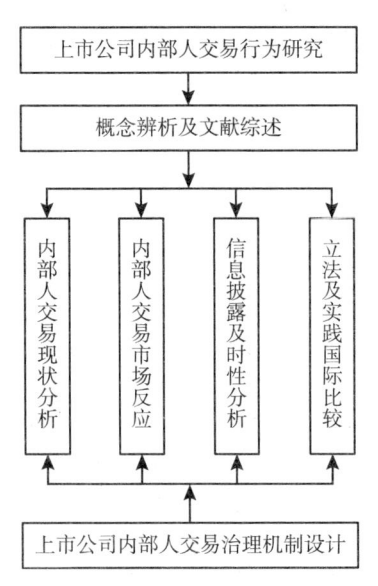

图1-1 内部人交易行为研究框架

三、研究方法

本书主要采用文献研究、实证研究及比较分析的方法。

第一，文献研究法。通过大量解读国内外与内部人交易相关的文献，包括书籍、论文等，厘清内部人交易研究进展，为本书研究相关问题打好理论基础。

第二，实证研究法。本书采用沪深证券交易所及其他权威机构公布的数据为样本，运用描述性统计方法分析了我国上市公司内部人交易的现状；并在此基础上采用T检验、Z检验、多元回归和Logistic回归等实证方法，对上市公司内部人交易的市场反应以及相关信息的披露情况进行了实证研究，检验了内部人超额收益的获取及信息披露的影响因素等。

第三，比较分析法。本书对内部人交易相关立法及司法实践的分析采用了比较分析的方法，从持股报告、信息披露、短线交易及司法判例等具体层面分析了我国与发达国家立法的异同。

四、创新点

本书主要有以下两个创新点：

第一，本书提出了自动锁定违规交易账户法、预交易公告制度及上市公司内部人财产申报制度三个措施。自动锁定违规交易账户法是一种通过及时锁定违规内部人交易账户来防止违规交易行为发生的新方法，与违规交易发生后的惩罚措施相比，自动锁定违规交易账户能够更有效地防止违规交易行为的发生；预交易公告制度是一种内部人交易的事前申报制度，具体指上市公司内部人在进行买卖双向股票交易之前就进行申报，并且必须按照已申报的交易方向、时间、规模进行交易。目前，实施的事后披露制度容易导致股份变动发生后延期报告或者不报告的情况发生，而预交易公告制度能有效防止这一缺陷，并且能够有效压缩内部人利用信息优势进行交易的获利空间；上市公司内部人财产申报制度是一种通过监督内部人财产来源来控制内部人非法交易的新方法，该制度要求上市公司内部人准确及时地申报个人及家庭成员的财产状况及来源，尤其是巨额财产的来源,这一制度能够有效约束内部人非法获利的行为。

第二,提出了完善我国上市公司内部人交易立法的建议。本书在对美国、日本、韩国、中国台湾等国家和地区的内部人交易相关立法及司法实践比较分析的基础上,借鉴其他国家立法先进之处,从内部人持股申报、严格信息披露、短线交易主体、客体范围认定、短线交易归入收益计算及归入权行使等方面提出了完善我国内部人交易立法的建议。

第二章

概念辨析与文献综述

本章包括以下两方面内容:第一,对上市公司内部人交易、内幕交易、短线交易归入制度的概念进行界定及辨析,明确本书的研究对象;第二,对内部人交易的国内外文献进行综述,厘清目前国内外相关领域研究进程。

一、主要概念界定与辨析

研究上市公司内部人交易行为,必然会涉及内幕交易、内部人短线交易等,其中内部人交易与内幕交易很难区分,如国内学者曾庆生[①]定义公司内部人买卖本公司证券的行为为广义的内幕交易,尤其是国外文献中内部人交易及内幕交易的英文表述都是 Insider trading。然而实际上,上市公司内部人交易、内幕交易、内部人短线交易有本质的区别,不能等同。因此,对内部人交易及其相关概念的界定及辨析十分必要。

(一) 内部人交易

内部人交易是指上市公司内部人及其亲属等买卖自家公司股票的行为。上市公司内部人交易的主体是内部人,要想清楚了解内部人交易,就必须明确其主体即内部人究竟是指哪些人?首先看立法层面,新《公司法》、新《证券法》、《上市公司董事、监事和高级管理人员所持本公司股

[①] 曾庆生:《公司内部人具有交易时机的选择能力吗?——来自中国上市公司内部人卖出股票的证据》,载《金融研究》2008 年第 10 期。

票及其变动管理规则》是规范我国内部人交易行为的主要法律法规，规定内部人为上市公司的董事、监事、高级管理人员及持有上市公司股份5%以上的大股东；其次是不同文献的界定不同，如国外学者戴伊（Dye, 1984）规定内部人为公司高层管理人员；而福尔—格里默和格鲁伯（Faure - Grimaud & Gromb, 2004）则把内部人限定在公司大股东，尤其是控股股东及首要的融资机构上；国内学者李勇（2005）[①]定义内部人主要指发行股票或公司债券的董事、监事、经理、副经理以及有关高级管理人员，还包括持有公司5%以上股份的股东；曾庆生（2011）定义公司的内部人仅限于公司董事、监事、高级管理人员；张俊生（2011）还对内部人亲属的股票交易行为进行了研究。本书出于保障证券市场公平公正，严格规范内部人交易的考虑，采取了更为宽泛的界定，即认为上市公司内部人应包括上市公司的董事、监事、高级管理人员和持有上市公司股份5%以上的大股东及其相关人员，其中相关人员包括上市公司董事、监事、高级管理人员的父母、配偶、子女、兄弟姐妹及上市公司董事、监事、高级管理人员所控制的法人或其他组织[②]。

（二）内幕交易

内幕交易是证券交易内幕信息的知情人和非法获取内幕信息的人，利用或者建议他人利用内幕信息在该信息尚未正式披露之前从事证券交易以达到获利或者减少自身损失的目的的交易行为。从内幕信息定义来看，内幕信息和内幕信息知情人判定内幕交易的关键因素，对这两个因素我国2006年新《证券法》中都有相应的规定。

新《证券法》第75条对内幕信息做了详细描述，即内幕信息包括涉及公司的经营、财务或者对该公司证券的市场价格有重大影响的尚未公开的所有信息；同时该法第74条规定内幕信息知情人不仅包括上市公司的董事、监事、高级管理人员，持有公司5%股份的股东等公司内部人，还包括证券监督管理机构、保荐人承销的证券公司、证券交易所、证券登记结算机构、证券服务机构的工作人员等公司外部人。

[①] 李勇、朱淑珍：《内部人交易与信息披露成本》，载《中国矿业大学学报》2005年第9期。

[②] 本书中上市公司内部人的相关人员范围划分遵循深圳证券交易所上市公司诚信记录中的相关规定。

（三）内部人短线交易及归入制度

内部人短线交易指在上市公司内部人将其持有的该公司的股票在买入后6个月内卖出，或者在卖出后6个月内又买入的交易行为。短线交易归入制度是指上市公司内部人因短线交易所获收益应当归该上市公司所有，上市公司董事会有权收回此收益。

内部人短线交易是上市公司内部人交易的一种特殊形式，是一种违法的交易行为。目前，我国对内部人短线交易的惩罚主要包括两个方面：第一是剥夺相应收益；第二是给予警告及罚款。纵观内部人短线交易的相关规定可发现，内部人短线交易及归入权的概念在1993年颁布的《股票发行与交易暂行条例》中首次提出，该《条例》第3章第38条规定："股份有限公司的董事、监事、高级管理人员和持有公司5%以上有表决权股份的法人股东，将其所持有的公司股票在买入后6个月内卖出或者在卖出后6个月内买入，由此获得的利润归公司所有。"2006年新《证券法》中进一步提出了对内部人短线交易的惩罚措施，即该法第195条规定对违法短线交易行为给予警告，并处3万元以上10万元以下罚款。

（四）三者的区别与联系

上市公司内部人交易、内部人短线交易和内幕交易三者有一定的联系，但不能完全等同。总体来讲，内部人短线交易属于违法的内部人交易，当上市公司内部人在6个月内存在反向交易时，就应当被认定为短线交易；如果内部人交易、内部人短线交易是利用了内幕信息而为，那么两者就构成了内幕交易。具体来说，三者的区别主要表现以下几个方面：

1. 交易的主体不同

目前，我国法律规定内部人交易、内部人短线交易的主体是上市公司的董事、监事、高级管理人员及持股比例在5%以上的大股东，而内幕交易的主体除上述的公司内部人之外，还包括证券监督管理机构、保荐人承销的证券公司、证券交易所、证券登记结算机构、证券服务机构的工作人员等公司外部人。因此，内幕交易的主体范围较大，也就是说利用了内幕信息进行交易的内部人交易及短线交易一定是内幕交易，但内幕交易不一定都是内部人交易,更不同于内部人短线交易。

2. 交易的动机不同

内部人短线交易和内幕交易的主要动机是非法获利或减少自身损失,通过利用内幕信息或者信息优势操作股票,获得非法利润,两者都属于违法交易行为。内部人交易的动机除了获得利润之外还有上市公司内部人规避风险需要、资金流动性需要、公司经营状况信号传递的需要等诸多因素。

3. 法律的监管不同

上市公司合法内部人交易应当受到法律保护,但内部人短线交易及内幕交易属于违法交易,必须加以严格监管及处罚。对于内幕交易行为,各国纷纷出台相应法律法规予以严格监管,并且惩罚力度较大;然而对内部人交易的监管我国与西方发达国家有所区别,许多发达国家对内部人交易行为从未禁止过,但我国为了更好地从源头控制内幕交易的发生及维护资本市场稳定的考虑,直到2006年随着新《公司法》的完善,才开始对内部人交易进行有条件的解禁。

二、国内外相关文献综述

国外学者很早就开始了对内部人交易行为的研究,与此相关的文献颇多,总体来说研究主要集中在内部人交易的利弊分析、影响因素分析、获利策略选择、规范管理措施等方面。国内内部人交易合法化至今时间较短,现有相关文献主要集中在内部人交易的获利动机、获利策略、信息披露对内部人交易的影响、内部人交易的管理等方面。[①]

(一) 内部人交易的利弊分析

国外对内部人交易的利弊之争一直存在,相关学者也分为内部人交易的支持派和内部人交易的反对派,直到现在利大于弊,还是弊大于利也没

---

① 此处内容参考房林林硕士论文《上市公司内部人交易及其规范管理研究》,2012年3月。

有定论，这也是国外一直没有完全禁止内部人交易的原因之一。

国外支持内部人交易的学者主要处于以下两方面的考虑：第一，支持者认为允许内部人交易有利于对管理层激励，有利于降低代理成本。例如，曼恩（Manne, 1966）指出，允许内部人交易可以使公司的管理层通过交易股票来分享公司的剩余价值，从而提高股东与管理层利益的一致性；卢西安（Lucian, 1993）研究表明允许内部人交易可以提高管理层在决策上的努力程度，进而可能增加公司的价值和股东的利益；兰特（Rand, 2010）研究表明允许高管交易自家股票，可以促使他们放弃对不利项目的投资的决定，提高资金的利用率。第二，其他支持内部人交易的学者认为内部人交易有利于股票价格对公司信息准确反映，有利于股票市场流动性的提高。例如，曹（Cao, 2003）通过实证方法证明内部人交易提高了股票的流动性，有利于股票价格的平缓调整，并能有效避免重大信息披露带来的股票价格的大起大落。

国外反对内部人交易的学者对上述观点提出反驳，并认为内部人交易增加了代理成本，损害了其他投资者的利益，不利于股票市场的流动性。王和斯坦伯格（Wang & Steinberg, 1996）认为内部人交易行为中企业家获得的补偿大大低于投资者对内部人交易行为的监管成本；利兰德（Leland, 1992）指出，内部人交易在保障公司内部人利益的同时，还对外部利益相关者和流动性交易者造成伤害；杜和魏（Du & Wei, 2004）研究表明当内部人交易行为越普遍，股票市场的波动就越剧烈；程（Cheng, 2005）还通过研究发现了内部人交易降低股票流动性的证据。

国内支持内部人交易的学者，比如刘虹俊（2004）认为内部人交易对外部投资者尤其是散户投资者具有一定指导意义，投资者可以通过分析交易数量、类型、参与人数、买卖的价格时机等方面来决定自己的投资或者改变已有的投资计划；方晓雄（2010）通过实证分析的方法证明跟随内部人交易能给投资者带来超额收益。而反对内部人交易的学者也提出了充分的证据，他们认为内部人交易损害证券市场的公平性，损害公众投资者利益，使其对市场丧失信心，导致企业的外部融资更加困难，对上市公司声誉造成负面影响，同时也影响经营者对公司经营状况的正确判断。

（二）内部人交易的影响因素

对于内部人交易影响因素的研究，国内外文献主要集中在超额收益、内部信息、信息披露、公司治理、公司业绩、法律法规等方面对内部人交易的影响方面。

1. 超额收益的影响

较早的内部人交易文献，关注的主要问题就是内部人交易能否给内部人带来超额收益？通过不同方法的分析，众多学者得出了一致性结论。例如，国外学者杰菲（Jaffe，1974）首次运用事件研究的方法估计内部人的超额收益，分析了 1962～1968 年美国 200 家大型企业高管与董事股票交易的盈利情况，证实内部人交易能获得接近 8% 的超常收益率，并且发现外部投资者追随内部人交易的行为同样能够获得超额收益；费雷拉和布鲁克斯（Ferreira & Brooks，2000）也通过研究证实通过内部人交易的确能够获取超额收益。除此之外，国外学者普遍认为内部人买入行为比卖出行为获利更强，主要原因在于，一方面，内部人卖出交易除了获取收益外，呈现出多样化动机，比如为了平衡交易、分散投资风险、增强股票流动性等；另一方面，国外对内部人卖出股票交易监管较严，导致内部人违规减持成本较高，从而限制了内部人利用卖出交易获利的行为。

国内有关内部人超额收益的文献比较丰富。例如，曾庆生（2008）通过短窗口研究发现，上市公司内部人卖出本公司股票时具有较强的时机把握能力，并且证明不同职位的内部人交易超常回报有所不同；方晓雄（2010）发现上市公司内部人买入股票长期超常回报显著；曾亚敏，张俊生（2009）在对上市公司高管违规短线交易行为研究时发现，有目的的短线交易均获得了超常回报；张俊生、曾亚敏（2011）运用"持有期超额收益法"对上市公司内部人亲属短线交易行为进行了研究，表明内部人亲属股票交易整体而言能够获得超额收益。

2. 内部信息及信息披露的影响

众多学者对上市公司内部人具有较强信息优势的观点达成共识，认为他们比外部投资者能够更早、更多地获得公司有价值的信息，那么这是否就意味着内部人的获利源于其信息优势的存在呢？为此，国外众多学者从分析不同样本之间投资收益的差别出发进行了判断。例如，洛莉和尼德霍夫尔（Lorie & Nieder Hoffer，1968）、芬纳蒂（Finnerty，1976）均证实了内部人确实存在利用信息优势获利的情况；阿布迪（Aboody，2005）也发现信息不对称情况导致了内部人交易的超常收益，并且内部信息不对称程度越高，内部人交易获得的超常收益就越大。

然而，随着各国的严格监管，直接利用内部信息获利的行为逐渐减少，因此众多学者开始关注信息披露对内部人交易的影响。比如，国外学者彭曼（Penman，1982）发现上市公司内部人对交易时点的选择较准确，表现为在利好信息披露引起股价上升之前有大量的内部人买入行为，在利空信息披露引起股价下降之前有大量的内部人卖出行为；文奇·达南贾伊和彼得（Venky Dhananjay & Peter，2003）进一步研究证实管理者存在为牟取私利操纵信息披露时机的行为，比如管理者在计划卖出股票之前，会持续披露利好消息从而抬高股价；程强和卢建（Cheng Qiang & Lo Kin，2006）也发现管理者在准备购买股票之前，存在故意披露坏消息导致股价下跌的行为；罗杰斯（Rogers，2008）研究表明内部人增持本股份前偏好披露低质量的预测信息。

除了操纵和选择信息披露时机之外，众多学者还发现内部人可能会通过操纵财务报表中的盈余数据来配合自己的交易。例如，雅吉和崔（Jaggi & Tsui，2007）研究发现上市公司内部人会通过公司盈余管理来帮助自己获利，即内部人准备减持股份之前，会通过操作应计增加创造有利的减持时机；萨威基和什雷斯塔（Sawicki & Shrestha，2008）研究发现内部人在购买本公司的股票之前倾向于调低盈余数据导致股价下跌，而当他们准备卖出股票之前则倾向于调高盈余数据导致股票价格上涨。

国内学者王雄元、张鹏（2008）以A股市场内部人股票交易活跃的6家公司为样本，通过考察其公司信息披露情况，解释了内部人利用私有信息及利用策略性信息披露进行获利的方式；曾庆生（2011）研究发现内部人为了配合自己的股票交易行为存在有意的信息披露延迟的状况，并且交易披露延迟时间长短与交易方向、交易是否处于信息敏感期、公司流通股比例、交易的规模等有关。总而言之，众多学者发现上市公司内部人存在利用私有信息获得超额收益的情况，并且内部人可以利用自己的权力提前或者延迟信息披露来配合自己的股票交易行为。

3. 公司治理的影响

上市公司的公司治理水平、股权结构、董事会特征、公司政策等方面都会对内部人交易行为产生一定的影响。巴博德（Barbedo，2007）通过对巴西不同证券市场的研究指出，公司治理要求越高的公司其发生内部人利用内部信息交易行为越少；格尼（Gunny，2008）认为治理环境较好的上市公司会运用各种方法降低内部人的代理成本，避免内部人交易发生；亨和特雷泽纳（Hung & Trezevan, 2003）对东南亚的家族企业研究发现，家族在董事会中的地位越高，盈余前后内部人交易越多；阿金卡（Ajinkya, 2005）、卡拉玛诺和瓦费斯（Karamanou & Vafaes, 2005）研究认为公司董事会是监督公司管理者信息披露行为的重要机制，具有较强独立性的董事会更有利于控制内部人交易行为的发生。如果公司董事长兼任公司总经理，那么董事会的独立性会明显下降，管理者受到监督的力度也就随之降低，内部人交易获利情况将更加明显；费德姆（Fidrmu, 2006）发现外部大股东的监督能够降低内部人交易信息含量的有效性；雅吉和崔（Jaggi & Tsui, 2007）研究发现独立董事的独立性越强，内部人交易的获利性越差。公司的政策影响内部人交易，贝蒂斯（Bettis, 2000）通过对626家公司的调查发现92%的上市公司出台了针对内部人交易的限制政策，其中78%公司规定了内部人交易的禁止期间，并且这一规定能成功的阻止禁止期间内内部人的短线交易；阿南德和贝尼（Anand & Beny, 2007）发现那些规模较大的跨国公司更可能制定限制内部人交易的公司政策。

4. 公司业绩的影响

公司的业绩状况影响内部人交易的方向，比如国外学者皮奥特洛斯基和罗尔斯登（Piotroski & Roulstone, 2005）发现公司内部人交易与公司未来经营利润的变化呈正相关关系，因而认为公司内部人对公司未来的经营状况的认识影响了内部人交易行为；程强和卢建（Cheng Qiang & Lo Kin, 2006）研究认为，上市公司的业绩状况会对内部人交易股票的行为产生影响，具体表现是当上市公司的业绩好时，内部人更愿意买入股票；当上市公司业绩差时，内部人抛售股票的行为增加。

5. 法律法规的影响

法律法规是规范上市公司内部人交易行为的依据，世界各国均制定了内部人交易的相关法律法规，其中美国、德国、日本等国家规定较具体，对违法内部人交易的惩罚较严重。我国从2006年对内部人交易解禁以来，相关的法律法规也逐步完善。

众多学者曾关注法律法规等规定对内部人交易的影响，研究得出一致结论，即上市公司内部人交易行为，受到相关法律法规的明显约束。例如，杜尔涅夫和纳安（Durnev & Nain, 2005）研究发现内部人交易法律执行力度较强的国家,内幕交易行为会显著下降;程强和卢建(Cheng Qiang & Lo Kin, 2006)的研究发现内部人在购买股票之前会利用坏消息的披露使股价降低,但在卖出股票之前却没有明显地利用好消息披露抬高股价的行为,究其原因可能是卖出股票时法律风险更大;阿克曼(Ackerman, 2006)以48个国家发生的19000个收购公告为研究样本,衡量不同国家法律体系完备与否和投资者保护水平的变量指标,发现在法律体系完备和投资者保护水平高的国家,内部人交易信息披露规则可以有效地降低内部人利用收购信息进行交易的发生率。

(三) 内部人交易的规范管理

国外对内部人交易的管理主要有加强立法和运用公司政策进行限制两种措施。在公司章程中明确除法律之外的对内部人交易的限制,是目前大多上市公司都采用的规范方法。比如,贝蒂斯(Bettis, 2000)通过问卷获得626家公司有关内部人交易行为限制的数据,其中92%的上市公司出台了针对内部人交易的限制政策。

国内内部人交易从2006年开始逐渐活跃,关于其规范管理的文献甚少,之前类似的研究主要集中在内幕交易的监管方面。内部人交易规范管理的一个重要目的就是防止其转化为非法的内幕交易,因此内幕交易的监管对内部人交易的规范管理有一定的借鉴意义。周宇润(2009)通过分析内幕交易对证券市场的负面影响,提出了抑制内幕交易的建议:完善信息管理制度和监管制度;加大内幕交易处罚的力度;建立多层次的监控体系;进行动态监控;实施辩方举证制度,解决民事责任缺位问题;实行证券交易实名制;建立高效的社会监督机制。陈恩、揭水利(2010)运用实证分析方法阐释了制约内幕交易的瓶颈因素,并结合实际尝试提出完善制度、严密监控、强化信息披露等打击防范内幕交易的对策。胡淑丽(2010)在研究内幕交易现状的基础上,提出了建立严格规范的信息披露制度,优化上市公司治理结构,提升证券市场监管水平,加强内幕交易人民事责任承担立法等多项改革措施。

总之,国内外有关内部人交易的关注从未间断过,随着我国企业的发展壮大和证券市场交易的日趋活跃,内部人交易更作为一个热点问题引起了广泛的关注,目前内部人交易的不规范行为仍旧接连发生,因此研究内部人交易的规范管理以及提出一些有针对性的预防措施,无论是对我国上市公司规范化管理，还是对国家证券市场法律法规的出台均具有重要的借鉴意义。

三、本章小结

本章第一部分首先对内部人交易、内幕交易、内部人短线交易的相关概念进行了辨析，即内部人交易是上市公司内部人买卖自家公司股票的行为，内幕交易是利用内幕信息进行股票交易非法获利或减少自身损失的行为，内部人短线交易是违法的内部人交易行为；其次明确了本书所指的上市公司内部人的范围即上市公司的董事、监事、高级管理人员、持有上市公司股份5%以上的大股东及其相关人员；最后分析了三个概念之间的区别与联系，其中三者的区别主要表现在交易主体不同、交易动机不同、法律法规的监管程度不同三个方面。

第二部分对本书相关的国内外文献进行了综述。主要包括内部人交易的利弊方面：支持者认为允许内部人交易可以对内部人起到激励作用，并且能够缓解代理成本，反对者认为会损害其他投资者的利益，危害证券市场的公平性；内部人交易的影响因素方面：超额收益是内部人股票交易的直接动机，拥有信息权力、信息披露掌控权促进了内部人股票交易，公司治理水平及国家的法律法规情况都影响着内部人交易行为；内部人交易的规范管理目前主要集中在法律层面。

从概念辨析及相关国内外文献来看，对内部人交易的规范管理还存在以下问题：

（1）忽视了内部人交易与内幕交易的区别。在概念方面，国外内幕交易与内部人交易的表述同为 Insider trading 一词，在相关文献中也没有对内部人交易和内幕交易的清晰界定，因此普遍出现两词混淆的情况；在相关文献中，截至目前国内外部分文献对内部人交易和内幕交易没有进行明确区分。

（2）缺乏中国情境下对内部人交易关键影响因素的分析。上市公司内部人交易的市场反应情况、相关信息披露的时间、内容等信息是了解内部人交易的关键因素，因此本书在剩余章节通过实证分析进行了探讨。

（3）缺乏与发达国家和地区的内部人交易的相关法律法规的比较。法律法规是规范内部人交易行为的基本依据，我国允许内部人交易的时间较短，相关法律法规存在较多不足和漏洞，因此通过比较借鉴发达国家的做法尤为必要。

（4）内部人交易规范管理的措施不够全面。国内外相关文献中对内部人交易规范管理的措施大多集中在完善法律法规层面上，对上市公司本身及证券交易所等中间机构的规范管理措施却较少涉及，因此本书在上市公司自治、中间性组织监管、国家立法规制、市场参与监管等方面对内部人交易的治理机制进行了探讨。

第三章

上市公司内部人交易行为的现状分析

2006年新《公司法》正式实施之前上市公司内部人在职期间买卖自家公司股票的行为尚属违法行为，新《公司法》的颁布放松了对上市公司内部人交易的约束，并且随着市场经济发展及股票市场的日益繁荣，上市公司内部人交易逐渐活跃，但与此同时内部人违法交易现象层出不穷，这一现象违背了国家对内部人交易合法化的初衷。本章通过对上市公司内部人交易数据的分析，阐述了国内内部人交易现状，以期对内部人交易的规范管理提供必要依据。

一、样本选择

上市公司内部人交易逐渐活跃的同时也暴露出许多问题，比如上市公司高管集体交易和频繁交易行为严重，内部人亲属短线交易行为日益增加等，国家证券监管部门针对这些问题相继颁布了一系列监管措施，沪深证券交易所也分别出台了一系列业务操作指引，那么时至今日上市公司内部人交易行为是否符合法律法规规定？交易现状又到底如何呢？本书利用沪深证券交易所公布的上市公司内部人交易数据进行分析。

所选样本包括以下四方面：样本一来自深圳证券交易所的"董监高及相关人员股份变动情况"；样本二来自深圳证券交易所的"短线交易情况"；样本三来自深圳证券交易所的"处罚与处分记录"；样本四来自上海证券交易所的"上市公司董事、监事、高级管理人员股份变动情况"。

深圳证券交易所网站"诚信档案"中"董监高及相关人员股份变动情况"子栏目公布了上市公司内部人交易情况，具体内容包括股份变动数量、成交均价、变动比例、股份变动人姓名、股份变动人与高管关系等。相关数据从2004年11月29日开始，鉴于新《公司法》于2006年1月1日起施行，本书选择2006年1月1日之后，即2006年2月17日到2011年10月20日之间的数据进行研究，在上述研究期间样本数据共计13653个。样本数据的股份变动原因一栏包括竞价交易、大宗交易、二级市场买卖、股权激励、增发配股和其他6个原因，其中以竞价交易、大宗交易和二级市场买卖为变动原因的股份变动能够反映上市公司内部人主动交易股票的行为，其他均为被动的改变股份，不符合本书的研究目的，因此在所有样本中剔除76个股权激励样本，3个增发配股样本，7个其他原因的样本共计13557个，包括1023家上市公司。

深圳证券交易所网站"诚信档案"中"短线交易情况"子栏目公布了上市公司内部人短线交易情况，符合研究目的的样本区间为2007年1月15日到2011年9月15日，共计288个。

深圳证券交易所网站"诚信档案"中"处罚与处分记录"子栏目公布了对上市公司违规违法行为的处罚与处分情况，被处罚与处分的上市公司主要涉及需披露信息未披露或者披露不及时，违规敏感期交易及短线交易等行为，处分的类型根据违规行为情节轻重分为交易所通报批评、交易所内部批评和交易所公开谴责3种。公告处罚记录从1998年2月24日起，截至2011年9月28日共计654条，符合研究目的的样本区间为2006年1月13日至2011年9月28日，共计244个。

上海证券交易所网站"诚信档案"中"上市公司董事、监事、高级管理人员股份变动情况"子栏目公布了上市公司内部人交易情况，变动内容包括股份变动日期和填表申报日期，其中股份变动日期是指实际进行交易的日期，填表申报日期是上市公司将股份变动情况报告给上海证券交易所的日期，通过这两个数据可以考察上市公司公告披露是否及时。符合研究目的的样本区间为2006年10月13日到2011年10月12日，共计5267个。[1]

---

[1] 此处内容参考房林林硕士论文《上市公司内部人交易及其规范管理研究》，2012年3月。

二、现状分析

(一) 内部人交易规模及市值方面

2006年以来上市公司内部人交易行为极其活跃,内部人交易规模和市值均较大,并且呈现年度递增的趋势。表3-1是对样本一中内部人交易规模和市值的描述性统计,其中内部人交易规模是指董监高股份变动的数量;内部人交易市值是股份变动的数量与成交均价的乘积;占公司股数比例是指变动的股数占该股票总体股本的比例。从表3-1统计结果来看,内部人交易的平均规模达到154450股,中位数为10000股;内部人交易的平均市值高达2506772元,中位数为183000元。在整个统计样本中,单笔交易股数最大值为2011年8月15日滨江集团(002244)董事卖出的25000000股;单笔交易市值最大为441371700元,是2010年9月28日焦作万方(000612)高管的卖出交易[①]。

表3-1　内部人交易规模和市值的描述性统计(N=13557)

类型	Mean	Std. Dev	Min	Median	Max
交易规模(股数)	154450	794061	1	10000	25000000
交易市值(元)	2513246	12830976	7	183000	441371700
占公司股数比例(‰)	0.612	2.665	0	0.045	50

资料来源:深圳证券交易所网站。

图3-1是对样本一的内部人交易规模和市值的年度数量总和的统计,其中条形值表示年度交易规模,折线值表示年度交易市值。从图3-1可见,内部人无论年度交易规模还是市值都呈上升趋势,并且上升幅度较大。2007年开始内部人交易更加活跃,全年交易总规模达到了1亿股,总市值为1.73亿元,2009年开始内部人交易有了突飞猛进的发展,到2010年内部人交易年度总交易规模已达7亿股,是2007年的7倍,年度交

[①] 交易数据来源于深圳证券交易所"诚信档案"中公布的"董监高及相关人员股份变动情况"的相关内容。

易总市值约为 130 亿元，是 2007 年的 75 倍。从以上数据可以看出，上市公司内部人交易活动逐年活跃，无论是交易规模还是交易市值都有逐年增加的趋势。

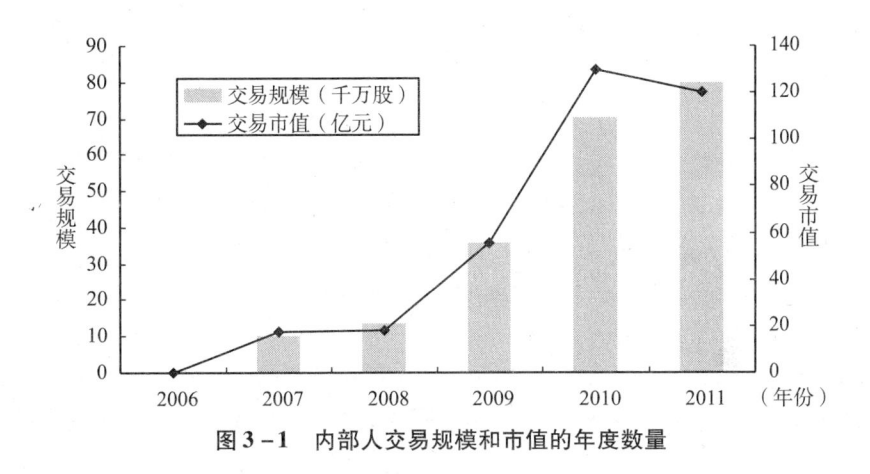

图 3-1 内部人交易规模和市值的年度数量

（二）内部人交易频率方面

上市公司内部人交易频率较大，并且有逐年增加的趋势，上市公司内部人亲属交易比较活跃，在亲属交易中内部人的配偶及兄弟姐妹的交易更加明显。表 3-2 是对样本一的上市公司内部人及相关人员股票交易频率的统计。从表 3-2 的统计结果来看，上市公司内部人的年度交易次数从 2007 年的 1917 次，到 2010 年的 3614 次已经增长了近 2 倍；内部人亲属总体交易比重较大，占全部交易的 38.99%，其中内部人的配偶，兄弟姐妹交易次数较多，分别为 1810 次和 1952 次，分别占总交易比例的 13.35% 和 14.40%，其次是父母，子女交易次数最少。

表 3-2　　上市公司内部人及相关人员股票交易发生频率

类型	2006 年	2007 年	2008 年	2009 年	2010 年	2011 年	合计	占比（%）
内部人本人	2	898	1216	1993	2436	1726	8271	61.01
内部人的配偶	0	494	332	416	313	255	1810	13.35
内部人的兄弟姐妹	0	330	306	528	424	364	1952	14.40
内部人的父母	0	101	113	216	163	79	672	4.95
内部人的子女	0	81	75	63	72	88	379	2.80

续表

类型	2006年	2007年	2008年	2009年	2010年	2011年	合计	占比（%）
受控法人	0	13	23	45	206	186	473	3.49
合计	2	1917	2065	3261	3614	2698	13557	100

资料来源：深圳证券交易所网站。

图3-2是上市公司内部人本人及亲属年度交易频率的比较。由图3-2可见，与张俊生、曾亚敏（2011）提出的内部人亲属交易频率已经远远高于内部人自身的交易频率有所不同，内部人亲属交易频率在2007年度曾高于内部人本人的交易频率，但之后的交易频率均低于内部人本人的交易频率。本章认为出现这一现象的原因可能是在允许内部人交易的初期，违规交易、频繁交易会给内部人本人带来怎样不利后果尚不明确，因此相对保守的内部人出于对自己利益的考虑，有意避开直接交易，而更多地以亲属的名义或者指导亲属进行交易，然后随后内部人本人交易的增多则直接

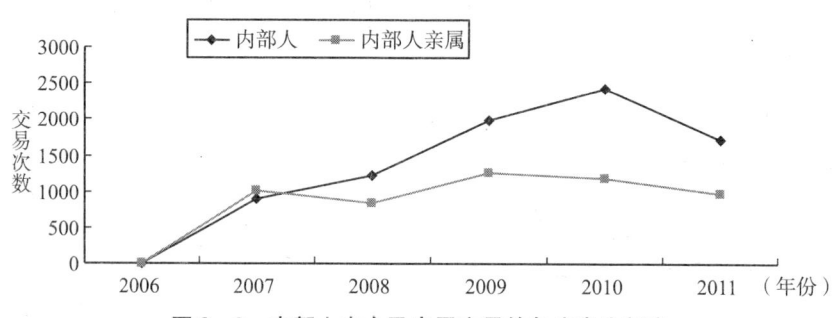

图3-2 内部人本人及亲属交易的年度发生频率

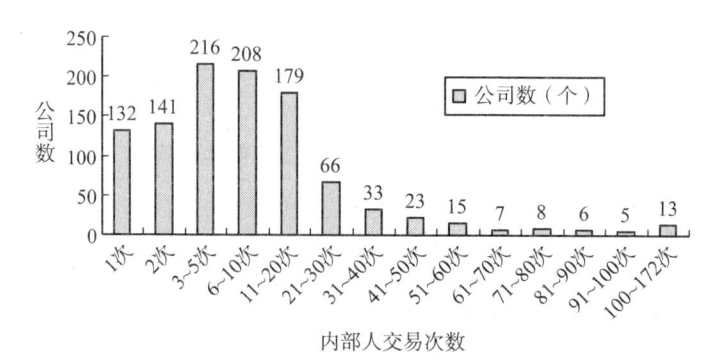

图3-3 单个上市公司内部人交易的发生频率

暴露了国家对内部人交易的监管不力。图3-3表示的是单个上市公司内部人交易的发生频率，从统计结果来看，所有参与内部人交易的上市公司共计1023家，单个公司交易次数在1次、2次的较多，其中共发生2次交易的上市公司最多达到141家，整个交易状况来看，交易次数在1~20次交易的上市公司数量最多为876家，占到了上市公司总数的85.6%，交易次数最多的上市公司为新嘉联（002188）交易共达172次之多。

（三）内部人集体交易方面

上市公司内部人集体频繁交易情况明显，并且同一上市公司内部人在短期内的交易方向保持高度一致。例如，样本一中发生内部人交易最多的上市公司新嘉联（002188）在2009年6月有6位高管先后23次卖出公司股票，2010年11月又有7位董事等先后15次卖出公司股票，卖出数额最大为450万股，最小也有6300股；再如，浙富股份（002266）的7位高管先后25次交易公司股票，并且均为卖出交易[①]。

（四）内部人交易方向方面

上市公司内部人交易中卖出交易比买入交易更加活跃，卖出交易的交易频率、交易规模、交易市值均高于买入交易，原因可能是卖出交易的动机比买入交易更多。表3-3和表3-4分别是对样本一中内部人卖出和买入股票交易规模和市值的描述性统计。统计结果显示，从内部人交易频率来看，买入交易共3301起，而卖出交易高达10256起，是买入交易的3.1倍；从内部人交易规模来看，买入交易的平均规模为27269股，卖出交易的平均规模为159384股，是买入交易的5.8倍；买入交易最大值为京新药业（002020）董事在2010年1月27日买入公司股票5070000股，占公司总股本的49.9261‰，而卖出交易的最大值为2011年8月15日滨江集团（002244）董事卖出25000000股，卖出交易最大值为买入最大值的4.9倍；从内部人交易市值来看，买入交易平均市值为329223元，卖出交易平均市值为3216116元，是买入交易的9.8倍；买入交易的最大值为

---

① 相关内容来源于深圳证券交易所"诚信档案"中"董监高及相关人员股份变动情况"公告的内容。

73834200 元，卖出交易的最大值是 441371700 元，发生在 2010 年 9 月 28 日焦作万方（000612）高管卖出的 2079000 股股票，是买入交易的 6 倍左右[1]。

表 3-3　内部人卖出交易股票规模和市值的描述性统计（N=10256）

类型（卖出交易）	Mean	Std. Dev	Min	Median	Max
交易规模（股数）	159384	904488	1	20000	25000000
交易市值（元）	3216116	14620592	6.99	333150	441371700
占公司股数比例（‰）	0.778	2.99	0	0.083	50

资料来源：深圳证券交易所网站。

表 3-4　内部人买入股票交易规模和市值的描述性统计（N=3301）

类型（买入交易）	Mean	Std. Dev	Min	Median	Max
交易规模（股数）	27269	162677	50	2100	5070000
交易市值（元）	329223	2389246	290	32320	73834200
占公司股数比例（‰）	0.096	1.037	0	0.007	49.93

资料来源：深圳证券交易所网站。

图 3-4 是对样本一中上市公司内部人卖出和买入交易的年度发生频率的描述。由图 3-4 清晰可见，内部人卖出交易的频率明显高于买入交易的频率，买入交易的年度交易次数相比变化不是很大，集中在 600~800 次，而卖出交易次数相对变化较大，在 1000~3000 次之间，尤其 2009 年开始卖出交易次数大幅上升，数据显示 2009 年卖出交易次数为 2644 次，是上年即 2008 年的 2 倍。卖出交易和买入交易次数差别最大的一年是在 2010 年，卖出交易为 2981 次，买入交易为 633 次，相差 2348 次，卖出交易是买入交易的 4.7 倍。

图 3-5 和图 3-6 是分别是深圳证券交易所 2010 年和 2011 年的高管买卖公司股票市值和规模的统计，从图中可以明显看出无论是交易规模还是交易市值高管的卖出交易都要明显地大于买入交易。

---

[1]　交易数据来源于公开披露的相关上市公司年报。

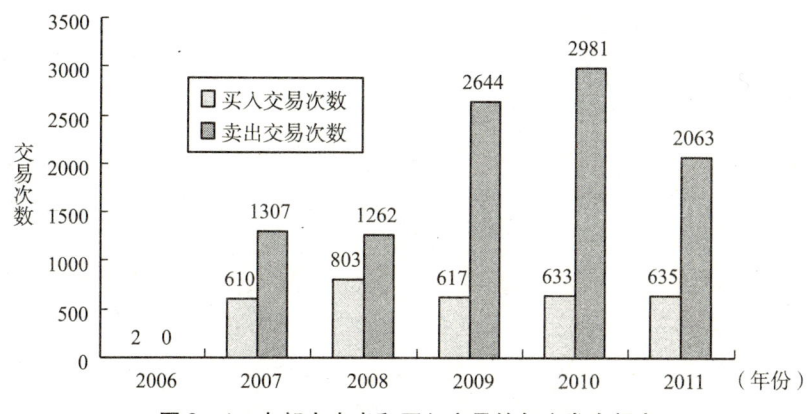

图 3-4 内部人卖出和买入交易的年度发生频率

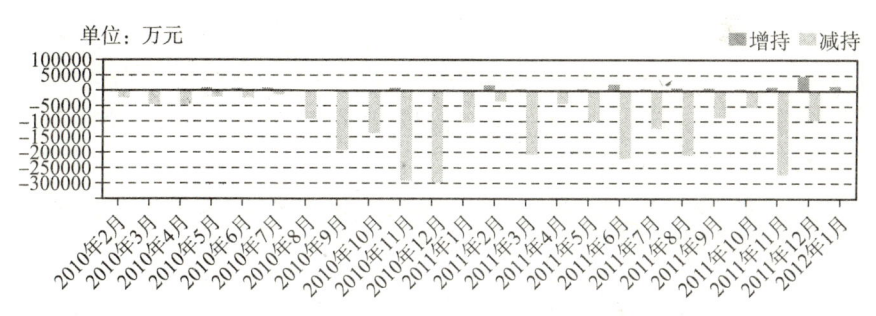

图 3-5 深圳证券交易所高管买卖股票市值统计

资料来源：东方财务网数据中心。

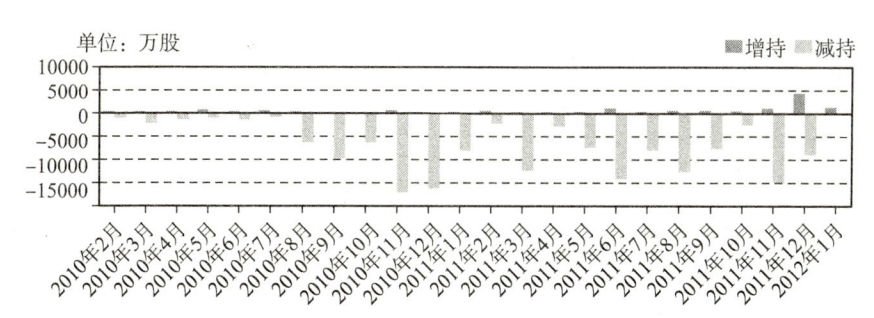

图 3-6 深圳证券交易所高管买卖股票规模统计

资料来源：东方财务网数据中心。

(五) 内部人短线交易方面

国家允许上市公司内部人交易,但严禁内部人短线交易行为,然而从样本二数据来看仍然存在不少短线交易行为,并且短线交易次数较多,交易规模和市值均较大。比如三元达(002417)董事在 2011 年 7 月 7 日买入 40000 股后当天又卖出 227450 股;再如江苏洋河股份(002304)高管 2011 年 2 月 17 日买入公司股票 252500 股,然而在 2011 年 6 月 28 日该高管又卖出公司股票 90000 股,上述上市公司内部人在买入公司股票之后不足 6 个月内又卖出公司的股票,违反了短线交易的规定。

表 3-5 是对样本二的短线交易按买入和卖出两个方向的交易次数的统计。样本区间内内部人短线交易共计 288 例,仅 2009 年就达 100 例,平均每月发生 8.3 例。表 3-6 是对样本二的内部人短线交易规模和市值的描述性统计,内部人平均买入股票 22298 股,平均卖出股票 54155 股,平均买入股票市值为 331892 元,平均卖出股票市值为 935475 元。短线交易的最大规模及市值均为拓邦股份(002139)大股东于 2009 年 12 月 30 日的卖出交易 1600000 股,交易市值为 23776000 元[①]。

表 3-5　　　　内部人短线交易分类统计 (N = 288)

类型 (短线交易)	2007 年	2008 年	2009 年	2010 年	2011 年	合计
买入交易 (例)	20	15	32	27	20	114
卖出交易 (例)	23	24	68	42	17	174
合计	43	39	100	69	37	288

表 3-6　　　　内部人短线交易规模和市值的描述性统计 (N = 288)

类型 (短线交易)	Mean	Std. Dev	Min	Median	Max
买入交易规模 (股数)	22298	95597	100	2000	765249
买入交易市值 (元)	331892	1457967	1124	32150	11989000
卖出交易规模 (股数)	54155	167664	1	5000	1600000
卖出交易规模 (元)	935475	2914943	18.2	71688	23776000

---

① 相关数据来自于深圳证券交易所"诚信档案"中"短线交易情况"公布的内容。

图 3-7 表示样本二中内部人短线交易买卖双方的年度公司数量，由图 3-7 可见卖出交易的年度公司数量总体多于买入交易的年度公司数量。图 3-8 表示样本二单个上市公司发生内部人短线交易的次数。由图 3-8 可见，2007 年以来共发生两次短线交易的公司数最多为 39 家公司，发生短线交易次数最多的是拓邦股份（002139）高管在 2009 年 6 月 9 日到 2010 年 12 月 9 日之间进行短线交易次数达 27 次。

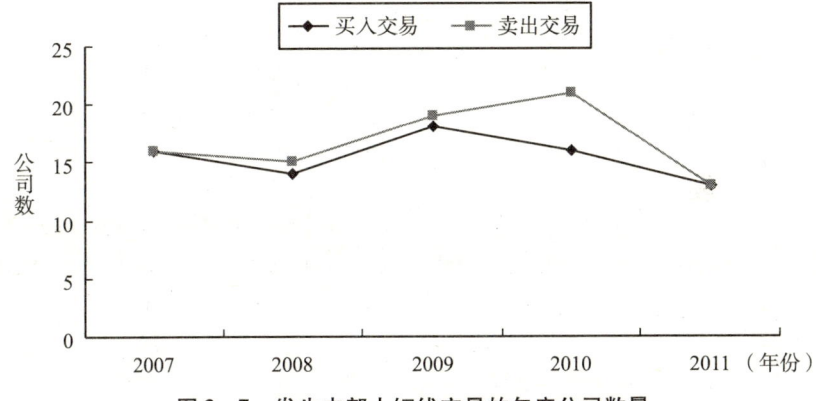

图 3-7 发生内部人短线交易的年度公司数量

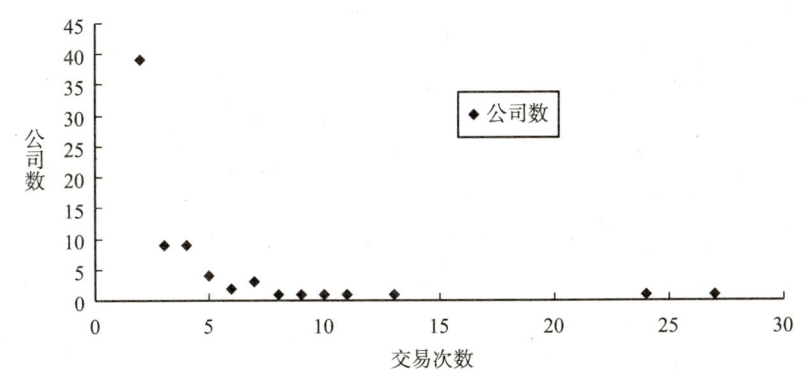

图 3-8 单个上市公司内部人短线交易的发生频率

（六）内部人违规交易处罚方面

表 3-7 统计了样本三中对违规行为处罚与处分的年度次数。从统计结果来看，三种处罚形式中交易所通报批评最多，共计 161 次，占总样本的

65.9%，其次是交易所公开谴责共计75次，占总样本的30.7%，交易所内部批评较少只有8次，这说明上市公司的违规行为较为严重。从各年度被处罚处分的次数来看，2007年最多达到51起，2008年39起，2009年46起，2010年37起，截至2011年11月仅有30起，这个数字是历年来最小的。

表3-7　　　　　违规处罚与处分次数年度统计（N=244）

类型	2006年	2007年	2008年	2009年	2010年	2011年	合计
交易所内部批评	5	3	0	0	0	0	8
交易所通报批评	8	33	29	37	30	24	161
交易所公开谴责	28	15	10	9	7	6	75
合计	41	51	39	46	37	30	244

图3-9表示样本三中被处罚和处分的年度上市公司的数量。从图3-9可以看出，被处罚处分的上市公司2009年最多为40家，其次是2007年的39家。

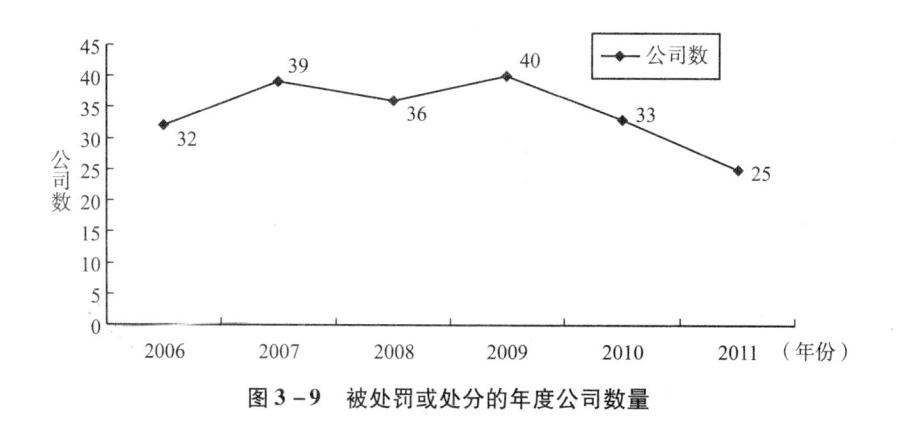

图3-9　被处罚或处分的年度公司数量

（七）内部人交易延迟公告方面

中国证券监督管理委员会规定，上市公司内部人所持本公司股份发生变动的，应当自该事实发生之日起两个交易日内，向上市公司报告并由上市公司在证券交易所网站进行公告。但是从实际交易状况来看，内部人交易导致股份发生变动后未及时按照规定报告的上市公司占大多数。表3-8是对样本四的董监高股份变动日期和填表申报日期相差天数的统计，从表3-8中数据可以得出董监高交易后按照规定日期如实公告的仅占到所有交易的46.9%，在延迟公告的交易中延迟时间在100天以上的就有854起，其中延迟时间最长的是新华瑞（600735）董事于2008年10月13日买入公司股票172600股，直到2011年5月21日才进行公告，实际公告日期比规定日期整整延迟了950天。[①] 由上述统计可见，上市公司违规延迟股份变动公告的情况较为严重，相关部门应该引起足够重视。

表3-8　　上市公司内部人股份变动与申报日期之差的统计（N=5267）

相差天数	0~2天	3~10天	10~100天	100~200天	200~300天	300天以上
交易次数	2471	981	961	293	250	311

资料来源：上海证券交易所网站。

综上所述，上市公司内部人交易在合法化之后发展迅速，主要表现在交易的频率、规模、市值均较大，并有逐年上升的趋势；内部人集体交易状况明显，短时间内交易方向保持高度一致；内部人亲属交易行为显著，并且短线交易、敏感期交易较多；从交易的方向来看，卖出交易较活跃；从法律法规遵守情况来看，内部人存在违规短线交易行为，内部人股份变动后延期公告行为普遍等。根据对上市公司内部人交易数据的分析，国家相关部门应当加大对内部人交易的监管，严格信息披露制度，尤其对上市公司内部人亲属交易行为要予以足够重视，制定相应措施防止其成为上市公司内部人违规交易的手段。

三、本章小结

本章对上海证券交易所、深圳证券交易所公布的有关上市公司内部人交易的数据进行研究，分析了我国内部人交易的现状。

通过数据分析发现内部人交易的频率、规模、市值均较大，并有逐年上升的趋势；内部人集体交易状况明显，短时间内交易方向保持高度一致；内部人亲属交易行为显著，并且短线交易、敏感期交易较多；从交易的方向来看，卖出交易较活跃；从法律法规遵守情况来看，内部人存在违规短线交易行为，内部人股份变动后延期公告行为普遍。

---

① 交易披露数据来源于新华瑞（600735）上市公司年报。

第四章

上市公司内部人交易的市场反应分析

内部人由于具有信息优势，因此其行为具有信息含量，市场会据此做出一定的反应。那么，市场对内部人交易会做出怎样的反应？这个反应受哪些因素的影响？本章利用在上海证券交易所上市的上市公司内部人交易为样本，对其市场反应及其影响因素进行了实证研究。

一、引　言

在信息披露充分的情况下，投资者拥有上市公司的一切信息，因此会根据拥有的信息做出投资决策。此时，内部人的股票交易行为并没有信息含量，因此并不会引起外部投资者的关注，市场也就不会表现出任何反应。但是，在信息披露透明度不高的情况下，内部人与外部投资者之间存在信息不对称，内部人掌握外部投资者所不知悉的内部信息，因此内部人的股票交易行为具有一定的信息含量，外部投资者会对此做出相应的反应，此时的市场会表现出一定的反应，内部人与外部投资者之间信息不对称的程度越大，市场的反应越大。在现有的文献中，吉弗里和帕尔曼（Gilvoly & Palmon，1985）、西亨（Seyhun，1986）、肯等（Ken et al.，2006）发现内部人交易并没有引起显著的市场反应，而芬纳蒂（Finnerty，1976）、罗泽夫和扎曼（Rozeff & Zaman，1998）、德尔比罗等（Del Biro et al.，2001）、常等（Chang et al.，2002）、弗里德里希等（Friederich et al.，2002）、雅吉和崔（Jaggi & Tsui，2007）、曾庆生（2008，2011）、洪登永和俞红海（2009）发现内部人交易能引起显著的市场反应。进一步地，曾庆生（2011）、洪登永和俞红海（2009）、莱维纳和斯帕恩扎（Ravina & Sapienza, 2006）研究了内部人交易行为特征对市场反应的影响，洪登永和俞红海研究了公司治理水平对市场反应的影响。由此可见，现有文献对内部人交易的市场反应进行了研究，并进一步分别研究了内部人交易行为特征和公司治理水平对市场反应的影响，但未将两者有效结合起来。本章首先选取内部人的职位、交易的规模和频率以及信息披露的及时性等内部人交易行为特征和公司治理水平等因素，分析其对内部人交易市场反应的影响，在此基础上，将内部人交易的行为特征和公司治理水平相结合，综合研究了内部人交易市场反应的影响因素。

本章的结构安排如下：第二部分从理论上分析内部人交易信息披露及时性的影响因素及其影响后果并提出研究假设；第三部分选取样本、设计研究变量和研究模型；第四部分进行实证分析；第五部分对本章的内容进行小结。

二、理论分析及研究假设

内部人知晓本公司的经营信息，相对于外部投资者具有明显的信息优势。作为理性的交易主体，内部人会根据自己掌握的公司的经营状况以及未来发展前景买入或卖出股票，获取超额收益以达到自身利益的最大化，芬纳蒂（Finnerty, 1976）、罗泽夫和扎曼（Rozeff & Zaman, 1998）、德尔比罗等（Del Biro et al., 2001）、常等（Chang et al., 2002）、弗里德里希等（Friederich et al., 2002）、雅吉和崔（Jaggi & Tsui, 2007）均发现内部人交易可以获得超额收益。若内部人出售本公司的股票，则向市场传达了公司未来前景不乐观，或者目前的股价已经脱离了公司的基本面等信息，外部投资者会出售股票以避免可能产生的损失，因此市场会做出负面反应。曾庆生（2008，2011）、洪登永和俞红海（2009）均发现市场对内部人出售本公司股票做出显著的负面反应。因此，本章提出如下假设：

假设4-1：内部人出售本公司股票时，市场会做出负面反应。

内部人交易本公司股票时，其职位对市场反应具有两方面影响。一方面，内部人的职位越高，其掌握的内幕信息越多，利用该信息交易本公司股票以获取超额收益的可能性越大，因此其行为的信息含量越大，市场的反应越大，这是内部人职位的负面效应。莱维纳和斯帕恩扎（Ravina & Sapienza, 2006）发现独立董事买入股票时的收益显著低于其他高管，担任审计委员会委员的独立董事的收益又高于其他独立董事，国内文献进一步研究发现，除董事长和总经理外的内部董事和经理卖出股票时的超额收益显著高于监事和独立董事。[①] 另一方面，内部人的职位越高，其影响力越大，受到监管部门的关注越多，导致其违规成本越高，因此利用内幕信息通过买卖本公司股票获取利益的意愿越低，其股票交易行为的信息含量越小，市场的反应也就越小，这是内部人职位的正面效应。曾庆生（2009）发现董事长和总经理出售本公司股票时的超额收益显著低于监事和独立董事。

我国股票市场的相关制度并不健全，违规的成本较低，导致内部人交易违规现象时有发生。由此可见，内部人在出售本公司股票时，考虑更多的是收益而非成本，内部人职位的负面效应更为显著。因此，本章提出如下假设：

假设4-2：职位越高的内部人出售本公司股票，市场的反应越大。

内部人出售本公司股票的频率越高，数量越大，说明其对公司的发展前景越不乐观，股票交易行为的信息含量越大，市场的反应越大，并且，内部人出售本公司股票的数量越大、次数越多，市场反应越强烈。[②] 因此，本章提出如下假设：

假设4-3：内部人出售本公司股票的次数越多，市场的反应越大。

假设4-4：内部人出售本公司股票的数量越大，市场的反应越大。

信息披露的及时程度决定其有用性，信息披露越及时，其有用性越强，投资者会根据其做出相应的决策，市场的反应也就越大。吉弗里和帕尔曼（Gilvoly & Palmon, 1985）、克劳斯和施罗德（Kross & Schroeder, 1984）发现市场对较早披露盈余的反应要强于对晚披露盈余的反应，朱晓婷和杨世忠（2006）、王雄元等（2008）发现年报披露越及时，市场的反应越强烈。因此，本章提出如下假设：

假设4-5：内部人出售本公司股票的信息披露越及时，市场的反应越大。

市场对内部人出售本公司股票的行为做出反应的根源是内部人与外部投资者之间的信息不对称，而高质量的公司治理是缓解两者之间信息不对称的重要途径。高垚（2008）、莱维纳和斯帕恩扎（Ravina & Sapienza, 2006）研究表明公司治理的水平越高，信息披露的透明度越高，外部投资者同内部人之间的信息不对称程度越低，内部人利用自己掌握的内幕信息买卖股票并

[①] 曾庆生：《公司内部人具有交易时机的选择能力吗？——来自中国上市公司内部人卖出股票的证据》，载《金融研究》2009年第10期。

[②] 洪登永、俞红海：《高管交易行为、信息不对称与公司治理》，载《财经理论与实践》2009年第5期。

获利的可能性越小,市场的反应也就越小。因此,本章提出如下假设:

假设4-6:公司治理水平越高,市场对内部人出售本公司股票的反应越小。

三、研究设计

(一) 样本选择

上海证券交易所和深圳证券交易所均在自己的网站上公布了上市公司的董事、监事和高级管理人员持有本公司股份变动情况,但是深圳证券交易所只公布了股份发生变动的日期,而没有公布对外公告的日期,而公告日期是研究内部人交易所引起的市场反应的重要时点,因此本章只选取上海证券交易所的上市公司为研究样本。同时,考虑到A股和B股交易者交易习惯等方面的不同,本章仅以A股股票交易作为研究对象。

因为内部人买入本公司股票后有6个月锁定期的限制,因此本章只选择了2009年1月1日至2010年12月31日期间上海证券交易所公开披露的非金融保险类上市公司的内部人在二级市场出售本公司股票的事件作为研究对象,剔除有关B股的股票交易,剔除1000股以内的股票交易,最后剩下1037笔,其中2009年披露的有663笔,2010年披露的有374笔。关于交易数量以及金额的统计如表4-1所示。

表4-1　　　　　　　　内部人交易的描述性统计

项目	均值	标准差	最小值	中位数	最大值
数量	138363	340279.9	1000	39000	4700000
资金	1875380	5021518	5160	493312	98700000

从表4-1可以看出,样本公司的内部人出售本公司股票时每笔平均138636股,涉及的资金平均为1875380元。

另外,全部样本总共涉及126家上市公司,其中,2009年的101家,2010年的74家[①]。样本公司的行业分布如表4-2所示。

---

① 由于同一上市公司可能在2009年和2010年同时出现,所以全体样本中各个行业上市公司的数量并不一定等于各年度上市公司数量之和。

表 4-2　　　　　　　　　样本公司的行业分布

行业分类	2009 年	2010 年	全体样本
采掘业	4	1	4
制造业	54	47	68
电力、煤气及水的生产和供应业	2	0	2
建筑业	2	2	3
交通运输、仓储业	2	2	3
信息技术业	10	7	10
批发和零售贸易	12	6	14
房地产业	10	3	11
社会服务业	1	1	2
综合类	4	5	9
合计	101	74	126

(二) 变量设计

变量设计如表 4-3 所示。

表 4-3　　　　　　　　　变量设计

变量性质	变量符号	变量解释
被解释变量	累计超额收益率 (CAR-N)	上市公司披露内部人出售本公司股票 N 日后的市场反应，本文用内部人出售本公司股票 N 日后的累计超额收益率计算。① 具体计算公式如下： $CAR-N = \sum_{0}^{N} AR_{it}$，$AR_{it}$ 是股票 i 在 t 日的超额收益。 $AR_{it} = R_{it} - E(R_{it})$，$R_{it}$ 是股票 i 在 t 日的实际收益，$E(R_{it})$ 是股票 i 在 t 日的正常收益。 本文采用市场调整法计算股票 i 在 t 日的正常收益，$E(R_{it}) = \alpha_i + \beta_i(R_{mt})$，$R_{mt}$ 是上证指数在 t 日的实际收益，α_i、β_i 利用股票 i 在内部人出售本公司股票的信息披露前 100 个交易日股票的实际收益同上证指数的实际收益等数据计算所得。

续表

变量性质	变量符号	变量解释
解释变量	职位（Person）	虚拟变量，若出售本公司股票的内部人的职位是董事长或总经理则为1，否则为0。
	交易次数（Time）	本年度内内部人出售本公司股票的次数。
	交易比例（Ration）	内部人出售本公司股票的数量占流通股的百分比。
	披露情况（Interval）	虚拟变量，若内部人出售本公司股票后在2个交易日内即对外公告则为1，否则为0。
	是否样本股（Gover）	虚拟变量，若内部人出售本公司股票的信息披露时其任职的上市公司不属于上证公司治理指数的样本股则为1，否则为0。②
控制变量	公司属性（Nation）	虚拟变量，若上市公司为国有上市公司则为1，否则为0。
	大股东持股（Large）	上市公司第一大股东的持股比例。③
	特别处理（ST）	虚拟变量，若上市公司被特别处理（special treatment）则为1，否则为0。
	发行地（BHN）	虚拟变量，若上市公司除A股外还在其他市场发行了股票则为1，否则为0。
	股票行情（SZZZ）	虚拟变量，若上证综指处于上涨周期则为1，否则为0。④

注：①如果公告日期的当天没有发生交易，则选用公告后的第一个交易日的股价和上证指数作为公告日期的股价和上证指数。

②上证公司治理指数是以上证公司治理板块的股票作为样本股编制而成的指数，是上海证券交易所与中证指数有限公司在2008年第一个交易日正式发布的，目的在于鼓励和促进上市公司进一步改善公司治理，提升上市公司的整体质量。

③有的上市公司的第一大股东同其他大股东之间存在关联关系，本文进行了合并处理。

④在上证指数的K线图上，若某一个波峰比前一个波峰高，则处于上涨周期；若某一个波谷比前一个波谷低，则处于下跌周期。

（三）研究模型

本章建立以下模型，综合分析内部人交易的行为特征以及公司治理水平对内部人出售本公司股票的市场反应的影响。

$$CAR-N = \beta_0 + \beta_1 Person + \beta_2 Time + \beta_3 Ration + \beta_4 Interval + \beta_5 Gover + \beta_6 Nation + \beta_7 Lage + \beta_8 ST + \beta_9 BHN + \beta_{10} SZZZ + \varepsilon$$

除了上市公司的性质、第一大股东的持股比例以及除 A 股外是否还在其他市场发行了股票等数据来自锐思（RESSET）金融研究数据库外，其余数据均来源于上海证券交易所网站，并通过手工方式进行收集和处理。

四、实证检验

（一）描述性统计

从表 4-4 可以看出，内部人出售本公司股票的信息披露当天的市场反应为负且显著（在 1% 的水平上），3 日、5 日、10 日、20 日后的市场反应仍然为负但并不显著，而 50 日、100 日后的市场反应为负且显著（均在 1% 的水平上）。也就是说，从短期来看，当上市公司披露内部人出售本公司股票的信息后，市场上马上做出了显著的负面反应，而随着时间的推移，该负面反应逐渐变小且不再显著，但从长期来看，市场对内部人出售本公司股票做出了显著的负面反应，假设 4-1 得到了证实。由于经历较长的时间可以更加清楚地识别内部人出售本公司股票的行为，因此，长期的市场反应更具有代表性，所以本文在下面的研究中只对内部人出售本公司股票的信息披露后 100 日的市场反应进行研究。

表 4-4　　　　　内部人出售本公司股票后的市场反应

	均值	标准差	最小值	中位数	最大值	T 检验
CAR-0	-0.0038	0.0301	-0.1359	-0.0011	0.1330	-3.300*** (0.001)
CAR-3	-0.0019	0.0728	-0.3339	0.0018	0.5243	-0.666 (0.505)
CAR-5	-0.0016	0.0784	-0.3281	0.0040	0.4801	-0.532 (0.595)
CAR-10	-0.0017	0.0963	-0.3615	0.0016	0.5132	-0.452 (0.651)
CAR-20	-0.0015	0.1262	-0.5433	0.0108	0.6273	-0.316 (0.752)

续表

	均值	标准差	最小值	中位数	最大值	T检验
CAR-50	-0.0386	0.2134	-1.6224	-0.0147	0.9907	-4.689*** (0.000)
CAR-100	-0.0596	0.3577	-2.8594	-0.0060	0.8703	-4.323*** (0.000)

注：括号内为P值。***表示在1%的水平上显著。另外，CAR-N分别表示出售本公司股票N日之后的累计超额收益率。

从表4-5可以看出，样本公司中董事长或总经理出售本公司股票的次数占所有内部人出售本公司股票次数的18%，每个样本公司平均每年发生内部人出售本公司股票事件4.24次，每次出售股票的数量占流通股的比例为0.055%，71.07%的内部人出售本公司股票后在2个交易日内即对外披露交易信息，71.81%的样本公司在内部人出售本公司股票时并不属于上证公司治理指数的样本股，31.89%的样本公司属于国有上市公司，第一大股东的持股比例为26.51%，2.52%的样本公司除A股外还在其他市场发行了股票，1.63%的样本公司被特别处理，64.99%的内部人在上证指数处于上涨周期时出售本公司的股票。

表4-5　　　　　　　　变量的描述性分析

变量	均值	标准差	最小值	中位数	最大值
职位（Person）	0.18	0.385	0	0	1
交易次数（Time）	4.2433	6.6192	1	2	46
交易比例（Ration）	0.0554	0.1527	4.34E-05	0.0104	2.5609
披露情况（Interval）	0.7107	0.4538	0	1	1
是否样本股（Gover）	0.7181	0.4503	0	1	1
公司属性（Nation）	0.3189	0.4664	0	0	1
大股东持股（Large）	0.2651	0.1178	0.0449	0.2271	0.6487
发行地（BHN）	0.0252	0.1569	0	0	1
特别处理（ST）	0.0163	0.1268	0	0	1
股票行情（SZZZ）	0.6499	0.4774	0	1	1

为了比较不同条件下市场对内部人出售本公司股票的反应，本文将内部人交易的次数和规模按照是否大于均值分为两类，按照变量的定义将内部人的职位、信息披露的及时性以及公司治理的水平分为两类，并采用描

述性统计和 T 检验的方法进行比较研究。从表 4-6 可以看出，董事长或总经理出售本公司股票时的市场反应同其他内部人员没有显著区别，而内部人出售本公司股票次数较多时市场的负面反应显著大于次数较少时（在 1% 的水平上），内部人出售本公司股票的数量较大时市场的负面反应显著大于数量较小时（在 5% 的水平上），信息披露的及时程度较高时市场的负面反应显著大于信息披露的及时程度较低时（在 10% 的水平上），公司治理水平较低的上市公司内部人出售本公司股票时市场的负面反应显著大于公司治理水平较高的上市公司（在 5% 的水平上）。

表 4-6　　　　　　　　　变量的 T 检验

变量	均值	标准差	最小值	中位数	最大值	T 检验
职位（Person）=1	-0.0623	0.3689	-2.8594	0.0002	0.7139	0.469
职位（Person）=0	-0.0474	0.3031	-0.7180	-0.0280	0.8703	(0.640)
交易次数（Time）>4.24	-0.0902	0.3927	-2.8594	-0.0324	0.8703	-3.677***
交易次数（Time）≤4.24	-0.0036	0.2616	-1.0123	0.0436	0.7139	(0.000)
交易比例（Ration）>0.055	-0.1466	0.4972	-2.7812	-0.0290	0.6621	-2.504**
交易比例（Ration）≤0.055	-0.0366	0.3071	-2.8594	-0.0031	0.8703	(0.013)
披露情况（Interval）=1	-0.0740	0.3809	-2.8594	-0.0191	0.8703	1.840*
披露情况（Interval）=0	-0.0241	0.2909	-0.9570	0.0204	0.6635	(0.066)
是否样本股（Gover）=1	-0.0756	0.3785	-2.8594	-0.0194	0.8703	-2.066**
是否样本股（Gover）=0	-0.0188	0.2953	-0.8914	0.0120	0.6635	(0.039)

注：括号内为 P 值。*** 表示在 1% 的水平上显著，** 表示在 5% 的水平上显著，* 表示在 10% 的水平上显著。

（二）多元回归分析

为了综合分析内部人交易的行为特征以及公司治理水平对内部人出售本公司股票的市场反应的影响，本章对第三部分所建立的模型进行多元回归分析。

为了避免变量之间可能出现的多重共线性，本章在综合分析之前先对各个变量进行 Pearson 相关性检验，具体结果如表 4-7 所示。

从表 4-7 可以看出，变量之间的相关系数均小于 0.3，说明不存在严重的多重共线性问题，可以进行综合分析。多元回归分析的结果如表 4-8 所示。

表 4-7 变量的相关性检验

	累计超额收益率	职位	交易次数	交易比例	披露情况	是否样本股	公司属性	大股东持股	特别处理	发行地	股票行情
累计超额收益率	1										
职位	0.016 (0.679)	1									
交易次数	-0.136*** (0.000)	0.281*** (0.000)	1								
交易比例	-0.074* (0.056)	0.146*** (0.000)	0.001 (0.993)	1							
披露情况	-0.063* (0.080)	0.062 (0.108)	0.018 (0.634)	-0.039 (0.308)	1						
是否样本股	-0.071* (0.064)	0.098** (0.011)	0.006 (0.870)	0.075* (0.051)	-0.043 (0.260)	1					
公司属性	0.098** (0.011)	-0.041 (0.292)	-0.282*** (0.000)	-0.154*** (0.000)	0.015 (0.689)	0.096** (0.012)	1				
大股东持股	0.086** (0.025)	0.059 (0.124)	-0.163*** (0.000)	-0.141*** (0.000)	-0.054 (0.158)	-0.111*** (0.004)	0.395*** (0.000)	1			
特别处理	0.034 (0.385)	-0.061 (0.116)	-0.120*** (0.002)	-0.044 (0.251)	0.031 (0.429)	0.081** (0.036)	0.012 (0.749)	-0.055 (0.151)	1		
发行地	0.028 (0.474)	-0.051 (0.186)	-0.136*** (0.000)	-0.056 (0.145)	-0.043 (0.260)	-0.131*** (0.001)	0.194*** (0.000)	0.157*** (0.000)	0.129*** (0.001)	1	
股票行情	0.076** (0.049)	0.038 (0.323)	0.108*** (0.005)	0.014 (0.725)	-0.002 (0.960)	0.031 (0.423)	0.022 (0.570)	0.044 (0.258)	0.045 (0.239)	0.019 (0.624)	1

注：括号内为 P 值。*** 表示在 1% 的水平上显著，** 表示在 5% 的水平上显著，* 表示在 10% 的水平上显著。

表 4 – 8　　　　　　　　　　多元回归分析

	模型 1	模型 2	模型 3	模型 4	模型 5	模型 6
常数项（Constant）	-0.092 ** (-2.397)	-0.047 (-1.129)	-0.078 * (-1.992)	-0.052 (-1.169)	-0.041 (-0.887)	0.069 (1.246)
职位（Person）	0.020 (0.547)					0.073 (0.941)
交易次数（Time）		-0.002 ** (-2.536)				-0.002 *** (-3.009)
交易比例（Ration）			-0.123 * (-1.845)			-0.160 * (-1.734)
披露情况（Interval）				-0.050 * (-1.940)		-0.058 * (-1.936)
是否样本股（Gover）					-0.061 * (-1.957)	-0.066 ** (-2.107)
公司属性（Nation）	0.058 * (1.798)	0.038 (1.147)	0.053 (1.620)	0.060 * (1.844)	0.068 ** (2.084)	0.046 (1.375)
大股东持股（Large）	0.185 (1.440)	0.169 (1.325)	0.175 (1.364)	0.178 (1.392)	0.153 (1.191)	0.068 (0.522)
特别处理（ST）	0.115 (1.053)	0.078 (0.710)	0.105 (0.962)	0.118 (1.081)	0.132 (1.200)	0.100 (0.906)
发行地（BHN）	0.002 (0.017)	-0.016 (-0.177)	-0.002 (-0.025)	-0.007 (-0.083)	-0.028 (-0.306)	-0.050 (-0.557)
股票行情（SZZZ）	0.062 ** (-2.155)	0.052 * (-1.797)	0.061 ** (-2.106)	0.061 * (-2.140)	0.060 ** (-2.074)	0.049 * (-1.700)
F 值	2.348 ***	3.392 ***	2.605 ***	2.755 ***	2.949 ***	3.312 ***
Adjust R^2	0.021	0.030	0.023	0.024	0.026	0.048

注：括号内为 t 值。*** 表示在 1% 的水平上显著，** 表示在 5% 的水平上显著，* 表示在 10% 的水平上显著。

关于内部人的职位对其出售本公司股票的市场反应的影响，模型中职位（Person）变量的符号为正但不显著，说明董事长或总经理对其出售本公司股票时的市场反应并没有显著影响，也就是说，董事长或总经理出售本公司股票时的市场反应同其他内部人员并没有显著区别，假设 4 – 2 没有得到证实。究其原因，内部人职位的正面效应和负面效应同时存在，而且两者无法分出高下。

关于内部人出售本公司股票的次数对市场反应的影响，交易次数（Time）变量的符号为负且显著，说明内部人出售本公司股票的次数同市场的负面反应显著正相关，也就是说内部人出售公司股票的次数越多，市场的负面反应越大，假设4-3得到证实。

关于内部人出售本公司股票的数量对市场反应的影响，交易比例（Ration）变量的符号为负且显著，说明内部人出售本公司股票的数量同市场的负面反应显著正相关，也就是说内部人出售公司股票的数量越多，市场的负面反应越大，假设4-4得到证实。

关于内部人出售本公司股票的信息披露的及时程度对市场反应的影响，披露情况（Interval）变量的符号为负且显著，说明内部人出售本公司股票的信息披露的及时程度同市场的负面反应显著正相关，也就是说内部人出售本公司股票的信息披露越及时，市场的负面反应越大，假设4-5得到证实。

关于公司治理水平对市场反应的影响，是否样本股（Gover）变量的符号为负且显著，说明公司治理水平同市场的负面反应显著正相关，也就是说公司治理水平越差的上市公司内部人出售本公司股票的市场的负面反应越大，假设4-6得到证实。

关于控制变量，股票行情（SZZZ）变量的符号为正且显著，说明在大盘处于上涨周期时，内部人出售本公司股票时的市场反应显著小于大盘处于下跌周期时。究其原因，当大盘处于下跌周期时，投资者大多比较敏感，内部人出售本公司股票的信息更加刺激了投资者的神经，因此反应比较大，但是当大盘处于上涨周期时，赚钱效应使投资者对内部人出售本公司股票的行为不再敏感，因此反应较小。而公司属性（Nation）、大股东持股（Large）、特别处理（ST）、发行地（BHN）等变量均不显著，说明上市公司的性质、第一大股东的持股数量、是否被ST以及除A股外是否在其他市场发行股票对内部人交易出售本公司股票的市场反应并无显著影响。

（三）进一步研究

以上研究分别从内部人的职位、次数、数量、信息披露的及时性等内部人交易的行为特征以及公司治理水平五个角度研究了其对内部人出售本公司股票的市场反应的影响,那么,内部人交易的行为特征在公司治理水平不同的上市公司中对市场反应又有怎样的影响?本章设计相应的交互变量,将内部人出售本公司股票的行为特征同公司治理水平相结合,并建立下列模型进行多元回归分析,具体结果如表4-9所示。

$$CAR-N = \beta_0 + \beta_1 Person \times Gover + \beta_2 Time \times Gover + \beta_3 Ration \times Gover + \beta_4 Interval \times Gover + \beta_5 Lage + \beta_6 ST + \beta_7 BHN + \beta_8 SZZZ + \varepsilon$$

表4-9　　　　　　　　　　进一步检验

	模型1	模型2	模型3	模型4
常数项(Constant)	-0.093** (-2.407)	-0.044 (-1.072)	-0.080** (-2.067)	-0.053 (-1.276)
职位×是否样本股(Person×Gover)	0.023 (0.583)			
交易次数×是否样本股(Time×Gover)		-0.002*** (-3.237)		
交易比例×是否样本股(Ration×Gover)			-0.125* (-1.727)	
披露情况×是否样本股(Interval×Gover)				-0.067** (-2.378)
公司属性(Nation)	0.058* (1.780)	0.050 (1.547)	0.054* (1.667)	0.070** (2.137)
大股东持股(Large)	0.188 (1.471)	0.122 (0.951)	0.177 (1.380)	0.153 (1.191)
特别处理(ST)	0.115 (1.051)	0.079 (0.727)	0.107 (0.974)	0.136 (1.241)
发行地(BHN)	0.002 (0.027)	-0.018 (-0.206)	-0.002 (-0.026)	-0.032 (-0.358)
股票行情(SZZZ)	0.062** (-2.150)	0.050* (-1.728)	0.060** (-2.098)	0.058** (-2.012)
F值	2.355***	4.080***	2.597***	3.259***
Adjust-R^2	0.021	0.035	0.023	0.028

注:括号内为T值。*** 表示在1%的水平上显著,** 表示在5%的水平上显著,* 表示在10%的水平上显著。

从表 4-9 可以看出，职位 × 是否样本股（Person × Gover）变量的符号为正但不显著，说明与公司治理水平较高时比较，公司治理水平较低时总经理或董事长出售本公司股票时的市场反应并没有显著区别，也就是说，董事长或总经理的对其出售本公司股票的影响在公司治理水平较高和公司治理水平较低的上市公司中并没有显著区别。交易次数 × 是否样本股（Time × Gover）、交易比例 × 是否样本股（Ration × Gover）和披露情况 × 是否样本股（Interval × Gover）等变量的符号均为负且显著，说明同公司治理水平较高时比较，公司治理水平较低时内部人出售本公司股票的次数越多、数量越多、信息披露越及时，市场的负面反应越大，也就是说，出售本公司股票的数量、规模、信息披露的及时性等特征在公司治理水平较低的上市公司中对市场反应的影响显著大于公司治理水平较高的上市公司。究其原因，同公司治理水平较高时相比，公司治理水平较低时内部人与外部投资者之间的信息不对称程度更大，市场对内部人的行为更加敏感，若内部人出售本公司股票的次数越多、数量越多、信息披露越及时，市场对其反应也就越大。

（四）稳健性检验

为了保证结论的可靠性，本章利用以下方法进行了稳健性检验。

第一，本文缩小样本，每一个上市公司只选取市场反应的中位数组成新样本，并采用相同的方法进行研究，结论并没有实质性变化。另外，本章以市场反应是否小于 0 作为被解释变量，并采用逻辑回归分析（Logistic Regression Ananlysis）的方法进行研究，结论并没有实质性变化。

第二，本章将内部人的职位分为董事、监事和高级经理人员，比较三者出售股票时的市场反应，结论并没有实质性变化。另外，有的上市公司在同一天可能披露多笔内部人交易，涉及不同职位的内部人，本章研究了同时发生两个或三个职位的内部人出售公司股票行为时的市场反应，结论并没有实质性变化。

第三，本章将内部人出售本公司股票的次数和数量分别定义为虚拟变量，如果大于各自的均值则为 1，否则为 0，并采用相同的方法进行研究，结论并没有实质性变化。

第四，本章将内部人出售本公司股票 50 个交易日后的市场反应作为被解释变量，并采用相同的方法进行研究，结论并没有实质性变化。

第五，本章还对各解释变量在其分布的第 5 百分位及第 95 百分位上的观察值进行缩尾调整处理（Winsorize），结论依然没有实质性变化。

五、本章小结

内部人相对于外部投资者具有信息优势，因此其行为具有一定的信息含量，从而引发市场反应。本章选取了 2009 年 1 月 1 日至 2010 年 12 月 31 日上海证券交易所披露的内部人出售本公司股票的行为作为研究对象，研究了其市场反应以及市场反应的影响因素。结果发现，内部人出售本公司股票的信息披露后，当天的市场反应显著为负，但是随着时间的推移，短期内市场反应不再显著，但是长期的市场反应显著为负。关于市场反应的影响因素，内部人的职位对市场反应并没有显著影响，出售本公司股票的次数和数量越多，信息披露越及时，公司治理的水平越低，市场的负面反应越大。将公司治理水平同内部人交易的行为特征相结合后，发现同公司治理水平较高的上市公司相比，公司治理水平较低的上市公司内部人出售本公司股票的次数越多、数量越大、信息披露越及时，市场的负面反应越大。

第五章

上市公司内部人交易信息披露的及时性分析

内部人同外部投资者相比具有信息优势,有可能利用该优势通过买卖本公司的股票获取超额收益,那么,及时地披露内部人交易的信息具有十分重要的意义。我国证监会对内部人交易的信息披露作出了具体规定,那么实际生活中的内部人交易信息披露的及时性如何?受哪些因素的影响?本章选取了在上海证券交易所上市的上市公司发生的内部人交易为样本,对其信息披露的及时性问题进行了实证研究。

一、引　言

内部人直接参与公司的日常经营活动,掌握公司的内幕信息,同外部投资者相比具有信息优势,为了保护外部投资者的利益,必须让其及时地了解内部人交易的相关信息。因此,我国证券监督管理委员会发布了《上市公司董事、监事和高级管理人员所持本公司股份及其变动管理规则》,深圳证券交易所发布了《深圳证券交易所上市公司董事、监事和高级管理人员所持本公司股份及其变动管理业务指引》,要求上市公司董事、监事和高级管理人员所持本公司股份发生变动的,应当自该事实发生之日起两个交易日内,向上市公司报告并由上市公司在证券交易所网站进行公告。

那么,我国上市公司内部人交易信息披露的及时性如何?哪些因素会影响到内部人交易信息披露的及时性?本章选取了2009~2010年上海证券交易所的上市公司为样本,对内部人交易信息披露的及时性问题进行了实证研究。

本章的结构安排如下：第二部分从理论上分析内部人交易信息披露及时性的影响因素及其影响后果并提出研究假设；第三部分选取样本、设计研究变量和研究模型；第四部分进行实证分析；第五部分总结研究结论并提出相关政策建议。

二、理论分析及研究假设

内部人交易的信息披露是对外披露内部人交易行为的相关信息，因此内部人交易行为的特征对其信息披露的及时性具有重要影响。此外，根据有关法规的规定，内部人交易的信息首先由内部人向上市公司报告，上市公司再向证券交易所报告，最终由证券交易所对外披露。由此可见，上市公司信息披露的质量直接决定着内部人交易信息披露的质量。由于公司治理对上市公司的信息披露具有重要影响，所以对内部人交易的信息披露也具有重要影响。基于以上原因，本章从内部人交易的行为特征和公司治理两个角度研究内部人交易信息披露的及时性。

（一）内部人交易的行为特征与其信息披露的及时性

内部人的职位对其交易信息披露的及时性具有重要影响。内部人的职位越高，其影响力越大，受到市场和监管部门的关注越多，导致其违规成本越高，因此会倾向于遵守相关法律法规的规定，及时地向公司报告，信息的披露比较及时。贝特泽和提森（Betzer & Thissen，2010）发现内部人的职位越高，其交易信息的披露越及时。因此，本章提出如下假设：

假设5-1：内部人的职位越高，其交易信息披露越及时。

内部人交易的规模对信息披露的及时性具有重要影响。内部人交易的规模越大，受到市场和监管部门的关注越多，导致其违规成本越高，因此相关人员会倾向于遵守相关法律法规的规定，及时地向公司报告，信息的披露比较及时。曾庆生（2008）发现内部人交易的规模越大，信息披露越及时。因此，本章提出如下假设：

假设5-2：内部人交易的规模越大，其交易信息披露越及时。

自2006年《公司法》允许上市公司的董事、监事和高级管理人员买卖本公司股票以来，已经有数位高管因内部人交易违规而受到证券监管部门的处罚。这个处罚对于所有上市公司的高管来说都是一个警示，尤其是被处罚的高管本人和同被处罚的高管任职于同一家上市公司的其他高管。所以，如果某一上市公司的高管曾经因内部人交易而被处罚，那么该上市公司的高管在交易本公司股票时会更加严格地遵守相关法律法规的要求，信息的披露会更加及时。因此，本章提出如下假设：

假设5-3：曾经有高管因内部人交易违规而受到处罚的上市公司所发生的内部人交易的信息披露比其他上市公司更加及时。

（二）公司治理与内部人交易信息披露的及时性

我国上市公司的股权比较集中，控股股东具有较大的控制权，对信息披露的及时性具有重要影响。现有的文献主要从"侵占效应"和"支持效应"两个角度研究控股股东对信息披露的影响。一方面，由于同中小股东利益不一致，控股股东很有可能为了自身利益而通过关联交易、资产转移等方式侵占小股东的利益（约翰逊等，Johnson et al., 2000）。随着控制权的不断增加，控股股东通过利益侵占获取控制权收益的能力随之提高，因此侵占其他股东利益的可能性增加克拉森斯等（Claessens et al., 2002）。为了避免其利益侵占行为被发现，控股股东必然会延迟、隐瞒甚至虚假披露相关信息，因此信息披露质量较低。程新生等（2008）发现第一大股东持股比例同自愿信息披露负关系。另一方面，较高的控制权使控股股东有监督经理人员的动机和能力史莱佛和维什尼（Shleifer & Vishny, 1986），从而解决了股权分散情况下的"搭便车"问题，降低了股东与经理人员之间的代理成本，提高了信息披露的质量。同时，较高的控制权使控股股东的利益同上市公司的利益联系更加紧密，控股股东可以通过高质量的信息披露降低控股股东与中小股东之间的信息不对称，从而达到降低融资成本、提升企业价值的目标。刘斌和吴娅玲（2007）、唐跃军等（2008）发现第一大股东持股比例对信息披露质量有显著的正面影响，徐向艺和宋理升（2008）发现国有上市公司实际控制人的控制权与信息披露透明度显著正相关。还有研究发现，控股股东控制权的影响并非简单的"支持效应"或"侵占效应"，而是一种"状态依存"的影响。王俊秋和张奇峰（2007）发现上市公司信息透明度与第一大股东持股比例呈倒U形关系，徐向艺等（2009）发现民营上市公司实际控制人的控制权同信息披露透明度之间存在倒"U"型关系。

本章认为，由于我国对中小股东的利益保护水平较低，[①]控股股东拥有的控制权越大，侵占其他股东利益的可能性越大，信息披露质量越低。因此，本章提出如下假设：

假设5-4：第一大股东的持股比例越大，内部人交易的信息披露越不及时。

机构投资者持有较多的股份，为了保护自己的投资，有动机积极地参与公司的管理活动，监督经理人员、制衡控股股东，从而避免了中小股东中普遍存在的"搭便车"问题，有效地解决了代理成本问题，提高了信息披露的质量。另外，机构投资者拥有信息、技术、人才等方面的相对优势，具有较强的专业能力和丰富的经验，相对于个人投资者具有更强的信息分析能力，上市公司很难隐藏重大信息，因此会倾向于披露高质量的信息。沙玛（Sharma，2004）发现机构投资者的持股比例与公司财务舞弊的可能性显著负相关，詹金斯等（Jenkins et al.，2006）发现盈余质量同机构投资者的持股比例正相关，崔学刚（2004）发现前十大股东中有机构投资者时自愿信息披露水平较高，程书强（2006）发现盈余信息的及时性与机构投资者的持股比例正相关，盈余管理与机构投资者的持股比例负相关。因此，本章提出如下假设：

假设5-5：机构投资者的持股比例越大，内部人交易的信息披露越及时。

根据委托—代理理论，在所有权与经营权分离的现代公司中，股东拥有所有权，经理人员拥有经营权，股东为了维护自身利益设立董事会来监督经理人员。由此可知，董事长是股东利益的代表，而总经理是经理人员的代表，两者属于监督与被监督的关系。董事长与总经理两职合一意味着总经理自己监督自己，并对董事会施加了额外的影响，降低了董事会的监督功能（詹森，1993），此时经理人员必然会隐瞒对自己不利的信息，导致信息披露质量较低。此外，若公司存在控股股东，当董事长与总经理两职合一时，控股股东不但控制了董事会而且还控制了管理层，对公司的控制力度更强了，通过侵占中小股东的利益而获取控制权收益的可能性越大，信息披露的质量必然较低。法伯（Farber，2005）发现董事长与CEO两职合一同财务舞弊正相关，王斌和梁欣欣（2008）发现董事长与CEO两职合一对公司透明度产生负面影响。因此，本章提出如下假设：

[①] 刘峰、吴风、钟瑞庆：《会计准则能提高会计信息质量吗——来自中国股市的初步证据》，载《会计研究》2004年第5期。

假设5-6：相对于董事长与总经理两职合一，董事长与总经理两职分离时内部人交易的信息披露较及时。

独立董事是指不在公司担任除董事外的其他职务，并与其所受聘的公司及其主要股东不存在可能妨碍其进行独立客观判断的关系的董事①。独立董事制度最早产生于采取"一元制"公司治理模式的西方国家，2001年正式引入中国。由于独立董事独立于公司的主要股东和经理人员，同其他人员没有任何的利益纠葛可以使其公正的履行其职能，而为了维护声誉和避免诉讼，独立董事也不得不忠实地履行职能，对公司的日常经营活动进行监督，从而提升了信息披露的质量。比斯利（Beasley，1996）发现外部董事占董事会的比例与财务报告舞弊负相关，克莱因（Klein，2002）、谢等（Xie et al.，2003）、皮斯尼尔等（Peasnell et al.，2005）、张国华和陈方正（2006）、吴清华和王平心（2007）发现独立董事占董事会的比例与盈余管理负相关，杜兴强和温日光（2007）发现独立董事的数量与会计信息质量正相关。因此，本章提出如下假设：

假设5-7：独立董事占董事会的比例越大，内部人交易的信息披露越及时性。

法律环境是外部治理的重要组成部分，对上市公司的信息披露具有重要影响。拉波特等（La Porta et al.，1998）率先从法律的视角研究会计信息的质量问题，发现普通法系国家对投资者利益的保护程度显著优于大陆法系国家，而健全的投资者保护有助于提高会计信息质量。布什曼等（Bushman et al.，2004）发现公司透明度与所在国家的法律制度有关，普通法系起源且执法效率高的国家公司透明度较高。布什曼和皮奥特洛斯基（Bushman & Piotroski，2006）发现具有高质量的司法系统、证券法得到严格执行以及私有产权保护较为完善的国家，上市公司的财务报告更加稳健，由此可知，从国家层面来讲，法律环境越好，信息披露的质量越高。

虽然我国的法治建设已经取得了巨大的进步，但是各地区的法治建设进程不统一，法治水平很不平衡（樊纲等，2010）。我国证监会及证券交易所已经制定了相关规章制度，对内部人交易的信息披露进行了规范，良好的法律环境能够提高这些规章制度的执行力，内部人交易的信息披露比

---

① 我国证券监督管理委员会在2001年发布的《关于在上市公司建立独立董事制度的指导意见》中对独立董事的定义。

较及时。另外，良好的法律环境能够提升上市公司信息披露的质量（魏志华和李常青，2009），这也会对内部人交易信息的披露产生正面影响。因此，本章提出如下假设：

假设5-8：上市公司所在地区的法律环境越好，内部人交易的信息披露越及时性。

三、研究设计

（一）样本选择

上海证券交易所和深圳证券交易所均公布了上市公司的董事、监事和高级管理人员持有本公司股份的变动情况，但是深圳证券交易所只公布了股份发生变动的日期，并没有公布该信息对外披露的日期，因此无法了解该信息披露的及时性，所以本章只选取上海证券交易所的上市公司发生的内部人交易行为作为研究对象。同时，考虑到A股和B股交易者交易习惯等方面的不同，本章仅选择A股股票的交易。

本章选取2009年1月1日至2010年12月31日期间上海证券交易所公开披露的非金融保险类上市公司的内部人交易行为作为研究对象，并剔除有关B股的股票交易，剔除1000股以内的股票交易，最后剩下1389笔。其中，2009年有820笔，卖出656笔，买入164笔，2010年披露的有569笔，其中卖出346笔，买入223笔。关于交易数量以及金额的统计如表5-1所示。

表5-1　　　　　　　内部人交易的描述性统计

项目	交易方向	均值	标准差	最小值	中位数	最大值	T检验
数量	卖出	143026.5	367701.2	1000	40000	4700000	-5.492*** (0.000)
	买入	49940.71	242773.2	1000	11200	4500000	
资金	卖出	1944188	5207396	5160	498314	98700000	-6.922*** (0.000)
	买入	554222.4	2265724	5620	138880	40005000	

注：括号内为P值。*** 表示在1%的水平上显著。

从表 5-1 可以看出，卖出数量的均值为 143026.5 股，涉及资金 1944188 元，买入数量的均值为 49940.7 股，涉及资金 554222.4 元。由此可以看出，无论是交易的数量还是涉及的资金，卖出均显著大于买入，T 检验的结果也证明了这一点。

另外，全部样本总共涉及 167 家上市公司，其中，2009 年 131 家，2010 年 94 家。① 样本公司的行业分布如表 5-2 所示。

表 5-2　　　　　　　　样本公司的行业分布

行业分类	2009 年	2010 年	全体样本
农、林、牧、渔业	0	1	1
采掘业	5	2	7
制造业	67	51	84
电力、煤气及水的生产和供应业	3	2	4
建筑业	2	2	3
交通运输、仓储业	5	3	6
信息技术业	11	9	12
批发和零售贸易	17	11	21
房地产业	13	6	15
社会服务业	4	2	5
综合类	4	5	9
合计	131	94	167

（二）变量设计

变量设计如表 5-3 所示。

上市公司内部人交易的相关数据从上海证券交易所的网站通过手工方式收集、处理，其余数据来自锐思（RESSET）金融研究数据库。

---

① 由于同一上市公司可能在 2009 年和 2010 年同时出现，所以全体样本中各个行业上市公司的数量并不一定等于各年度上市公司数量之和。

表5-3 变量设计

变量性质	变量符号	变量解释
被解释变量	时间差（Time）	内部人交易的填报日期①与发生日期之间间隔的交易日的数量。②
解释变量	职位（Position）	虚拟变量，若交易本公司股票的内部人的职位是董事长或总经理则取值为1，否则为0。
	交易数量（Quantity）	内部人交易数量的自然对数。
	处罚记录（Penalty）	虚拟变量，若某上市公司的高管曾经因内部人交易违规被处罚，则以后该公司所有的内部人交易均取值为1，否则为0。
	大股东持股（Large）	上市公司第一大股东的持股比例。③
	机构投资者持股（Institute）	机构投资者的持股比例。
	两职合一（Dual）	虚拟变量，若上市公司的董事长和总经理为同一人则取值为1，否则为0。
	独董比例（Out）	上市公司董事会中独立董事的比例。
	法律环境（Law）	上市公司注册地所在省份的法律环境。④
控制变量	公司规模（Size）	上市公司期末总资产的自然对数。
	特别处理（ST）	虚拟变量，若上市公司被特别处理（Special Treatment）则取值为1，否则为0。
	发行地（BHN）	虚拟变量，若上市公司除A股外还在其他市场发行了股票则取值为1，否则为0。

注：①按照《上海证券交易所上市公司董事、监事和高级管理人员所持本公司股份管理业务指引》的规定，内部人交易发生后，相关人员先向上市公司报告，上市公司接到报告后再向证券交易所报告，证券交易所对外披露。此处的填报日期指的是上市公司向证券交易所报告的日期。

②本书在计算间隔的交易日的数量时采用"去头不去尾"的原则，如交易的当天即填报则间隔的交易日的数量为0，交易后的第二个交易日填报则间隔的交易日的数量为1，以此类推。如果填报的当天没有发生交易，则选用填报后的第一个交易日作为填报日期，并以此为基础计算间隔的交易日的数量。

③有的上市公司的第一大股东同其他股东存在关联关系，本文进行了合并处理。有的上市公司前十大股东经过合并后顺序会发生变化，如南京新百（600682），本文选取合并后持股最大的关联集团作为第一大股东。

④本文采用樊纲等著的《中国市场化指数——各地区市场化相对进程2009年报告》中各省市2008年的法律指数。

四、实证检验

(一) 单变量分析

从表 5-4 可以看出，87.54% 的内部人交易能够在交易发生后的 4 个交易日内向交易所填报相关信息，说明绝大多数的内部人交易能够按照相关法律法规的要求及时披露相关信息①。但是还应该看到，7.13% 的内部人交易在交易发生后 5~30 个交易日内向交易所填报相关信息，3.31% 的内部人交易在交易发生后 31~100 个交易日内向交易所填报相关信息，甚至还有 2.02% 的内部人交易在交易发生 100 个交易日以后才向交易所填报相关信息，说明还有相当一部分内部人交易的信息披露存在严重问题。具体到各年度，在交易发生后 4 个交易日内向交易所填报相关信息的内部人交易的比例由 2009 年的 86.34% 上升到 2010 年的 89.28%，而交易发生后 31 个交易日以上才向交易所填报相关信息的内部人交易的比例由 2009 年的 7.07% 下降到 2010 年的 2.81%。从频数分析看，2010 年内部人交易信息披露的及时性要优于 2009 年。

表 5-4　　　　内部人交易信息披露及时性的频数统计

| 填报日期与发生日期 | 2009 年 || 2010 年 || 总体 ||
之间间隔的交易日数量	个数	比例 (%)	个数	比例 (%)	个数	比例 (%)
4 个交易日以内	708	86.34	508	89.28	1216	87.54
5~30 个交易日	54	6.59	45	7.91	99	7.13
31~100 个交易日	31	3.78	15	2.64	46	3.31
100 个交易日以上	27	3.29	1	0.17	28	2.02
合计	820	100	569	100	1389	100

---

① 《上海证券交易所上市公司董事、监事和高级管理人员所持本公司股份管理业务指引》规定，"上市公司董事、监事和高级管理人员所持本公司股份发生变动的，应当自该事实发生之日起 2 个交易日内向上市公司报告，上市公司在接到报告后的 2 个工作日之内，通过本所网站进行在线填报，本所网站将于次日公开展示上述信息。"因此，将交易发生后的第 4 个交易日作为最迟填报时间。

从表 5-5 可以看出，内部人交易平均在发生后 6.32 个交易日向交易所填报相关信息。具体到各年度，2009 年和 2010 年的内部人交易分别在发生后 8.05 个和 3.82 个交易日向交易所填报相关信息。由此可见，内部人交易信息披露的及时性越来越好，T 检验的结果也证实了这一点，这与频数分析的结论是一致的。

表 5-5　　　　　内部人交易信息披露及时性的描述性统计

	均值	标准差	最小值	中位数	最大值	T 检验
2009 年	8.05	26.395	0	1	245	3.800***
2010 年	3.82	14.875	0	1	246	(0.000)
全部样本	6.32	22.489	0	1	246	

注：括号内为 P 值。*** 表示在 1% 的水平上显著。

关于各变量的描述性统计，从表 5-6 可以看出，15.33% 的内部人交易涉及董事长或总经理，内部人交易数量的自然对数的均值为 10.22，16.27% 的内部人交易在发生前其公司的高管曾经因内部人交易违规而被处罚，第一大股东持股比例的均值为 32.29%，机构投资者持股比例的均值为 21.47%，19.29% 的内部人交易所涉及的上市公司董事长与总经理两职合一，独立董事占董事会比例的均值为 37.75%，上市公司所在省份法律指数的均值为 10.91，上市公司总资产自然对数的均值为 21.77，1.29% 的上市公司被 ST，4.46% 的上市公司除 A 股外还在其他市场发行了股票。

表 5-6　　　　　　　变量的描述性统计

变量	均值	标准差	最小值	中位数	最大值
职位（Position）	0.1533	0.3605	0	0	1
交易数量（Quantity）	10.22	1.6881	6.91	10.15	15.36
处罚记录（Penalty）	0.1627	0.3692	0	0	1
大股东持股（Large）	0.3229	0.1443	0.0351	0.3045	0.8621
机构投资者持股（Institute）	0.2147	0.1722	0	0.1598	0.7156
两职合一（Dual）	0.1929	0.3947	0	0	1
独董比例（Out）	0.3775	0.0585	0.25	0.3636	0.5714
法律环境（Law）	10.91	3.7531	3.76	12.59	16.61
公司规模（Size）	21.77	1.1555	17.39	21.55	28.01
（特别处理）ST	0.0129	0.1131	0	0	1
发行地（BHN）	0.0446	0.2066	0	0	1

第五章 上市公司内部人交易信息披露的及时性分析

为了对不同条件下内部人交易信息披露的及时性进行比较，本章将内部人交易的数量、第一大股东的持股比例、机构投资者的持股比例、独立董事占董事会的比例以及法律环境指数按照是否大于均值分为两类，并将其余的虚拟解释变量按照其定义分为两类，分别对不同条件下内部人交易信息披露的及时性问题进行描述性统计和单变量检验。从表5-7可以看出，董事长或总经理交易本公司股票时信息披露的及时性显著优于其他高管（在1%的水平上），内部人交易的数量较大时信息披露的及时性显著优于内部人交易数量较小时（在1%的水平上），第一大股东持股比例较小的上市公司内部人交易信息披露的及时性显著优于第一大股东持股比例较大的上市公司（在1%的水平上），机构投资者持股比例较大的上市公司内部人交易信息披露的及时性显著优于机构投资者持股比例较小的上市公司（在1%的水平上），董事长与总经理两职分离的上市公司内部人交易的信息披露的及时性显著优于董事长与总经理两职合一的上市公司（在5%的水平上），上市公司所在地区的法律环境较好时内部人交易信息披露的及时性显著优于法律环境较差时（在1%的水平上），而曾经有高管因内部人交易违规而受到处罚的上市公司的内部人交易信息披露及时性同其他上市公司并没有显著区别，独立董事占董事会比例较高的上市公司内部人交易信息披露的及时性同独立董事占董事会比例较低的上市公司并没有显著区别。

表5-7　不同条件下内部人交易信息披露及时性的描述性统计和单变量分析

变量	均值	标准差	最小值	中位数	最大值	T检验
职位（Position）=1	1.74	6.747	0	1	72	-6.411***
职位（Position）=0	7.15	24.181	0	1	246	(0.000)
交易数量（Quantity）≥10.22	4.09	20.260	0	1	246	-3.676***
交易数量（Quantity）<10.22	8.50	24.286	0	1	164	(0.000)
惩罚记录（Penalty）=1	5.79	22.544	0	1	246	-0.734
惩罚记录（Penalty）=0	6.69	22.457	0	1	245	(0.463)
大股东持股（Large）≥0.3229	8.90	25.832	0	1	226	3.691***
大股东持股（Large）<0.3229	4.28	19.220	0	1	246	(0.000)

续表

变量	均值	标准差	最小值	中位数	最大值	T检验
机构投资者持股（Institute）≥0.2147	3.62	14.703	0	1	133	-2.692*** (0.007)
机构投资者持股（Institute）<0.2147	6.84	23.676	0	1	246	
两职合一（Dual）=1	10.46	32.559	0	1	246	2.476** (0.014)
两职合一（Dual）=0	5.33	19.208	0	1	226	
独董比例（Out）≥0.3775	6.67	23.791	0	1	246	0.500 (0.617)
独董比例（Out）<0.3775	6.05	21.463	0	1	226	
法律环境（Law）≥10.91	4.81	18.284	0	1	245	-2.938*** (0.003)
法律环境（Law）<10.91	8.85	28.001	0	1	246	

注：括号内为P值。*** 表示在1%的水平上显著，** 表示在5%的水平上显著。

（二）多因素分析

为了综合分析多个因素对内部人交易信息披露及时性的影响，本章建立以下模型，并利用多元回归的方法进行分析。

$$Time = \beta_0 + \beta_1 Position + \beta_2 Quantity + \beta_3 Penalty + \beta_4 Large + \beta_5 Instiute + \beta_6 Dual + \beta_7 Out + \beta_8 Law + \beta_9 Size + \beta_{10} ST + \beta_{11} BHN + \varepsilon$$

为了避免变量之间可能出现的多重共线性，本章在综合分析之前先对变量进行了皮尔逊（Pearson）和斯皮尔曼（Spearman）相关系数检验，具体结果如表5-8所示。

从表5-8可以看出，变量之间的相关系数均不超过0.4，说明不存在严重的多重共线性问题，可以进行综合分析。多元回归分析的结果如表5-9的模型1所示。

从表5-9的模型1可以看出，各个变量的膨胀因子均不超过1.5，说明不存在严重的多重共线性问题。

关于内部人的职位对内部人交易信息披露及时性的影响，职位（Position）变量的符号为负且显著，说明内部人的职位对内部人交易信息披露的及时性具有显著的正面影响，也就是说董事长或总经理相对于其他高管在交易本公司股票时能够更加及时的披露相关信息，假设5-1得到证实。

第五章 上市公司内部人交易信息披露的及时性分析

表 5-8 变量的相关性检验

	时间差	职位	交易数量	惩罚记录	大股东持股	机构持股	两职合一	独董比例	法律环境	公司规模	特别处理	发行地
时间差	1	-0.099*** (0.000)	-0.044* (0.099)	0.056** (0.036)	0.047* (0.079)	0.030 (0.262)	0.079*** (0.003)	0.061** (0.023)	-0.047* (0.078)	0.091*** (0.001)	0.018 (0.495)	0.052* (0.053)
职位	-0.087*** (0.001)	1	0.194*** (0.000)	0.148*** (0.000)	-0.001 (0.959)	0.105*** (0.000)	-0.142*** (0.000)	-0.001 (0.965)	0.089*** (0.001)	0.048* (0.076)	-0.031 (0.247)	0.034 (0.208)
交易数量	-0.138*** (0.000)	0.199*** (0.000)	1	0.186*** (0.000)	-0.272*** (0.000)	0.004 (0.874)	0.039 (0.148)	0.084*** (0.002)	0.128*** (0.000)	-0.142*** (0.000)	-0.130*** (0.000)	-0.093*** (0.001)
惩罚记录	-0.012 (0.650)	0.148*** (0.000)	0.170*** (0.000)	1	-0.243*** (0.000)	0.326*** (0.000)	-0.171*** (0.000)	-0.049 (0.066)	0.204*** (0.000)	-0.091*** (0.001)	-0.051* (0.060)	-0.076*** (0.004)
大股东持股	0.141*** (0.000)	-0.002 (0.945)	-0.261*** (0.000)	-0.236*** (0.000)	1	-0.029 (0.280)	0.074*** (0.006)	0.140*** (0.000)	0.080*** (0.003)	0.315*** (0.000)	-0.076*** (0.005)	0.058*** (0.030)
机构持股	-0.073** (0.048)	0.113*** (0.000)	-0.028 (0.292)	0.286*** (0.000)	0.054** (0.044)	1	0.042 (0.122)	0.134*** (0.000)	-0.192*** (0.000)	0.208*** (0.000)	-0.075*** (0.005)	0.056*** (0.036)
两职合一	0.090*** (0.001)	-0.142*** (0.000)	0.036 (0.176)	-0.171*** (0.000)	0.114*** (0.000)	0.066** (0.013)	1	0.260*** (0.000)	-0.106*** (0.000)	0.007 (0.790)	-0.008 (0.776)	-0.026 (0.330)
独董比例	0.026* (0.068)	-0.012 (0.656)	0.043 (0.109)	-0.075*** (0.005)	0.258*** (0.000)	0.224*** (0.000)	0.312*** (0.000)	1	0.058** (0.031)	-0.125*** (0.000)	-0.010 (0.698)	-0.119*** (0.000)
法律环境	-0.049* (0.066)	0.070** (0.010)	0.102*** (0.000)	0.207*** (0.000)	0.048* (0.074)	-0.165*** (0.000)	-0.083*** (0.002)	0.017 (0.525)	1	-0.129*** (0.000)	-0.019 (0.468)	0.068** (0.011)
公司规模	0.078*** (0.004)	0.060** (0.024)	-0.098*** (0.000)	-0.091*** (0.001)	0.357*** (0.000)	0.111*** (0.000)	-0.051* (0.055)	-0.120*** (0.000)	-0.044 (0.102)	1	-0.132*** (0.000)	0.254*** (0.000)
特别处理	0.028 (0.300)	-0.031 (0.247)	-0.130*** (0.000)	-0.051* (0.060)	-0.082*** (0.002)	-0.069** (0.010)	-0.008 (0.776)	-0.022 (0.408)	-0.019 (0.470)	-0.142*** (0.000)	1	0.037 (0.169)
发行地	0.020 (0.459)	0.034 (0.208)	-0.093*** (0.001)	-0.076*** (0.004)	0.065** (0.015)	0.050* (0.063)	-0.026 (0.330)	-0.095*** (0.022)	0.062** (0.022)	0.263*** (0.000)	0.037 (0.169)	1

注：右上角为斯皮尔曼（Spearman）相关性检验结果，左下角为皮尔逊（Pearson）相关性检验结果，括号内为 P 值。*** 表示在 1% 的水平上显著，** 表示在 5% 的水平上显著。

表 5-9　　　　　　　　信息披露及时性的综合分析结果

	模型 1			模型 2			模型 3	
	B	T	VIF	B	T	VIF	B	Wald
常数项（Constant）	-7.361	-0.538		0.001	-0.001		-2.796	2.076
职位（Position）	-3.445**	-1.999	1.101	-0.257***	-3.249	1.101	-1.369***	9.984
交易数量（Quantity）	-1.339***	-3.474	1.208	-0.074***	-4.186	1.208	-0.267***	21.502
处罚记录（Penalty）	2.498	1.333	1.367	0.290***	3.364	1.367	-0.020	0.004
大股东持股（Large）	14.682***	2.959	1.464	0.544**	2.388	1.464	0.804**	4.331
机构投资者持股（Institute）	-6.641*	-1.678	1.327	-0.636***	-3.496	1.327	-2.941***	21.660
两职合一（Dual）	4.196**	2.586	1.172	0.168**	2.254	1.172	1.782*	3.437
独董比例（Out）	7.708	1.147	1.343	0.856***	2.773	1.343	0.327	2.134
法律环境（Law）	-0.290*	-1.704	1.166	-0.021***	-2.745	1.166	-0.063***	7.277
公司规模（Size）	1.084*	1.821	1.350	0.069**	2.512	1.350	0.174**	4.216
特别处理（ST）	5.464	1.015	1.058	0.289	1.168	1.058	0.281	0.218
发行地（BHN）	0.486	0.161	1.114	0.157	1.129	1.114	0.434	1.280
F/-2 Log Likelihood	6.108***			8.649***			942.460***	
R^2/Cox& Snell R^2	0.047			0.065			0.071	

注：上表中 B 表示各变量系数；T 为对应 t 值；VIF 为方差膨胀因子；Wald 为 Wald 检验值；-2 Log Likelihood 为最大似然法估计的模型拟合值；Cox & Snell R^2 相当于回归分析的 R^2 值。*** 表示在 1% 的水平上显著，** 表示在 5% 的水平上显著。

关于内部人交易的数量对内部人交易信息披露及时性的影响，交易数量（Quantity）变量的符号为负且显著，说明内部人交易的数量对内部人交易信息披露的及时性具有显著的正面影响，也就是说内部人交易的数量较大，相关信息的披露更加及时，假设 5-2 得到证实。

关于上市公司的高管曾经因内部人交易违规而受到处罚对以后本公司的内部人交易信息披露及时性的影响，惩罚记录（Penalty）变量的符号为正但不显著，说明高管因内部人交易违规受到处罚对以后本公司的内部人交易信息披露的及时性并没有显著影响，也就是说，对于曾经有高管因内部人交易违规而受到处罚的上市公司来说，其以后的内部人交易信息披露的及时性同其他上市公司并没有显著区别，假设 5-3 没有得到证实。究其原因，一方面，现有的对内部人交易进行处罚的案例较少，[1] 而且处罚的原因都是短线交易，并没有因信息披露不及时受到处罚的案例；另一方面，处罚的力度太轻，[2] 不足以形成强有力的法律震慑力，导致处罚的有效性较低，对以后的内部人交易行为没有影响。

关于第一大股东的持股比例对内部人交易信息披露及时性的影响，大股东持股（Large）变量的符号为正且显著，说明第一大股东的持股比例对内部人交易信息披露的及时性具有显著的负面影响，也就是说，第一大股东的持股比例越大，内部人交易的信息披露越不及时，假设5-4得到证实。

关于机构投资者的持股比例对内部人交易信息披露及时性的影响，机构投资者持股（Institute）变量的符号为负且显著，说明机构投资者的持股比例对内部人交易信息披露的及时性具有显著的正面影响，也就是说，机构投资者的持股比例越大，内部人交易的信息披露越及时，假设5-5得到证实。

关于董事长与总经理两职合一对内部人交易信息披露及时性的影响，两职合一（Dual）变量的符号为正且显著，说明董事长与总经理两职合一对内部人交易信息披露的及时性具有显著的负面影响，也就是说，董事长与总经理两职分离时内部人交易信息披露的及时性优于董事长与总经理两职合一时，假设5-6得到证实。

关于独立董事占董事会的比例对内部人交易信息披露及时性的影响，独立董事比例（Out）变量的符号为正但不显著，说明独立董事占董事会的比例对内部人交易信息披露的及时性并没有显著影响，也就是说，独立董事占董事会的比例较高时内部人交易信息披露的及时性同独立董事占董事会的比例较低时并没有显著区别，假设5-7没有得到证实。究其原因，上市公司聘请独立董事的真正目的并非为了改善公司治理，而是为了满足相关法规的要求，[3] 独立董事在实际工作中存在着独立性不强、激励程度

---

[1] 根据锐思数据库的数据，2009~2010年的处罚公告中只有3家上市公司的5位高管因交易本公司股票而受到处罚。

[2] 对于内部人的短线交易行为只是将受益收归上市公司所有，并给予警告，可以并处3万元以上10万元以下的罚款。

[3] 我国证券监督管理委员会在2001年发布的《关于在上市公司建立独立董事制度的指导意见》要求在2003年6月30日前，上市公司董事会成员中应当至少包括1/3的独立董事。样本中独立董事占董事会的比例恰好等于1/3达到了47.08%，该比例在33.33%~40%的比例达到了73.43%。将独立董事的人数减1后除以董事会总人数，发现该比例的均值只有26.69%，只有6.62%的上市公司该比例超过了1/3。

不足等问题,并没有起到应有的作用。

关于法律环境对内部人交易信息披露及时性的影响,法律环境(Law)变量的符号为负且显著,说明法律环境对内部人交易信息披露的及时性具有显著的正面影响,也就是说,上市公司所在地区的法律环境越好,内部人交易的信息披露越及时,假设5-8得到证实。

(三) 稳健性检验

为了保证结论的可靠性,本章利用以下方法进行了稳健性检验。

首先,将内部人交易的发生日期与填报日期之间间隔的交易日数加1后取自然对数作为被解释变量,并利用相同的方法进行研究,结果如表5-9的模型2所示,结论并没有实质性变化。

其次,将内部人交易的发生日期与填报日期之间间隔的交易日数是否大于4作为被解释变量,并采用Logistic回归分析的方法进行研究,结果如表5-9的模型3所示,结论并没有实质性变化。

再次,缩小样本,只选取发生日期与填报日期之间间隔小于30个交易日的内部人交易组成新样本,并利用相同的方法进行研究,结论并没有实质性变化。

最后,还对各解释变量在其分布的第5个及第95个百分位上的观察值进行缩尾调整处理(Winsorize),结论并没有实质性变化。

五、本章小结

内部人直接参与公司的日常经营活动,同外部投资者相比具有信息优势,因此其交易行为得及时披露具有十分重要的意义,相关法律法规对其也进行了详细的规定。本章选取了2009~2010年上海证券交易所的上市公司为样本,对内部人交易信息披露的及时性问题进行了实证研究。结果发现,我国上市公司内部人交易信息披露的及时性较好,绝大多数的内部人交易的信息能够得到及时披露;信息披露的及时性与内部人的职位高低、内部人交易的数量、机构投资者的持股比例和法律环境显著正相关,与第一大股东的持股比例、董事长与总经理两职合一显著负相关。

第六章

上市公司内部人交易的国际立法比较与启示

　　上市公司内部人交易有积极的作用，也有消极的影响。一方面，内部人交易能有效降低内部人的持股风险，增强内部人持股的激励效用；另一方面，由于内部人掌握着重要内部信息，当他们利用信息优势采取相应策略进行交易时会损害其他投资者的利益，进而损害资本市场公平和效率。鉴于此，对上市公司内部人交易，特别是恶意的内部人交易行为必须进行严格的立法限制。

　　从目前国内外内部人交易相关法律来看，发达资本主义国家的相关立法较为完善，值得我国学习借鉴，因此本章内容首先比较国内外立法的异同，其次总结对我国立法的启示。主要包含以下两部分：第一，上市公司内部人交易之法律比较，包括国内外上市公司持股报告制度之国际比较，内部人短线交易归入制度之国际比较，内部人敏感期交易之国际比较三个方面，从立法层面比较国内外内部人短线交易的区同；第二，内部人交易国际比较之立法启示，总结国外相关立法优点，提出完善我国上市公司内部人立法的有效措施。

一、上市公司内部人交易的法律比较

（一）内部人持股及交易报告制度的国际比较

1. 对上市公司内部人持股申报的基本规定

美国1934年《证券交易法》规定个人成为上市公司内部人之后的10

天内要予以公告,即第16(a)规定任何直接或间接拥有依据本法第12章登记超过10%的任何一种权益证券(豁免的证券除外)的受益所有人的个人,或者任何是该证券发行者的董事或者官员的个人,应在该证券在全国证券交易所登记时,或者在依据本法第12章(g)款提出的申请登记表生效之日,或者在他成为受益所有人、董事或者官员后10天内,向委员会(如果该证券是在全国证券交易所登记,也应向交易所)提交他是其受益所有人的全部权益证券数量的报告,① 并且对不按规定的时间或内容进行申报者,证券交易委员会可以依据1990年《证券执行救济和廉价股票改革法》和《条例S-K》第405项的规定,对内部人处以中止和终止令以及罚款的处罚。②

英国1985年《公司法》也有类似的要求,诸如公司董事应及时披露自己及其近亲属、利害关系人持有、交易本公司股票的情况,包括:导致其对公司股票或债券拥有或丧失效益的事件;其签订的出售任何股票或者债券的合同;其分配的由公司授予自己认购公司股票或债券的任何权利;其他集团公司授予其认购该公司或其他集团公司的股票或债券的权利,如果公司未履行报告义务或故意进行虚假陈述,将有可能被判处有期徒刑或罚款或并处。③

德国1994年《有价证券交易法》第21条规定申报义务人必须在7个日历日内申报特定股份变动情况。即凡通过购买、转让或其他方式使其在一个交易所挂牌公司的表决权达到、超过或低于5%、10%、25%、50%或75%的申报义务人,应当毫不迟延地(至迟于7个日历日内)将达到、超过或低于所称界限一事以及将其表决权股份的数额书面通知该公司和联邦证券监督局,通知应当载明其地址和达到、超过或低于所称界限的日期。另外,凡对一个在一个欧盟成员国或其他欧洲自由贸易区协定条约国的交易所进行官方交易的所在地在国内的公司的股票在首次获得许可之时拥有5%以上的公司股票的人,应当通知该公司和联邦证券监督局。并且对于上述的申报内容,必须指定审计人员进行审计,即第36条规定:上述规定的申报义务的遵守情况,每年一次由一名适宜的审计人员予以审查。有价证券服务业应当至迟于应予审查的每个业务年度终结时任命一名

---

① 卞耀武:《美国证券交易法律》,法律出版社1999年版。
② 赵万一、刘小玲:《对完善我国短线交易归入制度的法律思考》,载《法学论坛》2006年第5期。
③ 杨亮:《内幕交易论》,北京大学出版社2001年版。

审计人。

日本 1948 年《证券交易法》第 163 条规定，上市公司的董事、监事以及高级管理人员在买卖所属公司股票后的下个月 15 日前向大藏省提交报告，如果该股票买卖是委托证券公司的，则由证券公司进行申报。但是，监管机关发现该规定在实践过程并没有效果。因此，在 1953 年修改《证券交易法》时删除了这一规定。

韩国 2005 年《证券交易法》要求获得上市公司股票的内部人必须报告持有股票的状况，即第 188 条第 6 款规定：股票上市公司或 KOSDAQ 上市公司的任职人员或主要股东自成为任职人员之日起 10 日内，应当根据总统令规定，分别向证券期货委员会和交易所，报告不管用任何人的名义，计为已有的该法人的股票的所有状况。并且第 210 条规定，未按规定申报者处以 1 年以下有期徒刑或 500 万韩元以下罚金的惩罚。除此之外，还规定了保有大量股票等有价证券的报告制度，即第 200 条之 2 规定：大量保有（指本人与其特殊关系人的保有股票等有价证券的总额超过股票等有价证券的总额 5% 的情况）股票上市公司或 KOSDAQ 上市公司的股份者（总统令规定者除外），应当在该日起 5 日内，根据总统令的规定，向金融监督委员会和交易所报告其保有状况及保有目的（指是否影响发行人的经营权的目的）。

巴西第 6404 号法令规定：高级职员在就职使必须公布他所持有的该公司证券的数目，如果需要还必须向股东大会提供他在上一年会计年度内的交易情况。①

我国台湾地区"证券交易法"第 25 条规定，公开发行公司在登记后，应立即将内部人所持本公司股票的种类、数量向主管机关申报并公告。

我国香港地区《证券（披露权益）条例》② 第 28 条的规定，董事和行政总裁上任时若持有上市公司或相关公司的股份必须作首次报告。报告必须在上任或得知利益存在次日起 5 日内作出，以其中较迟者为准。首次报告必须包括：声明当时存在的利益、声明在上市公司或相关公司存在利益的股票数量和种类、声明依购买合同所支付的价格等。

我国 1993 年《公司法》第 147 条规定：发起人持有的本公司股份，

---

① 成涛、鲍瑞坚：《证券法通论》，中国大百科全书出版社上海分社 1994 年版。
② 2003 年 4 月 1 日，《证券（披露权益）条例》与《证监会条例》、《证券条例》、《杠杆外汇条例》、《保障投资者条例》、《商品交易条例》、《证券交易所合并条例》和《证券及期货（结算所）条例》合并，成为香港法例第 571 章《证券及期货条例》。

自公司成立之日起 3 年内不得转让。公司董事、监事、经理应当向公司申报所持有的本公司的股份，并在任职期间内不得转让。从 2006 年《公司法》开始放宽了对内部人持股及交易的管制，2006 年《公司法》第 142 条规定：发起人持有的本公司股份，自公司成立之日起 1 年内不得转让。公司公开发行股份前已发行的股份，自公司股票在证券交易所上市交易之日起 1 年内不得转让。公司董事、监事、高级管理人员应当向公司申报所持有的本公司的股份及其变动情况，在任职期间每年转让的股份不得超过其所持有本公司股份总数的 25%；所持本公司股份自公司股票上市交易之日起 1 年内不得转让。上述人员离职后半年内，不得转让其所持有的本公司股份。公司章程可以对董事、监事、高级管理人员转让其所持有的本公司股份作出其他限制性规定。2007 年《上市公司董事、监事和高级管理人员所持本公司股份及其变动管理规则》第 10 条规定：上市公司董事、监事和高级管理人员应在下列时点或期间内委托上市公司通过证券交易所网站申报其个人信息（包括但不限于姓名、职务、身份证号、证券账户、离任职时间等）：新上市公司的董事、监事和高级管理人员在公司申请股票初始登记时；新任董事、监事在股东大会（或职工代表大会）通过其任职事项、新任高级管理人员在董事会通过其任职事项后两个交易日内；现任董事、监事和高级管理人员在其已申报的个人信息发生变化后的两个交易日内；现任董事、监事和高级管理人员在离任后两个交易日内；证券交易所要求的其他时间。

除上述规定之外，我国法律规定很多情况下都要公布上市公司内部人的持股情况，如 2005 年《证券法》第 54 条规定：签订上市协议的公司应当公告下列事项：董事、监事、高级管理人员的姓名及其持有本公司股票和债券的情况；第 66 条规定：上市公司和公司债券上市交易的公司，应当在每一会计年度结束之日起四个月内，向国务院证券监督管理机构和证券交易所报送记载以下内容的年度报告，并予公告：董事、监事、高级管理人员简介及其持股情况；已发行的股票、公司债券情况，包括持有公司股份最多的前十名股东名单和持股数额；已发行的股票、公司债券情况，包括持有公司股份最多的前 10 名股东名单和持股数额等。再如：1993 年《股票发行与交易暂行管理条例》中规定上市公司公告、年度报告等要披露内部人持股情况；2012 年《证券公司董事、监事和高级管理人员任职资格监管办法》第 34 条规定要披露董事、监事和高级管理人员简历及其持有本公司证券的情况；另外，2005 年《上市公司股权激励管理办法》，2007年《上市公司信息披露管理办法》，2006年《上市公司回购社会公众股份管理办法》及上海证券交易所、深圳证券交易所等都有类似规定。

综上所述，世界各国都规定了上市公司内部人持有本公司股票及时报告的制度，我国的该项制度也比较完善，但从实际情况来看其执行力度有待提高。上市公司内部人持股情况的及时报告，有利于增强外部投资者的投资信心，有利于维护上市公司的正面形象；同时也有利于市场及外部投资者对上市公司内部人交易行为的有效监督，因此该制度是规制内部人短线交易及敏感期交易的基础，必须严格执行。

2. 上市公司内部人股份变动申报制度

上市公司内部人股份变动申报制度分为股份变动之前的申报制度及股份变动之后的申报制度，对于后者大部分国家作出明确规定必须申报，并且详细规定了申报的时间、内容、申报的主管部门等，但对股份变动之前的申报，各国规定有所不同，现从股份变动前后两个方面对各国规定作如下比较：

第一，股份变动之前的申报制度。国外大部分国家要求上市公司内部人在买入或者卖出本公司股票之前必须进行提前申报及公告，以便更好将内部人交易行为置于公众的监督之下。

美国 2000 年证券交易委员会 SEC 颁布了《公正披露条例》，广泛要求公开披露新消息，在此之后理论界及实践界展开了对预售公告制度的探讨。直到 2003 年美国开始实行公众利益与私营企业委员会的建议，即企业高管在出售公司股票前必须预先进行公告。美国的预售公告制度有利于提高公司的透明度，也可以使上市公司内部人免于利用内部消息牟取非正当利益的指控。①

英国上市公司内部人在交易本公司股票之前必须报告该上市公司，董事和高级管理人员等内部人只有在通知所属公司，并且只有获得批准后才能交易所属公司的股票。不同职位的内部人在交易之前向上市公司报告的对象不同：董事转让股票前必须通知公司秘书或董事会主席（或董事会指定的董事），并得到准许才能转让股票；董事会主席转让股票前，必须通知首席执行官，或在首席执行官不在时，通知高级独立董事，或董事会的

---

① 马光、孙黎:《内部人交易与预售公告制度研究》，载《证券市场导报》2008年。

一名成员，或由首席执行官专门指定的其他经理，并获得准许后才能转让股票；首席执行官转让股票前，必须通知董事会主席，或在首席执行官不在时，通知高级独立董事，或董事会的一名成员，或由董事会主席专门指定的其他经理，并获得准许后才能转让股票；在董事会主席和首席执行官兼任的情况下，其买卖股票通知必须获得董事会的准许；其他从事管理职能的人买卖股票必须首先通知公司秘书或指定的董事并获得准许才能买卖股票。上述通知对象在接到相关人员买卖股票的请求后5个工作日内必须作出回应，申请买卖股票的内部人应该在收到准许通知后的2个交易日内必须进行交易。

日本规定股东在转让股份之前必须提前申请，即2005年《日本公司法典》第159条规定："股东要申请转让其持有的股份时，须对股份公司表明与其申请相关的股份数额（发行种类股份公司为股份的种类及数额）后提出。"[①]1938年4月5日颁布的《有限公司法》也规定股东在转让股份时必须经过股东大会的同意，即第19条规定：股东在将其全部或者部分出资份额转让给非股东的人的情形下，须取得股东会的同意。[②]

韩国2005年《证券交易法》规定买受股票等有价证券超过5%时应当公开买受，即第21条规定：欲在总统令规定的期间内，在有价证券市场及KOSDAQ市场之外，从总统令规定的人数以上的，买受、交换、招标等其他有偿让受（本章以下简称"买受等"）有表决权的股份及总统令规定的有价证券（以下简称"股票等有价证券"）的人，在进行该买受等后，其本人及其特殊关系人（指总统令规定的由特殊关系人，下同）所保有（保有或其他相当于保有的，包括总统令规定的情况，在本章及第200条之2下同）股票等有价证券的总额，超过该股票等有价证券总额的5%时（包括本人及其特殊关系人保有股票等有价证券总额超过股票等有价证券总额的5%时，进行该股票等有价证券的买受等的情况），应当公开买受（但考虑到其类型及其他情况，总统令规定的买受等除外）。除此之外，韩国2005年《证券交易法》还详细规定了"公开买受"的内容，并且买入之前需将"公开买受申报书"提交到金融监管部门，并将其副本提交到该证券的发行人及证券交易所。"公开买受公告"及"公开买受申报书"需包括买受人、买受的目的、买受的种类、数额、价格、买受资金的来源

---

① 崔延花：《日本公司法典》，中国政法大学出版社2006年版。
② 吴建斌：《日本公司法规范》，法律出版社2003年版。

等内容。

我国香港地区规定上市公司内部人必须通知并获准许后才可买卖股票。根据联交所《上市规则》附录10B规定，董事必须履行适当通知义务才能购买上市公司的股票，即董事在买卖所属上市公司的股票前应书面通知董事会主席或董事会为此指定的一名董事；董事会主席在买卖所属上市公司的股票前，在董事会会议上通知各董事，或者通知董事会为此指定的另一名董事；董事会指定的董事如要购买所属上市公司的股票，则通知董事会主席。董事会或相关当事人应该在接到董事购买股票申请后的5个营业日回复董事，而获准买卖股票的有效期不能超过批准后的5个营业日。

我国2012年《证券投资基金法》中规定了公开募集基金的基金管理人的内部人在证券投资之前必须提前申报，即第18条规定公开募集基金的基金管理人的董事、监事、高级管理人员和其他从业人员，其本人、配偶、利害关系人进行证券投资，应当事先向基金管理人申报，并不得与基金份额持有人发生利益冲突。公开募集基金的基金管理人应当建立前款规定人员进行证券投资的申报、登记、审查、处置等管理制度，并报国务院证券监督管理机构备案。除此之外，法律对其他上市公司内部人交易没有作提前申报的规定，仅在深圳证券交易所规定中有所体现，即2007年深圳证券交易所颁布的《上市公司董事、监事和高级管理人员所持本公司股份及其变动管理业务指引》第4条规定：上市公司董事、监事和高级管理人员在买卖本公司股票及其衍生品种前，应当将其买卖计划以书面方式通知董事会秘书，董事会秘书应当核查上市公司信息披露及重大事项等进展情况，如该买卖行为可能存在不当情形，董事会秘书应当及时书面通知拟进行买卖的董事、监事和高级管理人员，并提示相关风险。

第二，股份变动之后的申报制度。美国1934年《证券交易法》规定，上市公司内部人股份变动之后要及时申报，如第16（a）在日历月内这种权益发生改变，应在每一日历月结束后10天内，向委员会（如果该证券是在全国证券交易所登记，也应向证券交易所）提交报告，说明在日历月结束时他的所有权情况和在该日月内他的所有权发生的改变。并且为了保证上述报告内容的真实性，以及为信赖错误的申报而受到损失的投资者提供法律救济措施，《证券交易法》第18节（a）规定，向证券交易委员会提交文件中如果存在事实重大陈述错误或遗漏的，负有责任的提交人需要承担责任。任何阅读了这个文件并且信赖了这一文件而受到损害的投资者都可以根据这一规定向上市公司和在申报文件上签字的人提起诉讼。

英国金融服务局颁布的《信息披露和透明化规则》第 3 条规定，董事及高级管理人员必须将买卖所属公司股票的情况尽快披露，并对披露的时间和披露的内容进行了具体解释。关于披露的时间，《信息披露和透明化规则》要求董事及高级管理人员在交易所属公司股票后的 4 个工作日内，以书面形式通知上市公司，上市公司在接到上述交易报告后，必须及时通知金融服务局的规范信息披露服务部。关于披露的内容，主要包括交易者的姓名、履行通知责任的原因、上市公司的名称、交易证券的描述、交易的性质（买入或卖出）、交易的时间和地点、交易的价格和数量。

韩国 2005 年《证券交易法》规定，上市公司内部人股份发生变动之后必须及时申报，即第 188 条第 6 款规定：若所有股份数量发生变动，应当在发生变动之日所属月份的下一个月的 10 日之前报告其内容。并且第 201 条规定，未按规定申报者处以 1 年以下有期徒刑或 500 万韩元以下罚金的惩罚。除此之外，第 202 规定：大量保有着的保有股份比例变动为该法人的股份等总数的 1% 以上的比例时，应当在自其变动之日起 5 日内，根据总统令的规定，将其变动内容向金融监督委员会和交易所报告并且详细规定了股票等有价证券的数量及股票等有价证券总数的计算方法。

我国台湾地区"证券交易法"第 25 条规定，公开发行股票的公司内部人应在每月 5 日以前将上个月的持股变动情形向公司申报，由后者汇总并在每月的 15 日前向主管机关申报和公告。公司违反该项规定时，主管机关依照台湾地区"证券交易法"第 178 条的规定，可以对其处以新台币 12 万以上 240 万以下的罚款。

我国香港地区《证券（披露权益）条例》[①] 第 28 条的规定当董事和行政总裁的上述利益发生变动，在发生变动次日的 5 日内必须用书面形式向香港联交所和公司报告股份转让的时间、价格和数量，并且保证联交所先于公司接到报告。根据《证券（披露权益）条例》第 28（8）条规定，违反这一披露义务将被处以 1 万港元罚款和 6 个月监禁，情节严重的将被处以 10 万元罚款和两年监禁的处罚。

我国 2005 年 9 月 4 日颁布的《上市公司股权分置改革管理办法》规定，大股东减持行为必须进行强制披露即持股 5% 以上的大股东，减持股

---

① 2003 年 4 月 1 日，《证券（披露权益）条例》与《证监会条例》、《证券条例》、《杠杆外汇条例》、《保障投资者条例》、《商品交易条例》、《证券交易所合并条例》和《证券及期货（结算所）条例》合并，成为香港法例第 571 章《证券及期货条例》。

份没达到该公司股份总数的1%时,应当在该事实发生之日起两个工作日内作出公告。2007年《上市公司董事、监事和高级管理人员所持本公司股份及其变动管理规则》第11条规定:上市公司董事、监事和高级管理人员所持本公司股份发生变动的,应当自该事实发生之日起两个交易日内,向上市公司报告并由上市公司在证券交易所网站进行公告。公告内容包括:上年末所持本公司股份数量;上年末至本次变动前每次股份变动的日期、数量、价格;本次变动前持股数量;本次股份变动的日期、数量、价格;变动后的持股数量;证券交易所要求披露的其他事项。并在第15条规定由上市公司的董事会秘书负责变动股份的申报工作,即第15条规定:上市公司应当制定专项制度,加强对董事、监事和高级管理人员持有本公司股份及买卖本公司股票行为的申报、披露与监督。上市公司董事会秘书负责管理公司董事、监事和高级管理人员的身份及所持本公司股份的数据和信息,统一为董事、监事和高级管理人员办理个人信息的网上申报,并定期检查董事、监事和高级管理人员买卖本公司股票的披露情况。我国2008年4月证监会颁布的《上市公司解除限售存量股份转让指导意见》第8条规定:持有或控制上市公司5%以上股份的股东及其一致行动人减持股份的,应当按照证券交易所的规则及时、准确地履行信息披露义务。

  综上所述,与其他国家相比,我国法律有关上市公司内部人交易之前的申报制度不明确,另外对股份变动之后的申报制度存在众多不足之处。尽管我国法律要求上市公司就董事、监事、高级管理人员和大股东对持有及交易该公司的股票情况在公司的上市公告书、中期报告、年度报告和临时报告中等众多情形下予以公告,但上述公告并不能准确反映内部人股份变动的实际情况,主要原因如下:第一,目前法律规定公告的主体是上市公司,而不是具体当事人,这种规定无形中免除了上市公司内部人就信息披露方面对证券法应负的责任;第二,上市公司公告书、中期报告、年度报告之间相隔时间较长,因此对上市公司内部人持股变动的持续性研究资料获得较为困难,不利于对上市公司内部人交易的监督;第三,2006年《证券法》删除了对持股一定比例的大股东的股份变动申报的规定,实则为立法的倒退;第四,我国法律没有规定不按规定时间、内容等进行申报的惩罚措施,导致按法律法规申报的执行力度欠佳。总之,与其他国家相比,我国的上市公司内部人股份变动报告制度还有待于进一步完善。

(二) 内部人短线交易归入制度的国际比较

1. 内部人短线交易归入制度的内容及起源

上市公司内部人短线交易是指上市公司的董事、监事、高级管理人员及持股达一定比例的大股东，违反《证券法》、《公司法》的规定，在6个月内对买进后卖出或卖出后又买进本公司股票的行为。内部人短线交易归入制度是指上述内部人短线交易所获收益应当归上市公司所有的制度，该归入制度的理论基础在于上市公司的内部人负有的忠实义务，即作为公司的诚信义务人行使职权时，要出于对公司利益的考虑，而不是仅促进自己和其他人的利益。

短线交易归入制度最早源于美国1934年的《证券交易法》。1929年10月24日美国爆发证券市场经济危机，金融界崩溃，股价雪崩似跌落，随后危机席卷整个资本主义世界，继而引发了全球性的经济大萧条。1934年美国国会着手调查危机背后的内在原因时，震惊地发现上市公司内幕交易、内部人频繁交易所在公司股票的行为极其严重，挫伤了投资者的信心。为了改变这一局面，尽快恢复证券市场的繁荣，美国国会于1934年颁布了《证券交易法》，短线交易归入制度是该法的重要规定之一。

短线交易归入制度的立法目的在于预防内部人利用内部信息进行股票交易牟取暴利的行为，该制度通过上市公司对短线交易收益的追缴，有效地淡化、消除内幕交易的动机，从而在一定程度上减少、防止内幕交易的发生。因此该制度作为一项预防内幕交易的措施被众多国家和地区纷纷效仿，但由于各国立法背景的差异，各国关于短线交易归入制度的具体细节规定不尽相同。

2. 内部人短线交易的主体类型

短线交易的主体是指违反法律规定进行短线交易的公司内部人。纵观各国法律规定，短线交易的主体可以分为两大类：一类是非股东型的主体，一般包括上市公司的董事、监事、高级管理人员等；另一类是股东型的主体，主要指持有上市公司股票并达到一定比例的股东。[1]

---

[1] 林建华：《"华夏建通"短线交易案相关法律问题评析》，载《证券法苑》2010年第2期。

第六章　上市公司内部人交易的国际立法比较与启示　　·71·

第一，非股东型主体。美国 1934 年《证券交易法》第 16（b）规定短线交易非股东型主体包括上市公司的受益所有人、董事、管理人员。对受益所有人，美国 1934 年《证券交易法》没有给出明确规定，但随着立法的完善逐步明确了受益所有人的概念，即为直接或间接通过合同、安排、备忘录、各种关系或其他方式对所涉证券拥有或分享直接或间接金钱利益的任何人，即有下列情形者，虽不以自己名义持有股票，但可能被认为是该股票的受益所有人：控制该股票表决权的行使；控制该股票的买卖、转移或作其他处分；有权享受该股票的孳息及其他得利；有权取得该股票因诉讼处分所获之价金；虽以配偶、未成年子女或其他家属的名义持有股票，但实质上由其享受权益。所谓董事，美国 1934 年《证券交易法》（a）-7 规定："董事"一词：是指一个公司的任何董事，或者具有与任何组织有关联的行使类似职能的任何人（无论该组织是否具有法人资格）；① 管理人员，可以是军官或官员、公司高级管理人员，也可以是公司的管理人员。根据美国巡回法院（Circular Court）的判例，管理人员指公司的总裁、财务和会计方面的主要负责人、负责公司主要业务单位的副总裁以及在公司发挥任何作用的任何管理人员或任何人。②

日本 1996 年《证券交易法》第 164 条规定短线交易的非股东型主体为上市公司等的负责人。根据日本《证券交易法》第 163 条规定，"上市公司等"指公司债券、特别法设立的法人发行的出资证券、股票（包括新股认购权的证券或证书）等特定有价证券在证券交易所上市者或相当于柜台买卖有价证券者及其他政令规定的有价证券的发行人。韩国 2005 年颁发的《证券交易法》第 188 条规定非股东型主体包括：股票上市公司或 KOSDAQ 上市公司的任员、职员及所有利用他人名义持有股票的交易主体。③

我国台湾地区 1968 年"证券交易法"首次引入了内部人短线交易归入制度，后经 1983 年、1988 年、2000 年、2002 年几次修订后的"证券交易法"第 157 条中规定，内部人短线交易非股东型主体为发行股票公司董事、监察人、经理人；政府或法人当选公司之董事及监察人之代表人；金融控股公司子公司的董事及监察人的代表人，并且引入"受益所有人"的概念，即上述主体拓宽到其配偶、未成年子女及利用他人名义持有者。我

---

① 卞耀武：《美国证券交易法律》，法律出版社 1999 年版。
② 朱伟一：《美国证券法判例解析》，中国法制出版社 2002 年版。
③ 金仁权、金滋永：《韩国证券交易法》，载《商事法论集》2007 年第 1 期。

国台湾地区2003年财政部颁布的行政函释中扩大了经理人的范围：一是总经理及相当等级者；二是副总经理及相当登记者；三是协理及相当等级者；四是财务部门主管；五是会计部门主管；六是其他有为公司管理事务及签名权利之人。2008年《证券交易法施行细则》第2条中进一步解释了"利用他人名义持有者"需具备以下要件：直接或间接提供股票与他人或提供资金与他人购买股票；对该他人所持有之股票，具有管理、使用或处分之权益；该他人所持有股票之利益或损失全部或一部分归属于本人。

我国香港地区规定，禁止董事本人以及配偶或任何未成年子女（亲生或收养）或代子女所进行的交易买卖上市公司的股票，倘若董事将包含上市公司证券的投资基金交给专业管理机构管理，不论该基金经理是否被授予全权决定权，该基金经理买卖该董事所属上市公司的证券时，也受到同样的限制。

我国1993年《股票发行与交易管理暂行条例》第38条规定短线交易的非股东型主体包括：股份有限公司的董事、监事、高级管理人员，以及持有公司5%以上有表决权股份的法人股东的董事、监事和高级管理人员；1998年《证券法》中短线交易主体中去除了该项规定；2006年《证券法》又延续了最初的界定，即第47条规定短线交易的非股东型主体包括：上市公司的董事、监事、高级管理人员，并且2006年《公司法》第217条规定，高级管理人员是指公司的经理、副经理、财务负责人，上市公司董事会秘书和公司章程规定的其他人员。

第二，股东型主体。现代公司中经营权与所有权相分离的情况下，如果未在公司担任董事、监事或者高级管理人员，中小股东很难获悉公司的内部消息。但如果股东持股达到一定比例，就会对公司具有相当的控制力和影响力，接触内部消息的机会也随之增加。因此，各国在界定短线交易主体时均包括了持股一定比例的股东在内，但各国规定的持股比例有所不同。

美国1934年《证券交易法》第16（b）规定短线交易股东型主体为持有公司已发行股份10%以上的股东。日本1996年《证券交易法》第164条规定短线交易的股东型主体为上市公司等的主要股东；该法第163条特别指出主要股东是指以自己或他人（包括假设人）的名义拥有已发行股份总数10%以上的股份（参考股份所有的状况及其他情况由大藏省令规定者除外）的股东。韩国2005年《证券交易法》第188条规定，短线交易的股东型的主体为主要股东即不管用任何人的名义，以自己的计算所有的决议权的发行股份总数或出资总额10%以上的股份者或出资证券的人及总统令规定的人。①

我国台湾地区对股东型主体的比例曾产生争议，最初法律规定股东型主体的比例为10%，随后鉴于各公司中真正持有10%以上股份的股东极少，因此改为5%。1988年修正时，为配合证券投资信托事业的需要，将比例再次提高为10%。因为如果将5%作为归入权的门槛，投信买进上市公司5%的股票之后，6个月之内的买卖利益即应归公司所有，若真如此会影响基金投资者的权益。又因归入权的制度不宜单独对投信公司特设例外，因此2002年《证券交易法》中再次将门槛改为10%，即第157条规定，内部人短线交易股东型主体为持有公司股份超过10%的股东，并且规定10%的股份以公司发行股份为计算基础，而持有的股份并不以已经办理过户为要件。

我国1993年《股票发行与交易管理暂行条例》中第38条规定短线交易的股东型主体为持有公司5%以上有表决权股份的法人股东；1998年《证券法》规定短线交易主体仅包括股东型主体，即第42条规定短线交易的主体为持有一个股份有限公司已发行的股份5%的股东；2006年《证券法》规定短线交易的股东型主体为持有上市公司股份5%以上的股东。

综上所述，各国短线交易主体范围界定不同之处主要表现在以下几点：

第一，"董事"范围的界定不同。美国法律中董事范围较其他国家更加广泛，根据法律规定董事可分为三类：具有头衔，且具体执行职务者；具有头衔，但不执行职务者，所谓"名义董事"；不具有头衔，但实际执行职务者。具有头衔的董事，都属于短线交易规制的对象，其中有充足证据证明完全为名义董事的除外，对于第三类，表示没有头衔，但实际上形式了与具有头衔的人相同或相似的职权的人，同样属于短线交易的规制对象。②

第二，非股东型的主体中是否包括"受益所有人"。受益所有人是美国信托法中的概念，交易主体为了逃避监管，往往利用他人的名义进行交易，而为了交易的便利及处于信任的考虑，配偶、子女、兄弟姐妹等近亲属及合伙人、信托人等成为利用的对象，因此美国法律最先规定上述受益所有人的交易行为与本人交易等同。随后，我国台湾等地区法律中把短线交易非股东型主体扩大到了受益人的范畴，但我国法律仅规定不允许内部

---

① 金仁权、金滋永：《韩国证券交易法》，载《商事法论集》2007年第1期。
② 赵万一、刘小玲：《对完善我国短线交易归入制度的法律思考》，载《法学论坛》2006年第5期。

人短线交易，但内部人亲属不受此限制，只有在深圳证券交易所规则中规定上市公司内部人的配偶、子女及亲属等持有内部人公司股票变动后两个交易日内必须申报的规定，这样做虽然避免了打击面过宽，但给刻意规避法律的人留下了漏洞，并且交易现状表明近年来利用"受益所有人"的名义频繁短线交易的行为明显增加。

第三，股东型主体持股比例的界定不同。美国、日本等大部分国家将持股比例达10%以上的股东认定为短线交易的股东型主体，我国台湾地区1968年制定证券交易法把比例定位5%，但是1988年修改为10%。我国出于短线交易归入制度目的的考虑，将持股比例降到5%，但从实际来看，无论是5%还是10%，股东都有办法来规避法律的规定，因为大股东可以将股份控制在接近但低于法律规定的10%或者5%水平之下就可以逃避法律的规定，并且可以通过多次交易实现获利目的，为此也有国家采用浮动持股比例的做法，但操作上具有一定困难。

3. 短线交易主体的认定时点

确定短线交易主体的另一关键点是主体身份的认定时点问题。无论是"先买后卖"或是"先卖后买"，构成短线交易需要行为人在6个月内存在一组相反方向的交易，那么行为人是否每次交易时都必须具有短线交易主体的身份呢？比如，甲于3月购入A公司的股票，于4月当选为A公司的监事，然后于5月出售部分股票，并有获利，此种情况下，A公司是否应当行使归入权呢？这就涉及短线交易主体身份认定时点的问题。

对于这一问题，理论上存在"一端说"、"两端说"和"折中说"三种不同标准。"一端说"认为只要买入或卖出任意时点行为人具有短线交易主体的身份即可；"两端说"认为行为人买入及卖出两个时点必须都具有此身份才可以受到短线交易归入制度的约束；"折中说"认为，对董事、监事、高管人员与持有特定比例股份的股东应当予以区别对待，对于持有特定比例股份的股东，应当采用"两端说"，而对于公司董事、监事和高级管理人员，应当采用"一端说"，原因是，股东身份不如公司董事、高级管理人员身份容易获得内幕信息。

美国司法界采用的是"折中说"的观点，即对非股东型主体采用的是"一端说"，即规定只要在买入或卖出任一端具有上市公司的受益人、董事、官员的身份即可；而鉴于股东型主体相对非股东型主体获取内部信息的可能性更小，因此对股东型主体的认定采用"两端说"。

韩国规定对短线交易主体的认定采用"折中说"的观点，对非股东型主体采用"一端说"，对股东型主体采用"两端说"，即韩国 2005 年《证券交易法》第 188 条规定，短线交易的规定不适用于总统令考虑到任员、职员或主要股东卖出、买入性质等因素而作出的另行规定，以及主要股东在卖出或买进时期之一时期不是主要股东的情况。

我国台湾地区立法最初采用"一端说"，后来采用"两端说"。1993 年 1 月 6 日台湾"财政部"发布的行政函释采用"一端说"：上市公司之董事、监察人或经理人辞职或在任期中转让持股逾选任当时持有身份 1/2 而当然解任，其于买或买时如具有董事，监察人或经理人身份者，即有本条文之适用；持股超过公司股份总额 10% 之股东于 6 个月内买卖所述公司股票，其于买进或卖出时之持股数，在前揭比例以上者亦同。1995 年 3 月 2 日改为"两端说"：发行股份公司董事、监察人、经理人或持有公司股份超过 10% 的股东违反本条文的规定者，于计算差价利益时，其于未具有前述身份前及丧失身份后买进或卖出之股票，不列入计算范围。

我国 2006 年新《证券法》对此没有明确的规定，实践的做法是采用"折中说"，即对上市公司董事、监事、高级管理人员等非股东型主体采用"一端说"；对持股超过 5% 以上的大股东采用"两端说"的做法。就上市公司董事、监事、高级管理人员而言，他们的短线交易之买卖行为均发生在其任职期间自然没有疑问，但问题是他们的任职期间与短线交易的期间可能出现交叉的情形，法律并没有明确规定在短线交易的买卖时点短线交易人都应当担任前述职务，则至少可能出现的情形会如下，董事、监事、高级管理人员交易本公司的股票：第一，在任职之前买入股份，在任职期间内卖出，相距不超过 6 个月；第二，在任职之前卖出股份，在任职期间内买入，相距不超过 6 个月；第三，在任职期间内买入，在离职后卖出，相距不超过 6 个月；第四，任期不满 6 个月者，在任职前卖出，在离职后买入；第五，任期不满 6 个月者，在任职前买入，在离职后卖出。目前，我国实践操作中，对于上述的情形也认定为属于短线交易的行为，即采用"一端说"的观点；对持股超过 5% 的股东采用"两端说"观点。[①]

4. 内部人短线交易的客体

短线交易的客体也就是短线交易的标的，即短线交易行为指向的对

---

① 曾洋：《修补还是废止？——解释论视野下的"证券法"第 47 条》，载《环球法律评论》2012 年第 5 期。

象。上市公司的股票无疑属于短线交易的客体，但除了股票之外，其他的有价证券，比如，可转换的公司债券、新股认购权利证书、股票价款缴纳凭证等是否属于短线交易的客体，各国规定有所不同。

美国 1934 年《证券交易法》第 16（b）规定短线交易的客体为任何权益证券，但豁免证券除外。所谓证券，第 3（a）-10 规定为："证券"是指任何票据、股票、库存股份、公债、利息单据，或者在任何利润股份管理中的分成或在任何石油、汽油或其他矿产产地使用费或租赁中的利息单据或分成，任何附属信托单据，团体组建前的单据，或是认缴费单据，可转让股份，投资合同，股票信托单据，存款单据；但不包括任何纸币、汇票、交易所账单及签发之日起不超过九个月的银行承兑。该法第 3（a）-12：规定豁免证券包括政府有价证券和市证券，并且分别在第 3（a）-42 和第 3（a）-29 中有详细规定。

日本 1996 年《证券交易法》第 164 条规定短线交易的客体为"特定有价证券"，该法第 2 条规定"特定有价证券"包括：公司债券（含相互公司的公司债券）；"关于协同组织金融机关的优先出资的法律"所规定的优先出资证券以及优先出资认购权证书；股票（包括散股票）以及表示新股认购权的证券或证书。

韩国 2005 年《证券交易法》第 188 条规定短线交易的客体包括：上市公司股票或 KOSDAQ 上市股票（包括出资证券）、转换性公司债券、附有新股认购权的公司债券、表示新股引受权的证书，以及财政经济部令规定的其他有价证券（以下简称"股票等"）。[1]

我国台湾地区 2002 年"证券交易法"第 157 条规定短线交易的客体为"公司之上市股票"，并在本条第六项规定："关于公司发行具有股权性质之其他有价证券，准用本条规定"。2008 年 1 月 8 日我国台湾地区的"证券交易法施行细则"（1978 年 8 月 6 日台湾地区首次发布）第 11 条规定："本法第 157 条第六项及第 157 条之一第一项所称具有股权性质之其他有价证券，指可转换公司债、附认股权公司债、认股权凭证、认购（售）权证、股款缴纳凭证、新股认购权利证书、新股权利证书、债券换股权利证书、台湾存托凭证及其他具有股权性质之有价证券。"

我国 2006 年《证券法》第 47 条规定短线交易的客体为上市公司的股票，从而排除了其他种类的证券。但 2006 年《公司法》第 2 条明确规定

---

[1] 金仁权、金滋永：《韩国证券交易法》，载《商事法论集》2007 年第 1 期。

该证券交易法适用于股票、公司债券和国务院依法认定的其他证券的发行和交易，政府债券、证券投资基金份额的上市交易，并且还规定证券衍生品种发行、交易的管理办法，由国务院依照本法的原则规定。因此我国可上市交易的有价证券除了股票之外，还有公司债券、政府债券、证券投资基金份额、证券衍生品种及国务院依法认定的其他证券等多种证券，而短线交易的客体却仅限于上市公司的股票一种类型，无疑给试图利用内部信息牟取私利的公司内部人创造了机会。

另外，我国2006年《证券法》第39条规定，依法公开发行的股票、公司债券及其他证券，应当在依法设立的证券交易所上市交易或者在国务院批准的其他证券交易场所转让。因此，根据证券交易发生的地点来看短线交易可分为：场内交易和场外交易。场内交易即在证券交易所上市交易，比如在二级市场，又叫传统的证券交易；场外交易，即在国务院批准的其他证券交易场所转让，比如，股票协议转让、增发新股、公司债券转换股票、公司因收购发行新股、特别股转换普通股等都属于非传统的证券交易的范畴。

美国立法界对非传统交易的证券是否属于短线交易客体的判断，采用主观归责的原则，主要考虑非传统证券交易是否利用了内部信息、证券买卖是否处于自愿、对证券交易时点是否具有控制力等因素，只要有证据证明所涉及的交易会导致对内部信息的滥用，非传统交易的证券即会被认为属于短信交易客体的范畴。

我国法律规定短线交易的客体不应仅限于场内交易的股票，还应当包括场外交易所获之股票，原因是场外交易市场也是以电脑自动成交系统完成交易，与证券交易所得交易形态无实质差异。但其他场外交易除外，比如司法拍卖方式获得的证券，由于司法拍卖与证券交易所的证券买卖，在交易场所、时间、程序、风险、成本等方面都有很大的差异，当事人无法控制，因此利用内部信息的可能性不大，也就将此排除在短线交易的客体之外。

综上所述，相比之下我国短线交易的客体范围过于狭窄，参考其他国家及地区的法律，我国的短线交易的客体至少还需包括其他具有股权性质的证券，如认股权证、可转换公司债券等；公司挂牌前后的股票交易；同一公司在不同地区上市的股票合并计算等多种情况。

5. 内部人短线交易的行为认定

内部人短线交易行为是指上市公司的内部人6个月内买入证券后又卖出或者卖出证券后又买入从而获利的行为。由此来看，内部人短线交易归入制度不关心交易过程是否知悉或利用公司的内部信息，即不以其是否具有主观意图为构成要件，只要交易主体符合法律规定的内部人身份，并在法定期间内买卖公司股票，由此所得的收益即应归上市公司所有，就此各国规定基本一致。

美国1934年《证券交易法》第16（b）亦有明确规定："不考虑这样的受益所有人、董事或官员在超过6个月的时期参加持有已购买的证券和未重新购买已售出的证券的贸易的任何意图。发行者可以向有足够司法权的法院提出诉讼或权益要求，以获得上述利润"。日本1948年《证券交易法》第164条规定："上市公司等的负责人和主要股东，即使是通过正当手段买卖本公司的股票等，如果在6个月内，进行反向的买卖而取得利润时，根据公司的请求，必须将利润返回公司"。韩国2005年《证券交易法》第188条规定：股票上市公司的任员、职员或主要股东，在买进其公司的股票等后6个月内卖出，或卖出其公司的股票后6个月内买进而获利时，该法人可以请求将该利益提供给该法人。我国台湾地区2002年"证券交易法"第157条规定"发行股票公司董事、监察人、经理人或持有公司股份超过10%的股东，对公司之上市股票，于取得后6个月内再行卖出，或于卖出后6个月内再行买进，因而获得利益者，公司应请求将其利益归于公司。"我国2006年《证券法》第47条规定："上市公司董事、监事、高级管理人员、持有上市公司股份5%以上的股东，将其持有的该公司的股票在买入后6个月内卖出，或者在卖出后6个月内又买入，由此所得的权益归该公司所有，公司董事会应当收回其所得收益。但是，证券公司因包销购入售后剩余股票而持有5%以上股份的，卖出该股票不受6个月时间限制。"

然而从短线交易行为发生的方式来讲，短线交易必须是现金交易吗？对此各国有不同规定。美国1934年《证券交易法》第3（a）13、14项规定："买进包括任何购买之合同或以其他方式获得""卖出包括任何出卖之合同或以其他方式转让"。我国台湾地区"证管会"还对"取得"股票进行界定：第一，因受赠或继承而取得上市公司股票；第二，因信托关系受托持股当选为上市公司董事、检查人后，再以证券承销商的身份依证券交易法第71条规定取得上市公司股票；第三，公营事业经理人于官股依公营事业转移民营条例释出时，以移转民营从业优惠优先认股办法认购上市公司股票。[①] 日本证券法虽

[①] 曾洋：《修补还是废止？——解释论视野下的"证券法"第47条》，载《环球法律评论》2012年第5期。

未明确规定短线交易制度所规制的行为以现金买卖为限,但其大藏省令列举无偿行为及现金买卖以外的其他有偿行为为适用除外事项,所以日本法通说及短线交易实物见解,都认为短线交易制度以适用现金交易为限。

综上所述,对内部人短线交易行为的认定,不应当以是否主观意图为标准,也不应局限于时候使用现金买卖,更不应当以交易行为是否获得实际收益为前提,而应涵盖以法律行为取得或处分其证券的所有行为。

6. 内部人短线交易归入制度的豁免原则

内部人短线交易归入制度能有效地防止内幕交易的发生,但也有可能妨碍正当的证券交易。正如美国学者莱瑞·D·索德奎斯特所言:"美国《证券交易法》第16(6)款好比是能够打击违法者、同时容易伤及无辜者的弹簧枪。"处于此考虑,各国都对内部人短线交易规定了一定豁免原则。

美国1934年《证券交易法》第16(b)规定豁免证券及因债务而善意获得的证券都不属于短线交易的范畴,所谓豁免证券,该法第3(a)-12规定包括政府有价证券和市证券;第3(a)-29进一步规定市证券指以州或政治分支机构为媒介的有直接责任的证券、由其单位保证作为本金或者利息责任的证券或工业发展证券等;第3(a)-42规定政府证券指:一是合众国直接义务的证券,或者是由美利坚合众国对本金和利息负责担保义务的证券;二是由美利坚合众国拥有直接或间接利益的公司,以及由财政部长为公众利益或为保护投资者而认为有必要指定为豁免的公司所发行或担保的证券;三是由根据特别命名这样公司的法规,在委员会执行的法律范围内指定为豁免证券的公司对本金或利息所发行或担保的证券等。除了豁免证券之外,该法第16(d)规定若权益证券不是当时或者以前买卖商在投资账上持有的,而是买卖商在其通常营业过程中伴随他建立和维持该证券的初级市场和二级市场时而持有的,那么该权益证券不适用于短线交易归入制度。美国证券交易委员会(SEC)规则中还规定了不适用短线交易归入制度的情形,即第16(a)9规定对于6个月内赠与股票价值在3000美元以下的小额赠与,不适用短线交易归入制度;第16(b)2规定承销商在承销过程中,符合下列条件的证券买卖,不适用于短线交易归入制度:第一,承销商不是独家承销证券,而是参与承销团共同承销;第二,其他不具有内幕人身份的承销商参与承销的条件,与免受归入权适用的承销商的条件相同或更为优惠;第三,不具有内幕人身份的承销商所共同承销的股票至少与免受归入权适用的承销商所共同承销的股票数额相等或更多；第四，承销商的买卖是承销过程中为完成承销目的或稳定市场有必要实施的交易。综上所述，美国豁免情况包括以下几种：一是买卖豁免证券；二是与履行以前合同有关的债务而善意取得的证券；三是做市商建立和维持市场的交易；四是持股超过10%的股东在国内或国外进行的证券套利交易；五是公积金转增股本、送红股等按同等比例获得证券行为；六是董事、高管为实现员工福利计划的证券买卖和实施公司合并方案的证券买卖等行为。①

日本1948年《证券交易法》第164条第（8）项规定了短线交易的豁免情况："在主要股东进行收购或卖出的时期尚非主要股东的场合，及考虑到负责人或主要股东进行的收购或卖出的形式或其他情况，由大藏省令规定的场合，不在此限"，并且该条第（5）项还规定了内部人被认定为短线交易时的救济原则，即"上市公司等的负责人或主要股东被大藏大臣送交利益相关文件的副本的场合，该负责人或主要股东认为未进行该利益相关文件的副本所记载内容的买卖时，自收到该利益相关文件的副本之日起20日内应向大藏大臣做出声明"。

韩国2005年《证券交易法》规定了内部人短线交易的豁免原则，即第188条第8款规定：本条第2款的规定，不适用于总统令考虑到任员、职员或主要股东卖出、买入的性质等因素而做出的另行规定，以及主要股东在卖出或买进时期之一时期不是主要股东的情况。

我国台湾地区2002年"证券交易法"第166条规定依本法所为有价证券交易所生之争议，当事人得依约定进行仲裁。并在财政部颁发的行政函释中规定了短线交易归入制度的豁免情况：第一，买进（取得）时如还未上市的公司的股票，虽6个月内该股票挂牌上市，但不属于短线交易客体，但如果有关上市公司董事、监察人、经理人或持有公司股份超过股份总额10%之股东于公司尚在兴柜或上柜期间取得或卖出该公司股票，而6个月内公司已上市时再行卖出或买进之情形，仍然适用短线交易归入权制度；第二，上市公司发行的增资股票，包括现金增资，资本公积转增资及盈余转资而得之股票，是于该等股票上市或上柜前取得，在未上市前，非属上市股票，不属于短线交易的客体；第三，员工的认股凭证依规定不得转让，且未开放上市买卖，故公司内部人取得公司发给之员工认股权凭

---

① 张世增：《对我国实施短线交易归入权制度的思考——福建辖区D上市公司股东短线交易案例分析》，载《福建金融》2013年第5期。

证，不属于短线交易归入制度的客体。

我国2006年《证券法》第47条规定，证券公司因包销购入售后剩余股票而持有5%以上股份的，卖出该股票不受6个月短线交易限制。

7. 短线交易收益的计算方式

内部人短线交易收益计算比较复杂，并且采用不同的计算方法收益值有所区别。目前综合各国对内部人短线交易收益的计算方法主要有以下几种：①

一是编号法，即将6个月内买入的各笔股票与同期卖出的同一股票作编号配对计算其交易所获收益；二是先进先出法，即遵循交易顺序法，先买入的股票与先卖出的股票配对并按其交易价格及交易数量计算所获收益；三是平均成本法，即以各笔买进的股票交易额与卖出的股票交易额之差来计算短线交易的收益；四是最高卖价减最低买价法，即将6个月内所有股票交易的买入和卖出股票分别单列，将买入交易的最低价与同等数量卖出交易的最高价配对计算收益，然后将买入交易的次低价与卖出交易的次高价配对计算收益，如此计算直到全部股票都配对完成为止。每组股票收益值如果为零，则为交易持平；收益值为负值，则为交易亏损；收益值为正，则为存在短线交易收益，要归入公司，即需要将每组股票收益的正值相加得出短线交易总收益归入公司所有。②

内部人短线交易收益归入的目的一方面是为了弥补公司的损失，更重要的是作为一种惩罚措施，对试图进行内幕交易之人起到震慑作用，从此目的来看，在计算内部人短线交易收益时不能以其总体是否获利为判断标准，而应选择计算收益值最大的方法来计算其收益，并归入公司所有。上述四种方法中最高卖价减最低买价法最为严格，因为此种计算方法只把收益归入公司，而没有考虑交易亏损的情况。

目前，美国立法采用最高卖价减最低买价的方法来计算，我国台湾地区也采用此种方法计算，并且规定利息及股息应一并计入短线交易收益，但股票交易过程中产生的证券交易手续费、税费等理应扣除，即2008年中国台湾地区"证券交易法实行细则"第11条规定，本法第157条第1项所规定获得利益，其计算方式如下：第一，取得及卖出之有价证券，其

---

① 杨志华：《证券法律制度研究》，中国政法大学出版社1995年版；宋一欣、牟敦国：《证券民事赔偿实务手册》，百家出版社2002年版。

② 赵威：《证券短线交易规制制度研究》，载《比较法研究》2004年第5期。

种类均相同者,以最高卖价与最低买价相匹配,次取次高卖价与次低买价相配,依序计算所得之差价,亏损部分不予计入;第二,取得及卖出之有价证券,其种类不同者,除普通股以交易价格及股数合计外,其余有价证券,以各证券取得或卖出当日普通股收盘价格为买价或卖价,并得以行使或转换普通股之股数为计算标准,其配对计算方式,准用前款规定;第三,列入前二款计算差价利益之交易股票所获配之股息;第四,列入第一款、第二款计算差价利益之最后一笔交易日起或前款获配现金股利之日起,至交付公司时,应依民法第 203 条所规定年利率 5%,计算法定利息。列入前项第 1 款、第 2 款计算差价利益之买卖所支付证券商之手续费及证券交易税,得自利益中扣除。

目前,我国 2006 年《证券法》还没有明确规定收益的计算方法,仅在 2007 年《上市公司董事、监事和高级管理人员所持本公司股份及其变动管理规则》中第 12 条中有关于买卖时间的计算:买入后 6 个月内卖出是指最后一笔买入时点起算 6 个月内卖出的;卖出后 6 个月内又买入是指最后一笔卖出时点起算 6 个月内又买入的。就目前案件的实际操作来看基本也借鉴国外的做法,采用最为严格的最高卖价减最低买价的方法来计算。

8. 内部人短线交易归入权的行使

内部人短线交易归入权也被称为"夺取权"、"介入权",即上市公司依法所享有的将公司内部人在法定期间内对公司的证券为相匹配的反向交易的行为所得收益收归公司所有的权利。[①]

我国立法规定以下两种情况适用于归入权:一是董事、高级管理人员等违法收益,比如我国 2006 年《公司法》第 149 条规定董事、高级管理人员等不得挪用公司的资金、不得接受他人与公司交易的佣金并据为己有、不得擅自披露公司秘密等行为,若有违法行为,则所得收入归公司所有;二是公司内部人从事短线交易的行为。本书重点讨论归入权的第 2 种适用情形,即内部人短线交易归入权的行使问题,内部人短线交易归入权的行使主体、行使程序、保障措施、时效期限等方面各国的立法略有不同。

美国 1934 年《证券交易法》第 16(b)规定:若短线交易存在,发

---

① 王福蕊、徐璐:《短线交易归入权性质探析》,载《法制与经济》2012 年第 14 期。

行者（董事会代为行使）可以向有足够司法权的法院提出诉讼或权益要求，以获得上述利润，如果发行者在要求后 60 天内未能或拒绝提出诉讼或权益要求，或以后未能努力检举同样的事情，则可由发行者任何证券的所有人以发行者的名义或为发行者的利益提出；但是，在利润实现之日后超过 2 年，不得提出这样的诉讼。

日本 1948 年《证券交易法》第 164 条规定：存在短线交易时，该上市公司等可以请求该利益提供给上市公司等，有权代表公司行使归入权的机关是董事、监察人或股东大会确定的人选；该上市公司等的股东要求上市公司等依前项规定进行请求之日后 60 天内上市公司等未依该项规定进行请求的场合，该股东可以作为上市公司等的代位者进行该请求；上市公司等的负责人或主要股东进行请求的权利，自利益取得之日起两年内不行使的，自行消灭。

韩国 2005 年《证券交易法》也规定了股东派生诉讼制度，即在第 188 条中明确规定：该法人的股东或证券期货委员会可以要求该法人提出第 2 款规定的请求，该法人自得到该要求之日起两个月内未提出请求时，其股东或证券期货委员会可以代位该法人提出其请求。当依据第 3 款的规定而提起诉讼的股东或证券期货委员会胜诉时，证券期货委员会或其股东可以请求公司交付诉讼费用或诉讼过程中所需的实际费用。若自取得利益之日起两年内未予行使，第 2 款与第 3 款规定的权利将消失。①

我国台湾地区 2002 年"证券交易法"第 157 条规定：存在短线交易时，公司应请求将其利益归于公司；发行股票公司董事会或监察人不为公司行使前项请求权时，股东得以 30 日之限期，请求董事或监察人行使之；逾期不行使时，请求之股东得为公司行使前项请求权；董事或监察人不行使请求义务以致公司受损害时，对公司负连带赔偿之责。上述利益请求权，自获得利益之日起两年间不行使而消灭。

我国 2006 年《证券法》第 47 条规定短线交易收入归上市公司所有，由公司董事会应当收回其所得收益，董事会不按规定收回的，股东有权要求董事会 30 日内执行。公司董事会未在上述期限内执行的，股东有权为了公司的利益以自己的名义直接向人民法院提起诉讼。公司董事会不按照规定执行的，负有责任的董事依法承担连带责任。2006 年《公司法》第 152 条对股东以个人名义提起诉讼提供了指导，即董事、高级管理人员有

---

① 金仁权、金滋永：《韩国证券交易法》，载《商事法论集》2007 年第 1 期。

本法第 150 条规定的情形的，有限责任公司的股东、股份有限公司连续 180 日以上单独或者合计持有公司 1% 以上股份的股东，可以书面请求监事会或者不设监事会的有限责任公司的监事向人民法院提起诉讼；监事有本法第 150 条规定的情形的，前述股东可以书面请求董事会或者不设董事会的有限责任公司的执行董事向人民法院提起诉讼。监事会、不设监事会的有限责任公司的监事，或者董事会、执行董事收到前款规定的股东书面请求后拒绝提起诉讼，或者自收到请求之日起 30 日内未提起诉讼，或者情况紧急、不立即提起诉讼将会使公司利益受到难以弥补的损害的，前款规定的股东有权为了公司的利益以自己的名义直接向人民法院提起诉讼。

综上所述，各国对行使内部人短线交易归入权的立法中都包含了短线交易归入权的主体、归入权行使的程序、归入权行使的保障措施，以及收益请求的时效限制等内容。主要区别表现在以下几点：

第一，短线交易归入权的行使主体不同。美国和中国立法规定代替公司行使归入权的机关为董事会；中国台湾包括董事会、监察人；日本立法还包括股东大会确定的人选。美国立法规定该机关仅为董事会，是因为美国是单层公司治理结构，不存在监事会。我国监事会最初只赋予其监督的权利，新公司法修订后才增加了监事会代表公司的权利，2006 年《公司法》第 152 条规定董事、高级管理人员违反法律规定的，监事会可以向人民法院提起诉讼，但此处并不代表监事会可以代替公司行使对内部人短线交易的归入权。

第二，归入权行使的程序及保障措施。各国归入权行使的程序基本相同，即先由代替公司请求收益权的机关在一定期限内行使归入权，如果该机关未履行请求义务，则在期限结束后由证券所有者或者股东作为上市公司的代位者请求该权利，即股东代位诉讼制度，并且规定未履行请求义务的机关，要对公司负连带赔偿责任。但不同之处在于各国规定的初步归入期限不同，美国和日本规定为 60 天时间，中国大陆和台湾地区规定为 30 天时间。

第三，收益请求的时效限制。美国、日本、中国台湾地区均规定短线交易归入权或者利益请求权，自获得利益之日起两年内不行使即自行消灭，而我国出于对短线交易严格惩罚的考虑，未规定短线收益归入的时效期限。

9. 违反短线交易规定的处罚措施

目前，很多国家都规定了对短线交易的惩罚措施，鉴于有的短线交易很可能利用了内幕信息，对于利用内幕信息的内部人交易必须按照内幕交易的惩罚措施严加惩罚，因此本节内容将国内外的短线交易及内幕交易的惩罚措施进行以下综合比较。

美国1934年《证券交易法》规定了内幕交易的惩罚及对举报人的奖励措施，即：罚款数额不得超过违法购买、出售或传送结果所赚的利润或所避免的损失的数目的3倍；对内幕交易的直接责任人员给予100万美元以下或内幕交易者所获利润或所避免损失的3倍；对传送信息的直接负责人罚款数额为传送信息所获得利润或所避免损失的3倍；时效5年，罚款上缴合众国国库，规定的时间内没有交罚款的，委员会可把问题提交司法部部长，司法部部长可向合众国法院起诉取得上述罚款；应把委员会或司法部部长实际取得金额的中，不超过10%的金额或委员会认为合适的金额给予举报人进行奖励。除此之外，1988年《内幕交易与证券欺诈执行法》规定对内幕交易犯罪处以10年监禁刑，对自然人处以100万美元罚金，对法人处以250万美元罚金；《2002年萨班斯—奥克斯利法案》规定对内幕交易犯罪处以20年监禁刑，对自然人处以500万美元罚金，对法人处以2500万美元罚金，除了刑事惩罚之外，美国法律还规定了投资者可以提出民事赔偿诉讼。

德国1994年《有价证券交易法》规定对内幕交易者刑事和行政处罚并处。即第38条规定：对购买或转让内幕人证券者，得知内幕人事实者，推荐购买或转让内幕人证券者，处5年以下剥夺自由或处罚金；第39条规定对内幕交易的行政处罚视情节轻重，分别处以300万德国马克以下、50万德国马克以下、20万德国马克以下、10万德国马克以下的罚款。

韩国2005年《证券交易法》对内幕交易的行为规定必须承担民事责任及刑事责任，即第188条之3规定：利用内部信息交易者对进行该有价证券的买卖及其他交易者在买卖及其他交易中所受损害负有赔偿责任。第一款规定的损害赔偿请求权，在请求权人知道发生违反第188条之2规定的行为的事实之日起1年内或该行为发生之日起3年内未行使时，因时效经过而消灭。第207之2规定了内幕交易的刑事惩罚：处10年以下有期徒刑或2000万韩元以下罚金，但通过违法行为取得的利益或回避的损失额的3倍的金额超过2000万韩元时，则处以该利益或回避损失额3倍的金额的罚款，并规定对取得利益或回避损失额5亿韩元以上的要加重惩罚。除此之外，韩国证券交易法还规定鼓励举报内幕交易的行为，保护其权利并予以奖励，即第188条之6规定，知道本节的不公正交易行为等违反本法的行为，或受到其强迫或建议的人，依据总统令规定，向证券期货委员会报案或举报时，接受报案或举报的人应当保密举报或提报人（在本条以下简称"报案人等"）的身份等；对报案人等，其所在机关及所在公司关于其报案或举报不得直接或间接不利地对待；证券期货委员会依据总统令向申报人等支付奖金。并且第 207 条之 3 规定：对泄露与申报人等的身份等有关的秘密者处以 5 年以下有期徒刑或 3000 万韩元以下罚金；第 213 条规定，对不利地对待报案人等者处以 1000 万韩元以下罚款。[①]

我国 1999 年《证券法》第 42 条规定上市公司董事会没有行使短线交易归入权而致使公司遭受损害的，负有责任的董事依法承担连带赔偿责任。2006 年《证券法》第 195 条规定上市公司内部人违反规定进行短线交易的应给予警告，可以并处 3 万元以上 10 万元以下的罚款。上海证券交易所及深圳证券交易所等监管机构也逐年增大监管力度，提出一系列监管措施。总之，我国目前对违规短线交易的处罚形式多样化，具体表现在收益上缴公司所有、公司自愿加重处罚、延长股票的锁定期、当事人引咎辞职、监管机构加强教育等，但总体来讲处罚力度不够大，没有实质性处罚措施，无法起到真正的震慑作用。

对于内幕交易，我国《刑法修正案》规定自然人犯内幕交易、泄露内幕信息罪的，处 5 年以下有期徒刑或者拘役，并处或者单处违法所得 1 倍以上 5 倍以下罚金；情节特别严重的，处 5 年以上 10 年以下有期徒刑，并处违法所得 1 倍以上 5 倍以下罚金。单位犯本罪的，对单位判处罚金，并对其直接负责的主管人员和其他直接责任人员，处 5 年以下有期徒刑或者拘役。

综上所述，我国短线交易归入制度的立法目的在于短线交易导致公司损失难以衡量的情况下，收回短线交易当事人的收益，全面保护公司财产权益，追究当事人的责任，达到有效防范内幕交易行为发生的目的。我国短线交易归入制度最早提出是在 1993 年《股票发行与交易管理暂行条例》中，规定短线交易归入制度的主体为股份有限公司的董事、监事、高级管理人员和持有公司 5% 以上有表决权股份的法人股东以及该法人股股东的额董事、监事、高级管理人员等，但当时对如何行使归入权没有详细的说明；1999 年《证券法》完善了短线交易的规定，但缩小了短线交易主体的范围，仅局限为持股 5% 及以上的大股东；2006 年《证券法》参考美

---

① 金仁权、金滋永：《韩国证券交易法》，载《商事法论集》2007 年第 1 期。

国、日本及我国台湾地区先进经验之后对短线交易归入制度进行修改，完善了短线交易的主体范围、明确了短线交易归入权的行使程序、设立股东派生诉讼制度并规定了对违规短线交易的惩罚措施，从立法方面来看有相当大的进展，但与其他国家和地区相比，还存在以下的不足之处：

第一，短线交易主体范围的认定方面。短线交易非股东型主体没有包含"受益所有人"在内，导致目前上市公司内部人利用"受益所有人"名义牟取私利的现象严重；短线交易股东型主体比例的规定缺乏灵活性，导致上市公司内部人利用"体外公司"牟取私利的惩罚没有法律依据；短线交易主体身份认定时点的不明确，导致上市公司内部人利用时间差来牟取私利现象严重。

第二，短线交易客体范围的界定方面。目前我国短线交易归入制度的客体仅局限于"股票"或"限制性股票与其他股权性质的证券"，一方面对现有规定的范围不够明确；另一方面随着具有股权性质的金融衍生产品的不断丰富，目前的规定过于局限性，给非法牟取私利者有机可乘。

第三，短线交易行为的认定方面。目前我国对构成短线交易行为的认定不够明确，买卖行为界定及豁免原则的规定不够详细。

第四，短线交易归入权的行使程序方面。目前短线交易归入权行使程序，在行使的主体范围、行使主体的积极性、行使时效的限定，尤其是短线交易收益的计算方式，收益归入的范围等方面存在诸多不足之处。

第五，违规短线交易的惩罚方面。目前我国对违规短线交易的惩罚方式呈现多样化的趋势，有利于立法的目的，但总体来看，惩罚的力度较弱。

为了达到短线交易归入制度的立法目的，使短线交易归入制度真正成为预防内幕交易的有效防线，上述问题需在我国立法中进一步完善。

（三）内部人敏感期交易制度的国际比较

上市公司内部人比外部投资者具有更多的信息优势，尤其在定期报告截止日至定期报告披露日之间，公司内部人与外部投资者之间的会计及相关信息的不对称程度最高。[1] 为了限制内部人利用非公开信息交易牟利，大部分国家都设定了交易锁定期，尤其是明确规定了定期报告前后的敏感

---

[1] 曾庆生、张耀中：《信息不对称，交易窗口与上市公司内部人交易回报》，载《金融研究》2012年第12期。

期间的交易锁定期。

美国证券交易委员会规定,作为上市公司内部人员的董事和高级管理人员在获得影响股价的重大事实后,要么向市场披露后再交易本公司股票,要么保持沉默并且不交易本公司股票,也就是说,董事和高级管理人员不能在获知重大消息且重大信息未公开披露前交易本公司股票。实际上,当公司内部规定或《证券法》禁止相关人士向市场预先披露重大信息时,董事和高级管理人员就不能交易本公司股票了。如果董事和高级管理人员违反了这一规则,那么此买卖行为将会构成欺诈性行为,投资者可以向其提出民事赔偿诉讼。[①] 此外,由于美国股票市场允许卖空,因此掌握内部信息的董事和高级管理人员可以通过卖空的方式规避以上法规的监管并实行盈利。美国1934年《证券交易法》第16(c)规定,禁止董事和高级管理人员进行卖空或箱底销售行为。[②]

英国上市管理局的《上市规则》也对董事及高级管理人员的敏感期交易行为进行了规定,即在对股价有重要影响事件发生期间,如年报、季报公布前的一段期间内,以及涉及短线交易时,英国完全禁止董事及高级管理人员买卖所属公司股票。具体来讲,《上市规则》附录《上市公司董事及高管买卖股票标准守则》的规定,董事及高级管理人员在禁止期间内不能买卖所属公司的股票。禁止期包括封闭期和形成内幕信息的任何期间,其中封闭期是指上市公司公布年报的前60日,或有关财政年度结束之日起至业绩披露之日期间(以较短者为准);季度业绩披露及半年度业绩披露日期前30日内,或有关季度或半年度期间结束之日起至业绩披露之日期间(以较短者为准)。另外,转让股票被认为构成短期性质的行为。一般而言,少于1年持有期将被看做是短期行为。

我国香港联交所《上市规则》附录10A规定,在知悉了上市公司未经公布的股价敏感资料前;上市公司在披露财务业绩当天;年度业绩披露前60日内,或有关财政年度结束之日起至业绩披露之日期间(以较短者为准);季度业绩披露及半年度业绩披露日期前30日内,或有关季度或半

---

① 证券交易委员会清楚地了解到,由于人力、物力的限制,单纯依靠自身的力量进行监管以完全杜绝董事和高级管理人员的内幕交易是无法实现的。因此,证券交易委员会采取了发动人民战争的方式,通过投资者向涉嫌内幕交易的行为人提起民事损害赔偿,提高内幕交易被发现的概率与成本,从而达到杜绝内幕交易的目的。

② 箱底销售行为是指,当卖方估计其持有的股票价格会下跌,以现在的价格卖给买方,但迟延交付股票,当价格跌至卖价以下时,卖方因此而获得利益。

年度期间结束之日起至业绩披露之日期间（以较短者为准）为禁止期间。

我国 2007 年证监会颁布的《上市公司董事、监事和高级管理人员所持本公司股份及其变动管理规则》第 13 条规定：上市公司董事、监事和高级管理人员在下列期间不得买卖本公司股票：一是上市公司定期报告公告前 30 日内；二是上市公司业绩预告、业绩快报公告前 10 日内；三是自可能对本公司股票交易价格产生重大影响的重大事项发生之日或在决策过程中，至依法披露后两个交易日内；四是证券交易所规定的其他期间。2007 年深圳证券交易所颁布的《深圳证券交易所上市公司董事、监事和高级管理人员所持本公司股份及其变动管理业务指引》中第 19 条规定：上市公司董事、监事和高级管理人员在下列期间不得买卖本公司股票：一是上市公司定期报告公告前 30 日内，因特殊原因推迟公告日期的，自原公告日前 30 日起至最终公告日；二是上市公司业绩预告、业绩快报公告前 10 日内；三是自可能对本公司股票交易价格产生重大影响的重大事项发生之日或在决策过程中，至依法披露后两个交易日内；四是深交所规定的其他期间。除此之外，上海证券交易所也有类似的规定。上述为对上市公司的董事、监事、高级管理人员的股份变动的规定，但对于持股 5% 以上大股东的规定，仅在 2008 年 4 月证监会颁布的《上市公司解除限售存量股份转让指导意见》第 5 条体现：上市公司的控股股东在该公司的年报、半年报公告前 30 日内不得转让解除限售存量股份。除此之外，我国的上市公司也自愿实施限制内部人交易的敏感期制度。

综上所述，定期报告、业绩预告及公司重大事件公告等都可能引起公司股价的大幅波动，为了防止上市公司内部人利用此内部信息牟取私利，将上述公告的前后某一时间规定为交易敏感期间强加监管十分必要。

二、上市公司内部人交易的立法启示

我国 2006 年新《公司法》、《证券法》及 2007 年中国证监会颁布的《上市公司董事、监事、高层管理人员所持本公司股票及其变动管理规则》是管制我国上市公司内部人交易行为的三部主要的法律和法规，对规范上市公司内部人交易行为起到重要作用，但与国外有关内部人交易的法律相比，现行法律法规还存在很多的漏洞和不足，须在以下方面加以完善。

（一）明确内部人短线交易主体的范围

1. 拓宽短线交易非股东型主体的范围

对内部人短线交易非股东型主题范围的拓宽，主要表现在以下几个方面：

第一，拓宽现有的董事、监事及高级管理人员范围的界定。借鉴美国《证券交易法》关于董事范围界定的方法，以遵从实质重于形式的原则，将在上市公司没有头衔，但实际执行董事、监事及高级管理人员行为的人，纳入内部人短线交易主体的范畴之中。

第二，立法引入"受益所有人"的概念。美国、日本、韩国、中国台湾等国家及地区已经将内部人交易尤其是短线交易的主体拓宽到了受益所有人的范围，我国2006年《证券交易法》等法律虽然明确规定不允许内部人短线交易及敏感期交易，但内部人亲属等"受益所有人"并不受此限制。

目前，我国关于内部人以亲属等"受益所有人"的规范仅在深证证券交易所的业务指引中有所体现，即2007年5月8日深证证券交易所颁布的《深圳证券交易所上市公司董事、监事和高级管理人员所持有本公司股份及其变动管理业务指引》中规定，上市公司内部人亲属包括内部人的配偶、儿女、父母及兄弟姐妹等，持有内部人所在公司股票的上述人员须在所持公司股份变动后两个交易日内如实申报；2008年4月29日颁布的深圳证券交易所《关于进一步规范中小企业板上市公司董事、监事和高级管理人员买卖本公司股票行为的通知》第9条规定，上市公司的董事、监事及高级管理人员的配偶不得在交易敏感期内买卖内部人所在公司的股票。

目前，我国内部人以亲属名义进行股票交易的行为很有可能成为上市公司内部人规避管制的方式，张俊生、曾亚敏（2011）研究发现，上市公司的内部人亲属对内部人任职企业的股票交易次数已经远远多于内部人自身的交易次数，且他们存在很多的短线交易行为与敏感期交易行为；此外，内部人亲属股票交易整体而言能够获得超额收益，短线交易与敏感期交易有助于内部人亲属获得超额收益。又因为内部人亲属的经济收益往往与内部人等同，因此近年来内部人利用亲属等受益所有人进行股票交易的行为逐年增加，因此仅有交易所的业务指引来限制亲属等受益所有人的规范是远远不够，我国应当立法引入"受益所有人"的概念，使"受益所有人"的股票交易行为处于法律监管之下。

第三，扩大"受益所有人"的范围。"受益所有人"的概念不应仅适用于上市公司董事、监事、高级管理人员，还应适用于上市公司持股5%以上的大股东。这包含两方面人员：一方面指持股5%以上的自然人股东的配偶、父母、子女等近亲属及其他关系密切的亲友；另一方面也应包括持股比例达5%以上的法人股股东的董事、监事、高级管理人员的近亲属等。实际上，我国1993年《股票发行与交易管理暂行条例》第38条就规定内部人短线交易适用于持有公司5%以上有表决权股份的法人股东的董事、监事和高级管理人员，但2006年《公司法》及《证券法》中均没有采用此观点。

2. 将"体外公司"交易纳入短线交易范畴

近年来，存在上市公司内部人利用其控制的上市公司之外的公司买卖所在上市公司股票，并将其持股控制在5%以下，频繁进行短线交易及敏感期交易从而逃避法律惩罚的现象。比如，宁波联合（600051）高管利用"杭州盛泰联"公司进行短线交易，从而逃避现有法律对内部人短线交易的规定。

利用"体外公司"进行违法交易，与上市公司内部人利用亲属进行短线交易行为类似，但前者交易数额更大，对社会造成的危害更为严重，因此必须予以关注，并将上市公司利用"体外公司"交易的行为纳入短线交易范畴。

3. 明确短线交易主体身份的认定时点

对内部人短线交易主体身份时点的认定，理论上存在"一端说"、"两端说"和"折中说"三种不同标准。"一端说"指只要买入或卖出任意时点行为人具有短线交易主体的身份即可；"两端说"指行为人买入及卖出两个时点必须都具有此身份；"折中说"认为对股东型主体和非股东型主体要区别对待，股东型主体采用"两端说"，非股东型主体采用"一端说"，原因是股东身份不如公司董事、高级管理人员身份容易获得内部信息。

从各国的法律规定来看，美国、日本等大部分国家采用"折中说"的观点，我国台湾地区最早采用"一端说"后来改为"两端说"，我国立法没有明确规定具体采用哪种说法，但根据实施短线交易归入制度以防止内幕交易发生，维护证券市场公平，保护投资者信心的初衷来看，"折中说"的做法对我国更为合适，而且从现实案例来看基本采用"折中说"的观点，交易主体身份的认定时点问题是确定短线交易主体的关键所在，而目前我国仅有案例的判例采用"折中说"不足以达到震慑短线交易者的目的，因此必须立法加以明确。

（二）明确内部人短线交易客体的范围

目前，美国、日本、韩国及中国台湾地区等均规定，短线交易的客体包括股票及其他具有股权性质的证券，美国指股票及类似证券；日本还包括股票期权、优先股、公司债券等；中国台湾地区还包括可转换债券、附认股权公司债券、认股权凭证及认购权证等据有股权性质的有价证券。

与其他国家及地区相比，我国目前短线交易归入权的客体仅指股票，相比之下范围过于狭窄，并且随着具有与股票同等权利的金融衍生品品种的不断增加，我国立法必须从以下方面拓宽内部人短线交易客体的范围：

第一，短线交易的客体需包括如认股权证、可转换公司债券等其他具有股权性质的证券；

第二，通过馈赠、继承、优先认股、司法拍卖等非传统手段获得的股票也应当根据其获得目的视情况纳入短线交易规制的客体范围；

第三，上市公司挂牌前后的股票交易行为应当纳入其中；

第四，对同一公司在不同地区上市的股票进行交易的，应当进行合并计算等。

（三）完善短线交易归入权行使主体及行使程序

短线交易归入权由谁来行使以及如何行使直接决定了短线交易归入制度的实施效果。美国立法规定代替公司行使归入权的机关为董事会；我国台湾地区包括董事会、监察人，并且在证券监督管理部门下都设立持有各家上市公司股票的专门机构；日本立法还包括股东大会确定的人选，并且大多规定了归入权具有两年的有效期。

我国立法规定董事、高级管理人员违反法律规定的，监事会可以向人民法院提起诉讼，但此处并不代表监事会可以代替公司行使对内部人短线交易的归入权，此外还有股东代为诉讼制度。虽然表面看短线交易归入权的行使较为完善，但实则问题颇多，比如，短线交易归入权由董事会及股东派生诉讼行使，但如果短线交易归入权行使主体即董事会成员或股东就是短线交易行为人时，处于自身利益的考虑，上述人员很可能拒绝行使归入权，何况在股东派生诉讼制度中，由于上市公司股权较为分散，并且每个股东所持股票数量有限，内部人短线交易对其的影响不大；股东代为诉讼时面临较高的费用并需要自行垫付，而且即便胜诉，利益也不归个人所有，因此股东进行诉讼的动机不强。

因此，必须完善短线交易归入权行使主体及程序的规定，立法应当从以下方面加以改进：

第一，充分发挥监事会的作用，当董事会拒绝或者怠于行使归入权时由监事会来主张，或者上市公司建立专门的短线交易归入权诉讼机构；

第二，解决归入权行使过程中产生的费用问题，给予激励，充分调动董事会、监事会及股东派生诉讼的积极性；

第三，明确归入权行使的有效期等。

（四）明确短线交易所得收益的计算方式

目前，各国对短线交易收益的计算方式规定主要有编号法、先进先出法、平均成本法、最高卖价减最低买价法等多种方法，但出于对短线交易归入制度目的的考虑，大多国家和地区均采用较为严厉的最高卖价减最低买价的方法来明确短线交易收益的计算方式。

我国仅在2007年证监会颁布的《上市公司董事、监事和高级管理人员所持本公司股份及其变动管理规则》中有关于内部人交易时间的计算，即第12条规定买入后6个月内卖出是指最后一笔买入时点起算6个月内卖出的；卖出后6个月内又买入是指最后一笔卖出时点起算6个月内又买入的，并且此项规定不够清晰。

短线交易所得收益计算方式如果不能明确，势必会影响归入权的行使，因此建议我国立法中应当明确采用最高卖价减最低买价方法及具体的计算方式。

（五）完善持股及变动申报和信息披露制度

股份变动及信息披露制度是实行短线交易归入制度的前提，只有内部人持股变动情况及时有效的披露，才能使内部人的交易行为处于公众的监督之下。

目前，各国对于持股变动及信息披露情况都有详细的规定，美国实行预售公告制度，即上市公司内部人在股票买卖之前必须进行预售公告；英国明确规定股票交易实行是否准予交易的规范模式，并且详细规定了各级人员股票交易之前的申请对象、范围、内容、方式及受理申请者的责任义务等内容；日本、韩国、我国台湾地区等也有类似的规定。

我国法律同样要求在上市公司定期报告、年度报告、中期报告等多方面对董事、监事、高级管理人员及大股东的持股行为予以公告，但还存在如下局限：没有明确内部人的个人强制申报制度；内部人获悉公众持股的渠道有限及获取信息的期间较长；董事、监事及高管等只需向本公司报告，再由上市公司报告给监管机构；未规定大股东持股申报制度；现行法律未明确规定对未及时申报的惩罚措施；缺乏预售公告制度的立法等。

总之，现行的内部人持股及变动申报制度的局限性不利于对内部人交易的规范管理，因此我国立法应当在以下方面加以完善：第一，建立持续性持股及变动申报制度；第二，明确申报的责任主体；第三，明确持股及变动申报程序，确定报告的主管机关和报告的期间、具体报告方式、统一报告格式等内容；第四，完善未申报的惩罚措施；第五，完善内部人预交易公告制度等。

（六）加强对内部人短线交易及敏感期交易的惩罚

对内幕交易国外在刑事及民事处罚中均有相应的规定，美国内幕交易者面临最高 100 万美元的行政罚款，3 倍于违法所得的赔偿，而且可能面临不超过 25 年的监禁；英国 1980 年《公司法》规定了两年以下自由刑或罚金或者两者并罚，我国台湾地区《证券交易法》第 157—1 条规定，内幕损害的赔偿范围为："就消息未公开前买入或卖出该股票之价格，与消息公开后 10 个营业日收盘平均价格之差限度内。"其中消息未公开前其买入或卖出该股票之价格是指，从内幕信息发生之日起到消息首次公开之日期间，违反内幕交易禁止规定者在集中交易市场或店头市场买进或卖出股票的价格。

我国 1999 年《证券法》第 42 条规定上市公司董事会没有行使短线交易归入权而致使公司遭受损害的，负有责任的董事依法承担连带赔偿责任；2006年《证券法》第195条规定上市公司内部人违反规定进行短线交易的应给予警告，可以并处3万元以上10万元以下的罚款。上海证券交易所及深圳证券交易所等监管机构也逐年增大监管力度，提出一系列监管措施。总之，我国目前对违规短线交易的处罚形式多样化，具体表现在收益上缴公司所有、公司自愿加重处罚、延长股票的锁定期、当事人引咎辞职、监管机构加强教育等，但总体来讲处罚力度不够大，没有实质性处罚措施，无法起到真正的震慑作用。

对于内幕交易，我国《刑法修正案》规定自然人犯内幕交易罪、泄露内幕信息罪的，处5年以下有期徒刑或者拘役，并处或者单处违法所得1倍以上5倍以下罚金；情节特别严重的，处5年以上10年以下有期徒刑，并处违法所得1倍以上5倍以下罚金。单位犯本罪的，对单位判处罚金，并对其直接负责的主管人员和其他直接责任人员，处5年以下有期徒刑或者拘役。

总之，目前我国对内部人违规短线交易及敏感期交易处罚的立法还存在如下不足之处：惩罚手段单一，包括内幕交易的惩罚在内都没有实行投资者的民事诉讼赔偿制度；没有建立对举报人的奖励和保护制度；现有法律法规的执法力度不强等。因此，我国必须借鉴国外先进经验进一步完善关于违规内部人交易的立法，将短线交易及敏感期交易纳入内幕交易惩罚的范畴，并在完善法律法规的同时，加大执法力度，有效避免内部人交易向内幕交易的转化。

三、本章小结

由于发达国家的法律规定对完善我国立法具有十分重要的指导意义，因此本章通过对上市公司内部人交易的立法的国际上比较总结了对完善中国相关立法的启示。

首先，通过对国内外上市公司持股报告制度、内部人短线交易归入制度及内部人敏感期交易制度三个方面的比较，发现我国有关上市公司内部人交易的立法还存在诸多不足。上市公司内部人持股报告方面，目前法律要求公告的主体是上市公司，而不是具体当事人，这种规定无形中免除了内部人本人就信息披露方面应负的责任；上市公司各种定期报告相隔时间较长，不利于对内部人交易的持续监督；未规定对持股一定比例的大股东的股份变动强制申报制度；现有申报制度执行力度欠佳，同时未规定对不按时披露的惩罚措施。上市公司内部人短线交易归入制度方面，董事范围界定过于狭窄；非股东型主体中没有包含"受益所有人"；股东型主体持股比例过低；短线交易主客体范围过于狭窄，对短线交易的行为认定、归入权的行使、归入收益的计算等未有详细的法律依据。上市公司内部人敏感期交易制度方面，对定期报告、业绩预告及公司重大事件公告等敏感期间违规交易的监管不力惩罚措施不足。

　　随后，在借鉴发达国家立法的基础上，提出了完善我国相关立法的建议。主要包括以下内容，内部人短线交易主体的范围界定方面，要拓宽上市公司董事、监事、高级管理人员范围，引入"受益所有人"的概念并扩大其范围；采取措施避免上市公司内部人利用"体外公司"获利的情况；立法完善内部人交易主体身份时点认定问题。内部人短线交易客体界定方面，将短线交易的标的拓宽到认股权证、可转换公司债券等其他金融衍生品，并将同一上市公司在不同地区上市的股票交易合并计算。短线交易归入制度行使的主体及程序方面，明确短线交易归入制度的行使主体及程序，解决归入制度行使中的费用问题；短线交易归入收益计算方式方面，依据短线交易从重处罚的原则，立法明确短线交易归入收益的计算方式；除此之外还要进一步完善信息披露制度，并立法将敏感期交易及短线交易纳入内幕交易规制范畴。

第七章

上市公司内部人交易的相关案例分析

通过对国内外上市公司内部人交易案例司法判决的分析，能明确国内外相关立法的实施情况。发达国家内部人交易类似案例的判决，可以作为我国相关立法的参考，对借鉴国外立法的先进经验，完善我国上市公司内部人交易相关立法意义重大。鉴于此，本章对国内外内部人交易的相关案例进行分析，从国内外具体案例详情及其处罚的角度出发，针对从短线交易主体范围认定、身份时点认定、交易行为认定、短线交易归入制度收益计算四个关键点考察司法判决情况。

一、对短线交易非股东型主体范围认定的案例

对短线交易主体范围认定而言，美国、日本、韩国及中国台湾等国家和地区立法规定短线交易主体范围较宽泛，这与我国立法有所不同。其区别主要表现在以下两点：第一，美国、日本、韩国及中国台湾等国家和地区都使用了"受益所有人"、"一致行动人"的概念，并将法人与其董事、官员等该法人的内部人同样视为"一致行动人"；第二，美国、日本、韩国及中国台湾等国家和地区对上市公司董事及高级管理人员等的认定，不论其是否具有头衔，遵从实际从事职务的原则。为明确国内外关于短线交易主体范围认定的区别，现将相关案例进行如下分析：

（一）对"受益所有人"及"一致行动人"短线交易认定的案例

国外法律都使用了内部人"受益所有人"、"一致行动人"的概念，

综合考虑上市公司内部人及"受益所有人""一致行动人"的股票交易行为，严格按照"实际持有"的原则来判断是否属于短线交易的范畴，而我国目前内部人短线交易的主体仅限制在上市公司的董事、监事、高级管理人员及持股5%以上的大股东的"名义持有"的范围之内，对内部人利用他人名义持有股票并进行短线交易的行为在法律上没有明确惩罚的规定。

1. 美国 Whiting v. Dow Chemical Co. 案

美国著名 Whiting v. Dow Chemical Co. 案是短线交易主体范围认定的经典案例，在此案例中法院判决 DOW 公司董事 Whiting 的妻子所投资的股票与该董事本人投资的股票构成了内部人短线交易，即作为该董事妻子受益所有人，其妻子投资的股票为该董事实际持有，因此由此构成的短线交易收益理应归入公司所有。案例详情如下：Whiting 是美国 Dow 上市公司的一位董事，他的妻子以每股 55~56 美元的价格出售了 160 万美元的 Dow 公司的股票，3 个月后该董事以每股大约 24 美元的价格购买了 Dow 公司超过 50 万美元价值的股份，公司认为董事 Whiting 及妻子的股票投资行为构成了短线交易，按照美国法律规定，短线交易收益应当归入公司所有。在案件审理过程中，被告 Whiting 董事提出他和妻子的股票投资是分开的，并且他们两人股票投资不是一家投资银行来管理，因此其妻子的股票投资与自己的股票投资无关。但是法院认为，尽管妻子的财产和投资账户与丈夫是分开的，丈夫仍然被认为是妻子财产（包括的股票的分红和利润）的受益所有人。因为"有充分的证据表明，该被质疑的交易是由夫妻共同管理的共同计划的一部分"，丈夫在日常生活中享有了该收益。[①] 因此，法院判定 DOW 公司董事 Whiting 及其妻子的股票投资行为构成了短线交易，所得收益归上市公司所有。

与之类似，我国上市公司内部人交易中也有与美国 DOW 公司类似的案例，但从我国对案件处理来看，并没有将上市公司内部人的"受益所有人"投资的股票认定为由内部人实际持有，因此中国类似的案例不属于内部人短线交易的范畴。

[①] 赵万一、刘小玲：《对完善我国短线交易归入制度的法律思考》，载《法学论坛》2006年第5期。

2. 福建辖区 D 上市公司董事股票交易案

2009 年 7 月,福建某上市公司自然人 Y 及其一致行动人(该自然人 Y 的妻子及两人实际控制的 2 家公司)通过证券交易系统集中竞价交易增持了 D 上市公司股票 976.74 万股,占公司总股本的 2.85%,其中 Y 增持了 73.01 万股,占公司总股本的 0.21%。2009 年 11 月 29 日,Y 与 P 公司签订股权转让协议,受让 P 公司持有的 D 公司流通股 2442.64 万股,占 D 公司总股本的 7.1%,并于 2010 年 1 月 4 日办理了过户手续。截至 2010 年 1 月 4 日,Y 共持有 D 公司股票 2515.65 万股,占 D 公司总股本的 7.33%。2010 年 4~8 月期间,Y 及其一致行动人通过证券交易系统集中竞价交易和交易所大宗交易系统累计 25 次减持 D 公司股票 1703.27 万股,占 D 公司总股本的 4.96%;期间,Y 及其一致行动人于 2010 年 7 月 7 日买入公司股票 0.85 万股。通过调阅 D 公司股东名册得知,Y 从 2010 年 6 月开始持续减持 D 公司股票(截至 2010 年 5 月 31 日,Y 仍持有 2515.65 万股,占公司总股本的 7.33%;截至 2010 年 6 月 30 日,Y 持股数降至 2367.52 万股,占公司总股本 6.90%)。截至 2010 年 7 月 4 日,Y 共持有 D 公司股票 2366.23 万股,占公司总股本的 6.89%。即 2010 年 6 月间,Y 累计卖出 149.42 万股。[①] 上述复杂案例中,如果按照股票实际持有的原则判定,该自然人 Y 的一致行动人的股票交易行为等同于自然人 Y 的股票交易行为,那么上述的交易行为必然构成内部人短线交易,并且适用短线交易归入制度。但是按照我国法律规定,上市公司内部人短线交易的主体仅包括上市公司的董事、监事、高级管理人员及持股 5% 以上的大股东,即我国法律规定内部人短线交易的主体中没有引入"受益所有人"的概念,因此上述股票交易中自然人 Y 及其一致行动人的股票交易就没有法律依据明确表明可以列入短线交易的范畴。

3. 四川圣达实业股份公司董事股票交易案

四川圣达实业股份公司董事利用他人的账户在 6 个月内连续买卖公司股票,被证监会处以没收违反所得、罚款及市场进入的决定,但值得注意的是,证监会对此案件的处罚措施,并非把该董事利用他人的账户 6 个月

[①] 张世增:《对我国实施短线交易归入权制度的思考——福建辖区 D 上市公司股东短线交易案例分析》,载《福建金融》2013 年第 5 期。

内的交易认定为内部人的短线交易做出的惩罚,而是调查之后发现存在内幕交易而做出的惩罚。案件详情如下:

四川圣达公司董事于2003年3月15日以他人名义开立证券账户,并在2007年2月14日买入四川圣达67800股,2月16日全部卖出,实际获利121944.67元;2007年7月9日买入四川圣达57340股,7月11日全部卖出,实际获利20011.13元。值得注意的是,该董事的两次买卖交易发生的时间,均在交易的敏感期内发生,即第一次交易正值年度报告公告前夕,即四川圣达于2007年2月15日召开股东大会,2月16日发布2006年年度报告,主营业务收入同比增长21.23%,净利润同比增长32.62%;第二次交易在2007年度中期业绩快报的前夕,即7月10日,四川圣达发布2007年度中期业绩快报,净利润较2006年同期增长1682.28%。鉴于交易时间的高度吻合,证监会对此交易进行了立案调查,并经严格审查过程后,对该董事给予警告,没收违法所得141955.80元,并处以170346.96元罚款,同时对该董事市场进入3年。[①] 从该案件的审理过程可以明确看出,对本次交易的惩罚并非根据内部人短线交易的规定进行,而是按照违反内幕交易的法律法规进行的惩罚。

4. 广西南宁糖业(000911)诉马丁居里短线交易案

长达三年的南宁糖业(000911)诉马丁居里等一致行动人的短线交易案终于于2010年7月以双方的和解而告一段落,和解结果为马丁居里支付南宁糖业4000万元和解款。此案例中值得大家注意的是,该案例以双方和解、马丁居里支付赔偿金告终,是和解而并非法院宣判,也就是说法院并没有明确认定马丁居里等一致行动人构成了短线交易,即我国法律中并没有将一致行动人明确纳入短线交易的范畴。

具体案例详情如下:马丁居里投资管理有限公司与马丁居里公司分别于2007年8月23日、24日、27日、28日、29日、30日连续6个交易日,以每股13.48元不等的价格购入南宁糖业(000911)716.8469万股及975.4179万股,合计买入量占公司总股本的6.44%。但作为持股5%以上的股东,马丁居里并未按照2006年《证券法》规定持有南宁糖业股票6个月之后再行卖出,而是在2008年1月4日、11日、14日、15日、16日和25日累计卖出1453.5656万股,占总股本的5.07%,出售价格在

---

① 相关内容根据四川圣达实业股份公司公告及网页资料整理。

每股18.34~20.45元。① 南宁糖业（000911）认为马丁居里等其一致行动人为该公司持股5%以上的大股东，其6个月内买卖股票的交易构成了内部人的短线交易，因此受益应当交付公司所有，并为此向南宁市中院提起了诉讼。但经过3年的诉讼，南宁中院仍然没有做出明确的判决，原因就在于对短线交易主体认定上，一致行动人是否为短线交易的主体这一问题，法律上没有明确的规定。因此，才有了上述的和解，并且颇耐人寻味的是，南宁糖业（000911）在和解中表示，此和解协议的签署并不代表马丁居里承认其违反了2006年《证券法》中关于短线交易及其他任何中国相关法律或行政法规的规定，也不代表南宁糖业承认马丁居里未违反上述相关规定。

通过上述四个司法判例的分析不难看出，目前我国并没有把"受益所有人"及"一致行动人"的股票交易行为纳入短线交易监管的范围，导致上市公司内部人利用他人名义进行股票短线交易从而非法获利的行为严重。因此，我国立法应借鉴国外相关立法的观点，将内部人短线交易主体范围拓宽到"收益所有人"及"一致行动人"的范畴。

（二）对董事、官员、高级管理人员等身份的认定的案例

美国对短线交易主体范围的界定除了包含上述"受益所有人"之外，还遵从是否实际履行内部人职责的原则，即对董事、官员及高级管理人员等的认定，不是依据是否具有实际头衔，而是根据其是否参加上市公司内部会议、是否实际执行上市公司内部人的职责、是否具有获悉内部信息的条件等来判定。

美国著名 Colby v Klune 一案中，该上市公司的生产部门经理存在6个月内买卖本公司股票的短线交易的行为，并从中获利，虽然生产部门的经理不属于美国证券法律规定的内部人的范畴，但因为该生产部门经理经常参加公司的重要会议，实际上经常接触公司的内部信息，因此法院判决中认定该生产部门经理属于上市公司的高级管理人员，即该生产部门经理的6个月内反方向的股票交易行为为短线交易，其所得收益适用短线交易归入制度的范畴。另外，美国 Fort Worth National Corporation 案中，其名誉董事的6个月内的方向股票交易行为，也被认定为短线交易行为。

---

① 相关内容根据南宁糖业（000911）公告及网页资料整理。

（三）基于代理理论的法人及其一致行动人身份认定的案例

1. 美国 Lehman Brothers 投资银行案例

1952 年公司指定某一合伙人代表投资银行的利益，进入 Consolidated Vulteer Aircraft 上市公司，并成为该上市公司董事会成员，但该合伙人在位期间，曾 6 个月内反向买卖 Consolidated Vulteer Aircraft 公司的股票，因此构成了短线交易并从中获益，该上市公司在决定收回短线交易利益的同时，起诉 Lehman Brothers 投资银行公司需承担相应的责任。值得注意的是，1952 年勒尼德·汉德（Learnd Hand）法官同意该上市公司的请求，理由是根据美国联邦法院代理理论，法人所选任或委派到控股公司担任董事的人代理法人成为董事，如果该自然人所代表的是该法人的利益或为该法人的利益服务，此时该自然人存在短线交易行为的情况下，所代理的法人应当同时作为短线交易的法律主体。

2. 美国 Feder v. Martin Marietta Corp 案例

另一相关案例为，1969 年美国第二巡回法院的 Feder v. Martin Marietta Corp 案判例。案例详情如下：美国 Martin Marietta 公司在其总裁在 Sperry Rand 公司担任股票期间购买了的 Sperry Rand 公司股票，但 Martin Marietta 公司在其总裁在辞去董事职务后未满 6 个月时间内就将该股票出售。美国第二巡回法院认为 Martin Marietta 公司应当属于短线交易归入制度的对象，理由是该公司买卖他公司股票的决定，是在其代表在他公司担任董事职务时获得的内部信息的基础上进行的，因此该公司的行为构成了内部人短线交易的行为。

基于以上案例分析可见，美国法律对短线交易主体的认定比我国规定更加宽泛：一方面，采取"实际持有"的概念，即无论该股票是否在上市公司内部人的名下，只要上市公司内部人为该股票的"受益所有人""一致行动人"等，即可以认定为该股票为上市公司内部人实际持有；另一方面，对上市公司董事、官员、高管的身份认定采取实际从事相应职务的原则；并由代理理论认定法人及其内部人为股票交易的一致行动人。

而与之相比，我国法律中仅规定上市公司董事、监事、高级管理人员及持股 5% 以上的大股东的股票交易行为纳入短线交易的范畴，没有对内部人主体认定的其他规定，也正是由于此法律的欠缺，导致目前上市公司内部人利用他人名义牟取私利，逃避法律规定的案例逐年增加。因此，我国相关立法要借鉴国外先进经验，进一步拓宽内部人短线交易的非股东型主体范围。

二、对短线交易股东型主体范围认定的案例

上市公司内部人短线交易主体的范围包含部分股东，因为中小股东很难获悉公司的内部消息，因此各国规定的此股东型主体一般指一定比例之上的股东，但是由于资本市场的成熟度及各国国情的不同，对"一定比例"各国有不同的规定，美国、韩国、日本等法律规定一定比例为10%；中国台湾地区最早规定为10%，之后改为5%，现行的法律又改回原来规定为10%；我国出于对上市公司股东短线交易严加监管的角度，规定上市公司内部人交易的股东型主体为持有上市公司所发行股票5%的股东。这一比例在各国对内部人短线交易的惩罚案例中均有体现。

1. 美国 Reliance Electric Co v. Emerson Electric Co 案

美国 Reliance Electric Co v. Emerson Electric Co 案中，持有道奇制造有限公司 Dodge Manufacturing Co. 13.2%股份的普通股东在6个月反向交易本公司股票，根据1934年《美国证券交易法》的规定，持股10%以上的股东6个月内反向交易自己公司股票的行为即构成短线交易，13.2%的持股比例超过了10%的规定，因此，上述股票交易被判定为短线交易。

2. 上海九龙山（600555）股份短线交易案

2007年九龙山股份（600555）3位合计持股超过5%，并且实际控制人为同一人的股东，6个月内反向交易本公司股票的行为被认为构成短线交易行为，证监会要求九龙山股份（600555）依法收回上述短线交易收益。此案例为通过实际控制人认定5%持股比例的重要案例，案例详情如下：

九龙山国旅、OCEAN 公司和 RESORT 公司均由九龙山股份实际控制人李勤夫控制。2006年九龙山股份（600555）于2006年实施股权分置改革，按照股改承诺，九龙山股份原日本松岗株式会社（以下简称日本松

冈）于2007年9月21日与李勤夫指定的九龙山国旅、OCEAN公司和RE-SORT公司分别签订股权转让协议，将其持有的66254198股A股，及88380000股B股全部转让给上述三家公司，其中九龙山国旅受让66254198股A股，每股作价3.29元，OCEAN公司和RESORT公司分别受让40000000股和48380000股B股，每股作价0.29美元。2009年1月13日，该次股权转让完成过户手续，3家机构在受让上述股票后，持有的九龙山股份股票均已超过5%。然而，九龙山国旅等3家公司受让日本松冈持有的九龙山股份股票后不久，即开始通过集中竞价及大宗交易减持，其中九龙山国旅受让后6个月内合计减持九龙山A股31892500股，扣除相关成本费用后，净盈利84346801.34元，OCEAN公司受让后6个月内合计减持7193650股九龙山B股，净盈利2717559.75美元，RESORT公司受让后6个月内合计减持九龙山B股34523217股，净盈利19157936.40美元。①

证监会某监管局发现线索后立即展开调查，并及时完成调查报送证监会行政处罚委员会，做出如下处罚决定：对九龙山国旅等3家机构给予警告并分别处以10万元罚款；责成九龙山股份董事会向九龙山国旅等3家机构追讨相关短线交易获利。

3. 宁波联合（600051）高管利用"体外公司"进行短线交易案例

近几年，我国上市公司为逃避法律惩罚，利用"体外公司"将持股比例控制在5%以下进行频繁的短线交易的行为日益增加，利用"体外公司"进行短线交易的规模及市值一般较大，给上市公司及外部股东的损害较严重，下述宁波联合（600051）高管利用"杭州盛泰联"进行短线交易的行为就是典型案例之一。该案例详情如下：

宁波联合（600051）一直是证券市场的著名妖股，2011年"锑传闻"将股价炒至最高点后原第二大股东大幅度减持，此后名为"杭州盛泰联"的投资公司突然出现在二股东的位置，持股8288596股，占总股本的2.74%。然而经调查发现"杭州盛泰联"的总裁实际为宁波联合（600051）的总裁，而其他股东分别为宁波联合（600051）总裁、监事会主席、副总裁、董秘兼财务负责人等，总持股比例高达80%，因此从持股状况来看，"杭州盛泰联"完全是个高管"体外公司"，是一个宁波联合

---

① 相关内容根据九龙山（600555）股份公司公告及网页资料整理。

高管为了秘密持股，躲避法律法规而虚设的一家壳公司。

更加引人质疑的是"杭州盛泰联"拥有如此多的股票，宁波联合（600051）从未对外披露过。直到 2013 年 1 月 15 日宁波联合（600051）公告对外澄清"杭州盛泰联"所持公司股票尚未达到 5%，并且杭州盛泰联公司买入后尚无卖出行为，然而在 2013 年 8 月，"杭州盛泰联"在宁波联合（600051）董事会审议通过《限制性股票激励计划（草案）》两个交易日之后，择机全部减持宁波联合（600051）的股票后解散清算。因此，宁波联合（600051）的高管通过成立"杭州盛泰联"这个持股不到 5% 的壳公司，有效地避免了我国对上市公司内部人短线交易归入制度的惩罚，"杭州盛泰联"已经俨然成为宁波联合躲避短线交易的避风港。①

从上述案例可以清晰看出，美国的短线交易股东型主体的范围是持股 10% 的大股东，即当持股比例达到 10% 以上股东，6 个月内存在反向交易所在公司股票行为的，即构成了内部人短线交易；我国股东型主体的范围是 5% 以上，但无论是 5% 还是 10%，股东都有办法来规避法律的规定，因为大股东可以将股份控制在接近但低于法律规定的 10% 或者 5% 水平之下就可以逃避法律的规定，并且可以通过多次交易实现获利目的，"杭州盛泰联"作为高管"体外公司"将持股比例控制在 5% 以下进行频繁短线交易的行为就是鲜活的案例。也有国家采用浮动持股比例的做法，来避免利用高管"体外公司"及控制持股比例在法律规定之下等方法逃避法律规定的违法行为的发生，但实际操作上十分困难。

三、对短线交易主体身份时点认定的案例

对内部人短线交易主体身份时点的认定，理论上存在"一端说"、"两端说"和"折中说"三种不同标准。"一端说"指只要买入或卖出任意时点行为人具有短线交易主体的身份即可；"两端说"指行为人买入及卖出两个时点必须都具有此身份；"折中说"认为对股东型主体和非股东型主体要区别对待，股东型主体采用"两端说"，非股东型主体采用"一端说"，原因是股东身份不如公司董事、高级管理人员身份容易获得内部信息。

---

① 相关内容根据宁波联合（600051）公告及网页内容整理。

从各国的法律规定来看，美国、日本等大部分国家采用"折中说"的观点，我国台湾地区最早采用"一端说"后来改为"两端说"，我国立法没有明确规定具体采用哪种说法，但从现实案例来看采用"折中说"的观点，即对非股东型主体采用"一端说"，对股东型主体采用"两端说"。具体案例如下：

1. 杭汽轮 B（200771）非股东型主体短线交易案例

杭州汽轮机有限公司高管短线交易案的判定，遵循非股东型主体"一端说"的认定标准。案例详情如下[①]：

杭州汽轮机股份有限公司于 2009 年 2 月 17 日正式聘任张某为副总经理，而在被聘任为副总经理之前，张某一直持有并多次买卖杭汽轮 B（200771）的股票，最后一次是在 2009 年 2 月 11 日，买入股票 10200 股，成交价格为 8 元/股；而张某成为副总经理之后，于 2009 年 2 月 20 日卖出股票 18587 股，价格为 7.82 元/股，杭汽轮 B（200771）董事会发现后，认定张某的减持行为构成了短线交易，虽然不存在盈利情况，但对张某进行通报。

该案例中张某买入杭汽轮 B（200771）的股票时并非该公司的内部人，十几天后卖出杭汽轮 B（200771）股票为该上市公司内部人，根据"一端说"的认定标准，无论交易是否获利，非股东型主体只要在 6 个月内存在反向股票交易的任意一端属于上市公司的内部人，该交易就应当按照短线交易处理。

除了对非股东型主体短线交易采取"一端说"观点之外，目前对四川金鼎（600678）、华夏建通（600149）、西水股份（600291）股东型主体短线交易案例的处罚，采取了对短线交易主体身份认定的"两端说"的认定标准，该处罚对类似案例的判决具有重大指导意义。案例详情如下：

2. 四川金鼎（600678）股东型主体短线交易案例[②]

上海华策投资有限公司于 2006 年 5 月 29 日通过协议方式受让四川金顶（600678）4883.383 万股股权，占该公司总股本的 20.99%，受让价格为 2.06 元/股。2006 年 6 月 9 日，上海华策与浙江华硕投资管理有限公司

---

① 相关内容来自杭汽轮 B（200771）公告内容及相关网站资料。
② 内容来自四川金顶（600678）公告及相关网站资料。

签署股权转让协议,以 2.08 元/股的价格将上述股份转让给后者并于 2006 年 7 月 7 日办理了过户手续。

对上述案例,按照股东型主体"两端说"的认定标准,只有当买入及卖出时均为上市公司股东的交易,才可认定为短线交易。而此案例中,2006 年 5 月 29 日通过协议方式获得四川金顶(600678)股票的行为,仅可视为获得四川金顶(600678)股东资格的行为,不能同时认定为该行为即获得了股东资格,又进行了股票交易。鉴于此种原因,中国证监会并未认定上海华策投资有限公司的股权转让行为构成短线交易。

3. 华夏建通(600149)股东型主体短线交易案例[①]

2009 年 4 月 17 日,严琳通过上海市一中院公开拍卖获得华夏建通(600149)3000 万股股份,占总股本 7.89%,同年 6 月 1 日严某通过上海证券交易所以每股 4.93 元卖出所持华夏建通(600149)1900 万股,占总股本 4.998%,获得差价收益 2109 万元,因此华夏建通(600149)起诉严某股票交易行为构成了短线交易,收益应当归入公司所有。

2009 年 7 月 13 日,上海市卢湾区受理了该案件,于当年 9 月 1 日开庭审理。庭审过程中,被告方称被告通过司法拍卖和法院裁定取得 3000 万股华夏建通股票时并非原告股东,而司法拍卖行为是成为"持有"5%以上股东的行为,不是短线交易的"买入"行为,同时被告在 2009 年 6 月 1 日卖出股票之前,并没有对应的买入该公司股票的行为,因此被告的股票交易行为不能适用短线交易收益归入制度。

上海市卢湾区法院经审理后认为,严某通过司法拍卖获得股票的行为,仅可认定为获得华夏建通的股东型主体的行为,不能违背法理原则,同时认为该行为为买入交易行为,因此严某只有在卖出股票时为华夏建通的持股 5% 以上的大股东,然而对股东型主体短线交易的认定采用"两端说"的原则,因此严某的上述行为不能构成短线交易,法院驳回华夏建通的请求,所产生的费用由原告负担。

4. 西水股份(600291)股东型主体短线交易案例[②]

北京新天地互动多媒体技术有限公司(以下简称新天地)6 个月内买

[①] 相关内容根据华夏建通(600149)公告及网站资料整理。
[②] 相关内容根据西水股份(600291)公告及网站资料整理。

卖西水股份（600291）行为符合短线交易股东型主体"两端说"的认定标准，构成了短线交易。案例详情如下：

截至 2007 年 7 月 14 日新天地持有西水股份（600291）7.18% 的股份，共计 11481680 股。2007 年 7 月 18 日，新天地持有西水股份（600291）的 8000000 股可以上市流通，于是新天地于 2007 年 7 月 25 日至 8 月 1 日期间陆续卖出西水股份（600291）累计 3300000 股，占该公司总股本的 2.06%，并于 2007 年 11 月 16 日至 12 月 25 日，新天地又陆续买入西水股份（600291）股票累计 1250603 股，占该公司总股本的 0.78%。上述多次买卖时间未超过 6 个月，并且在买卖之间新天地即为西水股份（600291）的股东，因此根据股东型主体短线交易身份"两端说"的认定标准，新天地的股票交易行为构成了短线交易，2008 年 12 月 19 日中国证监会对新天地做出行政处罚决定：对新天地给予警告，并处 3 万元罚款，并要求西水股份（600291）没收新天地短线交易的违法所得。

从上述案例判决可见，目前我国司法实践中对短线交易主体身份时点的认定采用"折中说"的观点，即对股东型主体身份认定采用"两端说"，对非股东型主体身份认定采用"一端说"观点。"折中说"的观点符合中国实际，因此在国家相关立法中应予以明确。

四、对短线交易行为认定的案例

美国 1934 年《证券交易法》对于买卖的含义规定较为广泛，"买"包括任何买入或其他取得股权的契约形式；"卖"包括任何卖出或处分股权的契约形式。在众多买卖方式中，以现金买卖的一律归入短线交易归入制度的范围，以可转债、因合并而换发新股等形式买卖的，主要考虑是否利用内部信息的可能性及买卖是否出于自愿等原因来确定是否适用归入权，即对非传统交易适用主观规则的原则。

我国对于短线交易行为的认定与美国相似，即对其他形式包括获得可转债、因合并换发新股、司法拍卖等途径获得股票的，要通过调查其利用内部信息的可能性及是否出于自愿等原因来确定，上述华夏建通（600149）诉严某案就符合此项判定规则，即在该案例中即便认定严某的通过公开拍卖获得股票的行为属于买入交易行为，但此次买入的时间、程序、风险及成本等方面与正常的股票交易存在有本质的区别，严某无法利用内幕消息与司法拍卖进行配合，并且限售股解禁时间完全由公司控制，严某无从控制和预料，基于此被告的股票交易行为也不应纳入内部人短线交易归入制度的范畴。

除上述对内部人短线交易行为的认定原则之外，大部分国家都遵循"无过错责任原则"和"客观认定标准"原则，即不以其是否具有主观意图及是否盈利为构成要件，只要交易主体符合法律规定的内部人身份，并在法定期间内买卖公司股票，由此所得的收益即应归上市公司所有。相关案例如下所示[①]：

1. 金发科技（600143）董事短线交易案

2008年12月29日，金发科技（600143）副董事长利用自己账户卖出金发科技（600143）股票791200股，当日又买进金发科技（600143）18400股；总经理于2008年12月26日卖出金发科技（600143）股票693000股，12月29日卖出230000股，当日买入100000股，又于12月30日卖出580000股。

该交易被调查后，二人提交给中国证监会的申辩陈述中提出，其买卖股票行为是为了缴纳巨额的个人所得说需要，相关交易量较小，并且其行为在主观上没有获取不当得利和违规的故意，未对上市公司和社会公众的利益产生不良的影响和危害，因此请求对其免于处罚。但根据"无过错责任原则"和"客观认定标准"原则，中国证监会并未采纳其申辩意见，而是认定该交易属于短线交易行为，给予二人警告处分的决定。

2. *ST罗牛（000735）董事短线交易案

2007年4月17日*ST罗牛（000735）董事买入该公司股票28万股，买入价格为5.15元/股，而2007年7月3日在买入后未超过6个月时间内，卖出7万股，卖出价格为4.93元/股，实际亏损1.54万元。

上述案例中，该董事股票行为构成了短线交易，即便亏损*ST罗牛（000735）还是对该交易进行了公告，并且深圳证券交易所给予其通报批评处分。

---

① 相关内容根据金发科技（600143）、*ST罗牛（000735）公告及网站资料整理。

五、对短线交易归入收益计算的案例

对内部人短线交易归入收益的计算方式，主要有编号法、先进先出法、平均成本法、最高卖价减最低买价法四种，其中最高卖价减最低买价法最为严格，即将6个月内所有股票交易的买入和卖出股票分别单列，将买入交易的最低价与同等数量卖出交易的最高价配对计算收益，然后将买入交易的次低价与卖出交易的次高价配对计算收益，如此计算直到全部股票都配对完成为止。每组股票收益值如果为零，则为交易持平；收益值为负值，则为交易亏损；收益值为正，则为存在短线交易收益，要归入公司，即需要将每组股票收益的正值相加得出短线交易总收益归入公司所有。

该收益计算办法最先由由美国 Smolowe v. Delendo Corp 案的司法判例创立，目前国外大部分法律规定都采用最高卖价减最低买价的方法，我国法律虽然没有明确规定必须采用此种方法，但在实际操作中均按此方法进行。与之相关案例如下[①]：

1. 中创信测（600485）股东短线交易案

北京协力得科技有限公司（以下简称协力得）为中创信测（600485）持股5%以上的大股东，在2007年12月28日之前连续卖出中创信测（600485）的股票，2008年1月2日连续买入股票40000股，并随后继续卖出股票，一直持续到2008年1月17日将其持有的已解禁可流通的股票全部卖出，累计减持6831600股。协力得的股票交易行为构成了短线交易，中创信测（600485）向协力得主张收益归入权，随后协力得提交了公司的有关收益。

在上述案例的收益计算方法上，监管机构采用了"最高卖价减去最低买价"的计算方法，即按2007年12月28日至2008年1月17日之间，协力得卖出中创信测股票的最高价，减去最低其2008年1月2日买入4笔股票的最低价，乘以涉及短线交易的40000股，合计5000余元归中创信测所有。

---

① 内容根据相关公司公告及网站资料整理。

2. 盛康股份（002418）法人股东短线交易案

2011年盛康股份（002418）法人股东短线交易案的收益计算同样采用了"最高卖价减最低卖价"的方法。盛康股份（002418）的法人股东立元创投于8月17~19日连续买入公司股票，而其在2011年7月6日至8月16日却一直在减持，按照2006年新《证券法》第47条规定，立元创投的股票交易行为构成了短线交易。

上述案例在计算收益时，若按照买入前减持的均价和买入股份的均价计算，立元创投本次短线交易收益为负，本来无须上缴收益。然而盛康股份（002418）本着对短线交易严格惩罚的原则出发，采用"最高卖价减最低买价"的原则，计算得出立元创投应上缴非法获利8.1万元，并实际按此执行。

3. 拓日新能（002218）股东嘉悦投资短线交易案

2013年拓日新能（002218）持股5%以上股东嘉悦投资短线交易的收益的计算也采取了"最高卖价减去最低买价"的方法。截至2013年3月7日，嘉悦投资持有拓日新能（002218）股份7021.85万股，持股比例为14.3376%，而随后嘉悦投资于2013年3月8日累计减持公司股份521000股，均价为7.305元/股，又于2013年3月8日累计购买公司股份50000股，均价7.269元/股。①

上述交易构成了短线交易，归入收益按照"最高卖价减去最低买价"的方法计算为1800元，该笔收益后被公司董事会收回归公司所有。

六、本章小结

本章通过短线交易主体范围认定、身份时点认定、交易行为认定、短线交易归入制度收益计算四个方面的相关司法案例判决的分析，明确了国内法相关立法的执行情况，比较了类似案例不同判决的利弊，有利于我国对发达国家及地区相关立法的借鉴，有利于我国相关立法的完善。

---

① 李春莲：《频遭股东减持套现超亿元 拓日新能再现短线交易违规买卖》，载《证券日报》2013年。

第八章

上市公司内部人交易治理机制设计

上市公司内部人交易取得长足发展的同时也暴露出了很多问题，从内部人交易的现状来看，内部人集体频繁交易行为普遍，违规短线交易、敏感期交易行为时有发生，内部人亲属短线交易行为愈演愈烈，内部人的这些违规交易行为对上市公司、证券市场及外部投资者造成了不良影响，与此同时现有的内部人交易管理措施存在很多的不足之处，为了维护我国资本市场的良好秩序，维护证券投资的信心，对上市公司内部人交易的规范管理迫在眉睫。本章首先对我国内部人交易管理的现状进行归纳，指出了管理的不足之处，进而从上市公司自治、中间性组织监管、国家立法规制及市场参与治理四个方面提出规范管理的措施。

一、上市公司内部人交易的管理现状及不足

针对内部人交易的违规行为，目前我国已经从上市公司、证券交易所及国家立法等方面进行了管理，在取得成绩的同时也存在很多的欠缺。为了对后续规范管理提出可行性的措施，就要先了解内部人交易规范管理的现状及不足之处。

（一）上市公司内部人交易的管理现状

1. 上市公司自治方面

部分上市公司在公司章程中做出了对董监高转让股份行为的更多限制

性的规定，比如延长禁止转让期间，规定低于25%的转让比例或其他的限制条件等；根据证监会和证券交易所的要求制定了具体业务工作要求，如董事会审计委员会年报工作流程，信息披露管理办法，敏感信息排查报告，内幕信息知情人登记制度等。

2. 中间性组织方面

中间性组织主要指证券交易所及会计师行业协会，证券交易所通过及时披露上市公司的定期报告、内部人股份变动情况及对违规上市公司处罚处分等方式来监管上市公司的内部人交易行为；会计师行业协会对年报审计的管理有利于提高上市公司年报的真实性。中间性组织对规范内部人交易行为作出了巨大的贡献，具体实施措施如下：

证券交易所是对上市公司内部人交易进行协助监管的重要组织。我国目前有上海证券交易所和深圳证券交易所两家以下简称沪深证券交易所，沪深证券交易所均根据2006年《公司法》、《证券法》及中国证监会的有关上市公司内部人交易的规定，作出了股票上市规则、信息披露规则、内部人股份变动申报规则等业务指引，并在各自网站设立了上市公司诚信档案版块，披露内部人交易的相关内容。沪深证券交易所对上市公司以上信息的及时动态披露，提高了内部人交易的透明度，限制了内部人利用信息优势获利的能力，对上市公司内部人交易的规范管理起到了不可磨灭的作用，有效措施如下：

一是信息披露方面。年报披露预约制度，沪深两所从2002年开始实行上市公司年报披露预约制度，根据上市公司的申请编制年报预约披露时间表并公布于众，这一制度的实行有利于提高年报披露的时间上的均衡性，防止利用年报信息操作股价行为的发生；信息披露直通车，[①] 深圳证券交易所的信息披露直通车指上市公司根据深交所的业务规则规定将应该对外披露的信息公告通过深交所技术平台直接提交给指定披露媒体的信息披露方式，信息披露直通车可以缩短上市公司信息公众化的时间，有利于市场及时作出反应，能有效防止内部人利用内部信息获取私利行为的发生。信息披露考评制度，深圳证券交易所的信息披露考评制度采用公司自评与证券所考评相结合的原则，考核的内容主要是上市公司信息披露的真实性、准确性、完整性、及时性、合法合规性和公平性等，最后依据上市

---

① 此概念源于《深圳证券交易所上市公司信息披露直通车试点业务指引》。

公司信息披露质量的高低划分为 A、B、C、D 四个等级,并将结果记录诚信档案向社会公开,信息披露考评制度有利于督促上市公司加强信息披露工作,提高信息披露质量水平。

二是内部人股份变动方面。沪深证券交易所均发布了上市公司内部人持股变动管理规则,并在各自网站公布了上市公司董事、监事、高级管理人员股份变动详情,内容包括内部人姓名职务、变动股份数量、成交均价、变动前后持股数量等,深交所还公布了持股变动比例及董监高的亲属等相关人员的股份变动情况,上交所还包括股份变动申报日期,及控股股东和 5% 以上股东股份减持情况。内部人持股变动情况申报制度使内部人股票交易处于公众的监督之下,有效提高了内部人股票交易的透明度,降低了内部人利用私有信息获利的程度。

三是对违规行为处罚方面。上海证券交易所对上市公司的违规行为进行公开谴责并将内容在诚信档案中予以公布;深圳证券交易所也公布了对上市公司的违规处罚和处分的内容,处罚处分的类别分为交易所通报批评、交易所内部批评、交易所公开谴责三类,深圳证券交易所还公布了对财务顾问、保荐机构等中介机构的处罚情况。

中国注册会计师协会及各地方协会通过对注册会计师的行业管理来确保其对上市公司年报做出独立、客观、公正的审计,从而一定程度上提高了上市公司年报的质量。协会对注册会计师及上市公司审计的主要管理措施如下:不断提高注册会计师行业准入门槛;对已获得资格人员进行严格考核及后续教育;根据新问题的出现不断完善上市公司审计准则;对进行上市公司年报审计人员的独立性做出严格要求;实行上市公司年报审计复核制度;对上市公司年报审计进行事前、事中、事后三个环节的持续监管等。

3. 国家立法层面

目前,治理我国上市公司内部人交易的法律规范主要由全国人民代表大会指定的相关法律、中国证监会制定的部门规章和证券交易所制定的相关规则组成。具体可以划分为基本法律、行政法规、部门规章、自律性规则四个层次。

第一层次是基本法律即 2006 年《公司法》、《证券法》和我国《刑法》的有关规定。比如,2006 年《证券法》对短线交易作出了明确规定,其中第 47 条规定,上市公司的董事、监事和高级管理人员在 6 个月内买入又卖出或卖出后又买入公司股票的，公司董事会可以请求收回其所得利益。此外，《证券法》第 74 条和第 76 条还对内幕交易行为进行了严格限制，即上市公司的董事、监事和高级管理人员规定为内幕信息的知情人，不能在内幕信息公开前买卖上市公司的证券。内幕交易给其他投资者造成损失的，行为人应当依法承担赔偿责任。2006 年《公司法》第 142 条明确了内部人交易的申报义务，即上市公司的董事、监事和高级管理人员应当向公司申报所持本公司的股份及其变动情况。此外，《公司法》第 142 条还对禁止和限制转让的内容作出了具体规定，即上市公司的董事、监事和高级管理人员在公司上市 1 年内和离职后的半年内不能转让自己所持的股票。在任职期间，每年转让的股份不能超过其所持上市公司股份总数的 25%。

第二层次是行政法规，主要包括国务院发布的《股票发行与交易管理暂行条例》等，比如 1993 年《股票发行与交易管理暂行条例》中最早提出了短线交易归入制度，并规定短线交易归入制度的主体为股份有限公司的董事、监事、高级管理人员和持有公司 5% 以上有表决权股份的法人股东以及该法人股股东的额董事、监事、高级管理人员等。

第三层次是部门规章，主要指中国证监会指定的适用于上市公司信息披露的制度规范如《上市公司信息披露管理办法》、《上市公司董事、监事和高级管理人员所持本公司股份及其变动管理规则》等。比如，2007 年 1 月 30 日颁布的《上市公司信息披露管理办法》中详细规定了上市公司年度报告的内容，其中明确要求及时公布上市公司董事、监事、高级管理人员及大股东的任职及持股变动情况；再如 2007 年 4 月 5 日颁布的《上市公司董事、监事和高级管理人员所持本公司股份及其变动管理规则》中对上市公司的董事、监事和高级管理人员买卖所属公司股票作出了更为详细的限制性规定，包括股份变动及时申报制度、上市公司内部人转让股份的比例限制、上市公司内部人交易的敏感期限制等内容。

第四层次是自律性规则，主要指证券交易所制定的《业务指引》等。如深圳证券交易所于 2007 年 5 月 8 日发布的《上市公司董事、监事和高级管理人员所持本公司股份及其变动管理业务指引》，其以自律监管方式对董事、监事和高级管理人员买卖上市公司股票进行了规范。[①]

---

① 上海证券交易所曾在 2007 年 4 月 20 日发布了《上海证券交易所上市公司董事、监事和高级管理人员所持本公司股份管理业务指引》，但是已经在 2012 年 8 月 3 日废止。

综上所述，我国在对上市公司内部人交易解禁的同时，深刻意识到恶意内部人交易带来的负面影响，并采取措施从上市公司自治、中间性组织监管及我国立法等层面对上市公司内部人交易行为予以限制。这些措施在一定程度上有效阻止了违规的、恶意的内部人交易行为，对维护证券市场的公平及外部投资者的利益起到了一定作用。

（二）上市公司内部人交易管理的不足

目前，尽管我国针对内部人交易的管理出台了诸多措施，但总体来讲还处在相关法律法规不健全，现有规定落实不到位，违法惩罚过于宽松的状态，尤其与发达国家相比，我国对内部人交易的管理还存在很多不足。

首先，截至目前我国还没有专门的关于上市公司内部人交易的法律，而 2006 年《公司法》和《证券法》对内部人交易的规定过于简单，比如没有明确内部人交易的概念，对内部人交易主体的界定范围狭窄，短线交易行为认定标准不清晰，缺少对内部人在敏感期交易的惩罚规定，违法内部人交易民事诉讼赔偿空缺等。

其次，信息披露中要求的会计信息内容不够详细，影响了信息披露的质量。我国上市公司年报中的现金流量表仅要求反映上一年度的数据，资产负债表及利润分配表仅要求披露近两年的数据即可，而美国上市公司年报资产负债表要求必须披露两年及以上信息，损益表、现金流量表、股东权益表则必须反映最近 3 年的状况。

再次，沪深证券交易所年报预约披露制度形同虚设，执行效果欠佳，没有发挥预期的作用，上市公司变更预约披露日期及延迟披露情况明显存在，年报披露前松后紧，容易引起投资者对信息的"消化不良"，加大了投资者的心理压力。

最后，目前我国对内幕交易的惩罚力度不够，量刑少并且罚款金额较低，最高罚款只有 60 万元，这个数字只占到美国最高额 250 万美元的 1/33，不足以起到威慑作用。

二、上市公司内部人交易治理机制

在上市公司、证券交易所及国家立法监管的共同努力下，我国对上市公司内部人交易的管理目前已经取得了一定的成绩,有效地防止了内部人交易向内幕交易的转化,但取得成绩的同时也有很多不足之处,虚假信息披露、延迟信息公告、短线交易及敏感期交易等违规行为层出不穷,给上市公司、外部投资者及证券市场都带来了不良的影响,为了更好地规范上市公司内部人交易行为,规范信息披露,杜绝短线交易、敏感期交易等行为的发生,本章从上市公司自治、中间性组织监管、国家立法规制及市场参与治理四个方面提出以下改进措施。

(一) 上市公司自治方面

1. 确保信息披露质量

上市公司要进一步加强公司治理,改善公司治理结构,充分发挥董事会审计委员会的审计职能及独立董事、监事的监督作用,对预披露的内容尤其是年报等定期报告的内容董事会秘书及财务总监要严格把关,确保披露信息的真实性、准确性及完整性。

2. 拓宽信息披露渠道

上市公司要拓宽信息披露渠道,比如利用报纸、电台、电视、网络媒体、手机媒体等信息传播方式努力缩短信息公众化的时间,压缩内部人交易可选择的时机。另外,信息披露之后上市公司要加强与机构投资者、证券公司、证券分析机构等中介机构的沟通,并安排专人负责解答上述机构对披露信息内容尤其是定期报告信息的咨询,确保信息的正确理解。

3. 加强上市公司内部治理

上市公司要加强对内部人交易的管理工作,在公司章程中规定对内部人违规交易的惩罚办法,使内部人清楚地意识到违规交易的危害性;采用承诺书的形式让公司内部人做出不做违法交易的保证;公司加强内部控制制度建设,建立有效的监察机制,及时掌握内部人的持股变化情况;对合法的内部人交易行为给予适当的激励,防范其进行内幕交易的动机。

4. 加强上市公司外部治理

上市公司在日常经营中不可避免与公司外部人接触,尤其是上市公司的利益相关者，这些人有机会了解到公司的重大信息，如果不加以管理，上市公司内部人与其勾结进行违规交易的可能性会加大，因此上市公司要加强外部治理，联合各利益相关者，相互监督，确保信息的安全，杜绝联合交易行为的发生。

（二）中间性组织监管方面

1. 自动锁定违规交易

证券交易所要清楚掌握上市公司内部人的账户信息，并进行实时动态监控，如遇到上市公司内部人在短线交易期间内进行反方向股票交易，或在敏感期内交易等违法交易行为时，账户自动开启锁定功能，有效地防止违规行为的发生，并将预违规交易行为通知所在上市公司，同时记录上市公司年终考评。

2. 设立精英交易版块

深圳证券交易所目前有对上市公司信息披露的考评机制，并根据考评结果将上市公司分为 A、B、C、D 四个等级，那么证券交易所可以在上述考评等级的基础上，综合上市公司短线交易情况、敏感期交易情况、所受处罚处分情况及公司治理情况等内容，选出 A^+ 级别公司作为精英公司开设独立板块进行交易。精英交易板块的设立能提高上市公司的社会信誉，吸引更多外部投资者的关注，旨在激励上市公司合法内部人交易行为，防止内部人违规交易行为的发生。

3. 建立内部人交易行为评价指标体系

对上市公司内部人违规风险进行综合评价，并对违规风险较大的内部人交易行为进行重点监管。自 2006 年《公司法》允许内部人买卖本公司股票以来，内部人交易行为日益增多，对每笔交易进行面面俱到的监管不仅成本太高而且没有必要，监管部门可以通过建立内部人交易行为评价指标体系对内部人交易行为的违规风险进行评价，确定违规风险较大的内部人交易行为并进行重点监管，做到主次分明、有的放矢。

4. 提升上市公司的公司治理水平

提升上市公司的公司治理水平，缓解内部人与外部投资者之间的信息不对称是解决内部人交易存在的问题的根本途径。首先,建立上市公司的公司治理水平评价指标体系,对所有上市公司的公司治理水平进行评价并对外公布,针对公司治理长时间一直处于较低水平的上市公司实行包括强制退市在内的严厉处罚,督促上市公司改善公司治理。其次,加强对上市公司信息披露的监管,提高信息披露的透明度。由于我国上市公司的股权比较集中,因此改善上市公司的公司治理,一方面要降低控股股东的控制水平,可以采取包括限制上市公司的股权集中度、禁止董事长与总经理两职合一在内的一系列措施;另一方面,要积极培育制衡控股股东的力量,可以采取包括大力培育机构投资者、完善独立董事的选聘、激励及约束等相关制度在内的一系列措施,使其发挥应有的作用。此外,加快推进法治建设进程,进一步提升各地区的法治水平,改善上市公司的外部法律环境。

5. 加强对注册会计师资格的管理

中国注册会计师行业协会要加强对注册会计师资格的认证及后续管理工作,若发现注册会计师有伙同上市公司修饰年报,或者出具不符实际的审计意见的行为且有重大过失的,吊销其注册会计师资格。

6. 加大对年报审计工作监管力度

中国注册会计师协会要加大对注册会计师的年报审计工作的监管力度,提高年报审计工作质量,确保上市公司年报如实反映上市公司实际状况。

(三) 国家立法规制方面

1. 建立统一信息披露格式,明确信息披露的具体内容

对上市公司的信息披露,尤其是年报、半年报的制定,国家可以立法规定统一的格式及具体的内容,使信息披露更加规范化、国际化,以便提高年报、半年报的质量并方便投资者对信息的获取。同时在继续对董事长或总经理等重点对象的内部人交易行为的信息披露严加监督的基础上,加大对其余内部人交易行为信息披露的监督力度,将所有的内部人交易的信息披露都纳入严加监督的行列。另外,加大对内部人交易信息披露的执法

力度，形成强有力的法律震慑力。我国证券监督管理委员会和沪深证券交易所发布的相关法律法规对内部人交易的信息披露作了详细规定，《证券法》对未按规定披露信息的法律责任也作了详细规定，但是在实际工作中存在执法不严、违法不究的问题，虽然部分内部人交易并没有按照相关法律法规的要求披露相关信息，甚至有的内部人交易发生后 1 年才披露，但是到目前为止没有一例因为信息披露不及时而受到处罚的内部人交易案例。因此，证券监管部门要加大对内部人交易信息披露的执法力度，对信息披露不及时的内部人交易严格按照相关法律法规的规定惩处，形成强有力的法律震慑力。

2. 强制披露年度盈余预告信息

目前，对于上市公司的年度盈余预告信息处于鼓励披露而不是强制披露的状态，然而市场对年度盈余预告包含的信息敏感性较高，强制披露可以促进股票价格的修正，压缩内部人交易的时机，因此国家应立法强制披露上市公司年度盈余预告信息，并对预告信息与实际盈余的偏差做出一定限制。

3. 建立上市公司自愿性信息披露业务规范

所谓上市公司自愿性信息包含两层含义，一层含义是对上市公司强制性信息披露内容的细化和深化；另一层含义是针对强制性信息披露之外的信息的披露而言。鼓励自愿性信息披露，有利于降低上市公司内部人较外部投资者的获取信息优势，减少内部人利用信息优势获利的机会。

4. 建立预交易公告制度

目前，我国实行交易事后披露制度，即上市公司内部人股份发生变动之后要在两个工作日内上报证券交易所予以公告，因此公众只有在内部人股份变动情况发生之后才能有所了解，如果把事后披露制度提到事前，即要求上市公司内部人在买入或者卖出公司股票之间就进行公告，并规定必须按照事先公告的时间、方向、规模等进行实际股票交易，那么市场就能提前基于内部人预交易信息进行价格调整，从而降低上市公司内部人获取超额收益的程度，提高证券交易的公平性。

5. 上市公司内部人财产申报制度

即要求上市公司内部人及时准确的申报其个人及家庭成员的财产状况

及来源，同时对拒不申报、谎报、漏报的内部人，上市公司可以直接进行处罚，司法部门可对未按规定申报的内部人提出民事诉讼，对故意提供虚假信息的内部人，可进行刑事诉讼。上市公司内部人财产申报制度，尤其是对财产来源的申报，可以有效地规范内部人交易行为，防止短线交易、敏感期交易及内幕交易行为的发生。

6. 完善上市公司内部人短线交易相关立法

目前，我国现行的关于上市公司内部人短线交易的法律存在诸多不足，必须在以下方面加以完善。首先，内部人短线交易主体界定方面。要拓宽内部人短线交易主体范围，现有法律规定仅限于董事、监事、高管及持股5%以上的大股东，但从实际股票交易情况来看，上述人员的亲属及相关人员进行短线交易非法获利的情况较为明显，如果继续如此漠视的话，上市公司内部人亲属及相关人员的短线交易行为很可能成为上市公司内部人逃避法律监管进行短线交易的一种手段，为此需借鉴发达国家的先进经验，引入"受益所有人"的概念并拓宽其范围，还要采取措施避免上市公司内部人利用"体外公司"获利的情况，同时立法完善内部人交易主体身份时点认定问题。其次，内部人短线交易客体界定方面，将短线交易的标的拓宽到认股权证、可转换公司债券等其他金融衍生品，并将同一上市公司在不同地区上市的股票交易合并计算。再次，短线交易归入制度行使的主体及程序方面，明确短线交易归入制度的行使主体及程序，解决归入制度行使中的费用问题。最后，短线交易归入收益计算方式方面，依据短线交易从重处罚的原则，立法明确短线交易归入收益的计算方式。

7. 将短线交易、敏感期交易行为纳入内幕交易范围

建立专门的内幕交易法，加大内幕交易的惩罚力度，不仅是在行政及刑事方面处罚，还要完善民事赔偿机制，加大经济处罚的力度，从而让上市公司内部人清楚认识到违规交易的严重后果，严格遵守法律法规对内部人交易的规定。

（四）市场参与管理方面

1. 完善职业经理人市场

目前，我国职业经理人市场不发达，企业难以找到合适人才，在职的

职业经理人危机意识不强,违规交易甚至被解雇之后对自己职业生涯影响不大,导致上市公司内部人自私自利行为更加肆无忌惮,更加猖獗。因此,完善职业经理人市场,上市公司内部人在危机意识下就会收敛自己的违规交易行为。

2. 塑造合规交易氛围

通过社会舆论加强合法合规股票交易氛围塑造,在股票交易者心中形成守法为荣,违法为耻的观念,充分发挥新闻媒体、会计师、律师及广大投资者的监督作用,并对违规内部人交易进行举报。

三、本章小结

本章首先分析了我国内部人交易规范管理现状,指出了存在的不足之处,随后从四个不同层面提出了对上市公司内部人交易进行规范管理的具体措施。上市公司自治方面要确保信息披露的质量,拓宽信息披露的渠道,加强上市公司的内外部治理,提高上市公司的公司治理水平;证券交易所可以通过自动锁定违规交易账户,设立精英交易版块等措施加强对内部人交易的监管,同时充分发挥会计师行业协会的辅助监管功能;国家通过立法的形式规范信息披露,完善对上市公司内部人短线交易的法律规定,建立专门的内幕交易法,加大对违规交易的惩罚力度;另外,完善职业经理人市场,塑造合规交易氛围,充分发挥社会媒体及大众对内部人交易的监督作用。

本章提出的对上市公司内部人交易规范管理的措施,有利于弥补目前内部人交易管理的漏洞,能对上市公司内部人交易行为的规范化发展起到积极的作用。

参 考 文 献

[1] Ajinkya B, Bhojraj S, Sengupta P. The association between outside directors, institutional investors and the properties of management earnings forecasts [J]. Journal of accounting Research, 2005, 43 (3): 343 -376.

[2] Beasley M S. An empirical analysis of the relation between the board of director composition and financial statement fraud [J]. Accounting Review, 1996: 443 -465.

[3] Betzer A, Theissen E. Sooner or later: An analysis of the delays in insider trading reporting [J]. Journal of Business Finance & Accounting, 2010, 37 (1 -2): 130 -147.

[4] Bushman R M, Piotroski J D, Smith A J. What determines corporate transparency? [J]. Journal of accounting research, 2004, 42 (2): 207 -252.

[5] Bushman R M, Piotroski J D. Financial reporting incentives for conservative accounting: The influence of legal and political institutions [J]. Journal of Accounting and Economics, 2006, 42 (1): 107 -148.

[6] Cao C, Field L C, Hanka G. Does insider trading impair market liquidity? Evidence from IPO lockup expirations [J]. Journal of Financial and Quantitative Analysis, 2004, 39 (1): 25 -46.

[7] Chang E C, Zhu J, Pinegar J M. Insider Trading in Hong Kong: Concentrated Ownership versus the Legal Environment [J]. 2002.

[8] Cheng Q, Lo K. Insider trading and voluntary disclosures [J]. Journal of Accounting Research, 2006, 44 (5): 815 -848.

[9] Cheng Q, Lo K. Insider trading and voluntary disclosures [J]. Journal of Accounting Research, 2006, 44 (5): 815 -848.

[10] Claessens S, Djankov S, Fan J P H, et al. Disentangling the incentive and entrenchment effects of large shareholdings [J]. The Journal of Fi-

nance, 2002, 57 (6): 2741 -2771.

[11] Durnev A A, Nain A S. Does insider trading regulation deter private information trading? International evidence [J]. Pacific - Basin Finance Journal, 2007, 15 (5): 409 -433.

[12] Farber D B. Restoring trust after fraud: Does corporate governance matter? [J]. The Accounting Review, 2005, 80 (2): 539 -561.

[13] Fidrmuc J P, Goergen M, Renneboog L. Insider trading, news releases, and ownership concentration [J]. The Journal of Finance, 2006, 61 (6): 2931 -2973.

[14] Finnerty J E. Insiders and market efficiency [J]. The Journal of Finance, 1976, 31 (4): 1141 -1148.

[15] Friederich S, Gregory A, Mata tko J, et al. Short-run Returns around the Trades of Corporate Insiders on the London Stock Exchange [J]. European Financial Management, 2002, 8 (1): 7 -30.

[16] Givoly D, Palmon D. Insider trading and the exploitation of inside information: Some empirical evidence [J]. Journal of business, 1985: 69 -87.

[17] Basu S. The conservatism principle and the asymmetric timeliness of earnings^{1} [J]. Journal of accounting and economics, 1997, 24 (1): 3 -37.

[18] Hirschey M, Zaima J K. Insider Trading, Ownership Structure, and the Market Assessment of Corporate Sell - Offs [J]. The Journal of Finance, 1989, 44 (4): 971 -980.

[19] Huddart S, Ke B, Shi C. Jeopardy, non-public information, and insider trading around SEC 10 - K and 10 - Q filings [J]. Journal of Accounting and Economics, 2007, 43 (1): 3 -36.

[20] Jaggi B, Tsui J. Insider trading, earnings management and corporate governance: empirical evidence based on Hong Kong firms [J]. Journal of International Financial Management & Accounting, 2007, 18 (3): 192 -222.

[21] Jensen M C. The modern industrial revolution, exit, and the failure of internal control systems [J]. the Journal of Finance, 1993, 48 (3): 831 -880.

[22] Karamanou I, Vafeas N. The association between corporate boards,

audit committees, and management earnings forecasts: An empirical analysis [J]. Journal of Accounting research, 2005, 43 (3): 453-486.

[23] Ching K M L, Firth M, Rui O M. The information content of insider trading around seasoned equity offerings [J]. Pacific - Basin Finance Journal, 2006, 14 (1): 91-117.

[24] Klein A. Audit committee, board of director characteristics, and earnings management [J]. Journal of accounting and economics, 2002, 33 (3): 375-400.

[25] Kross W, Schroeder D A. An empirical investigation of the effect of quarterly earnings announcement timing on stock returns [J]. Journal of Accounting Research, 1984: 153-176.

[26] López de Silanes F, La Porta R, Shleifer A, et al. Law and finance [J]. Journal of political economy, 1998, 106: 1113-1155.

[27] Manne H G. Insider trading and the stock market [M]. New York: Free Press, 1966.

[28] Peasnell K V, Pope P F, Young S. Board monitoring and earnings management: do outside directors influence abnormal accruals? [J]. Journal of Business Finance & Accounting, 2005, 32 (7-8): 1311-1346.

[29] Piotroski J D, Roulstone D T. Do insider trades reflect both contrarian beliefs and superior knowledge about future cash flow realizations? [J]. Journal of Accounting and Economics, 2005, 39 (1): 55-81.

[30] Laux V. On the benefits of allowing CEOs to time their stock option exercises [J]. The RAND Journal of Economics, 2010, 41 (1): 118-138.

[31] Rogers J L. Disclosure quality and management trading incentives [J]. Journal of Accounting Research, 2008, 46 (5): 1265-1296.

[32] Rozeff M S, Zaman M A. Overreaction and insider trading: Evidence from growth and value portfolios [J]. The Journal of Finance, 1998, 53 (2): 701-716.

[33] Sawicki J, Shrestha K. Insider trading and earnings management [J]. Journal of Business Finance & Accounting, 2008, 35 (3-4): 331-346.

[34] Seyhun H N. Insiders' profits, costs of trading, and market efficiency [J]. Journal of Financial Economics, 1986, 16 (2): 189-212.

[35] Sharma V D. Board of director characteristics, institutional ownership, and fraud: Evidence from Australia [J]. Auditing: A Journal of Practice & Theory, 2004, 23 (2): 105-117.

[36] Shleifer A, Vishny R W. Large shareholders and corporate control [J]. The Journal of Political Economy, 1986, 94 (3): 461.

[37] Brenner S. On the irrelevance of insider trading for managerial compensation [J]. European Economic Review, 2011, 55 (2): 293-303.

[38] Velury U, Jenkins D S. Institutional ownership and the quality of earnings [J]. Journal of Business Research, 2006, 59 (9): 1043-1051.

[39] Xie B, Davidson III W N, DaDalt P J. Earnings management and corporate governance: the role of the board and the audit committee [J]. Journal of corporate finance, 2003, 9 (3): 295-316.

[40] 陈恩、揭水利：《防范和打击内幕交易的难点及其对策》，载《金融与经济》2010年第10期。

[41] 陈建林：《公司治理环境对信息披露与内部人交易关系的调节作用研究述评》，载《外国经济与管理》2010年第9期。

[42] 程书强：《机构投资者持股与上市公司会计盈余信息关系实证研究》，载《管理世界》2006年第9期。

[43] 程新生、徐婷婷、王琦等：《自愿性信息披露与公司治理：董事会功能与大股东行为》，载《武汉大学学报（哲学社会科学版）》2008年第4期。

[44] 崔学刚：《公司治理机制对公司透明度的影响——来自中国上市公司的经验数据》，载《会计研究》2004年第8期。

[45] 杜兴强、温日光：《公司治理与会计信息质量：一项经验研究》，载《财经研究》2007年第1期。

[46] 樊纲、王小鲁、马光荣：《中国市场化进程对经济增长的贡献》载《经济研究》2011年第9期。

[47] 方晓雄：《跟随内部人交易能否带来超额收益——基于我国上市公司的实证分析》，载《西南农业大学学报（社会科学版）》2010年第8期。

[48] 高垚：《内部人交易，信息获利动机与制衡因素》复旦大学博士论文，2008年。

[49] 洪登永、俞红海：《高管交易行为，信息不对称与公司治理》，载《财经理论与实践》2009年第30期。

[50] 胡淑丽：《论我国内幕交易的现状及改革措施》，载《市场论坛》2010年第3期。

[51] 蒋学跃：《境外市场"董，监，高"买卖本公司股票的规定及其启示》，载《证券法苑》2010年第2期。

[52] 李维安、徐业坤、宋文洋：《公司治理评价研究前沿探析》，载《外国经济与管理》2011年第33期。

[53] 李勇、朱淑珍：《内部人交易与信息披露成本》，载《中国矿业大学学报》2005年第34期。

[54] 李勇：《中国证券市场"内部人"交易的信息披露模式研究》，厦门大学博士论文，2003年。

[55] 廉鹏、王克敏：《公司内部人交易研究综述》，载《当代经济研究》2009年第5期。

[56] 林益：《浅析内幕交易的危害及禁止的必要性》，载《大众商务》2010年第10期。

[57] 刘斌、吴娅玲：《股权集中，投资者保护与信息披露质量》，载《山西财经大学学报》2007年第29期。

[58] 刘峰、吴风、钟瑞庆：《会计准则能提高会计信息质量吗——来自中国股市的初步证据》，载《会计研究》2004年第5期。

[59] 刘虹俊：《内部人交易对投资的指导意义》，载《证券导刊》2004年第26期。

[60] 刘亚帆：《我国短线交易与归入权制度之完善》，载《法制与社会》2011年第18期。

[61] 罗巧、汪贵浦：《上市公司高管人员交易信息披露的信息含量研究》，载《消费导刊》2008年第22期。

[62] 马光、孙黎：《内部人交易与预售公告制度研究》，载《证券市场导报》2008年第9期。

[63] 莫扬、吴军华：《内幕信息披露规则的国际比较及借鉴意义》，载《上海金融》2003年第5期。

[64] 齐伟山、欧阳令南：《上市公司年报披露及时性决定因素的实证分析》，载《经济管理》2005年第16期。

[65] 宋理升：《上市公司信息披露透明度研究》，山东大学博士论文，2009年。

[66] 唐跃军、吕斐适、程新生：《大股东制衡，治理战略与信息披

露》，载《经济学（季刊）》2008年第7期。

[67] 佟桂玲：《论内部人短线交易收益归入配套制度的构建》，载《经济师》2010年第11期。

[68] 王斌、梁欣欣：《公司治理，财务状况与信息披露质量——来自深交所的经验证据》，载《会计研究》2008年第2期。

[69] 王丹：《"禁止内幕交易"的利弊分析》，载《北京建筑工程学院学报》2009年第25期。

[70] 王惠芳、原改省：《上市公司年度报告自愿性信息披露实证研究——来自524家深市上市公司的证据》，载《华东经济管理》2006年第20期。

[71] 王俊秋、张奇峰：《公司治理机制与信息披露透明度的实证研究》，载《山西财经大学学报》2007年第29期。

[72] 王茂斌：《内部人自利行为与职工股上市的市场效应》，载《财经研究》2006年第32期。

[73] 王雄元、陈文娜、顾俊：《年报及时性的信号效应》，载《会计研究》2008年第12期。

[74] 王雄元、张鹏：《信息披露与内部人股票交易获利策略——以六起内部人股票交易为基础的案例研究》，载《管理案例研究与评论》2008年第1期。

[75] 王栩：《股权分置改革的公司治理效应研究》，山东大学博士学位论文，2009年。

[76] 王振山、杨柔佳、李玉兰：《上市公司年度业绩预告的信息效应研究》，载《财经问题研究》2010年第10期。

[77] 魏志华、李常青：《家族控制，法律环境与上市公司信息披露质量——来自深圳证券交易所的证据》，载《经济与管理研究》2009年第8期。

[78] 吴俊英、陈丹萍：《制度变迁与企业内部人交易信息披露的相关性》，载《经济论坛》2011年第1期。

[79] 吴清华、王平心：《公司盈余质量：董事会微观治理绩效之考察》，载《数理统计与管理》2007年第1期。

[80] 武聪、张俊生：《内部人交易与企业盈余管理行为》，载《经济管理》2009年第8期。

[81] 徐向艺、宋理升、王亚斌：《民营上市公司实际控制人与信息披

露透明度研究》，载《山东大学学报（哲学社会科学版）》2011年第4期。

[82] 徐向艺、宋理升：《上市公司实际控制人与信息披露透明度研究》，载《经济管理》2009年第10期。

[83] 徐向艺、王俊韡、巩震：《高管人员报酬激励与公司治理绩效研究——一项基于深，沪A股上市公司的实证分析》，载《中国工业经济》2008年第2期。

[84] 晏艳阳、赵大玮：《我国股权分置改革中内幕交易的实证研究》，载《金融研究》2006年第4期。

[85] 杨雄辉、潘庆阳、傅博：《年报披露事件的市场反应研究——来自沪深股市2004~2006年年报披露的分行业实证检验》，载《经济师》2008年第9期。

[86] 尹渔清：《我国企业股票激励的瓶颈及其对策研究》，载《管理学报》2006年第3期。

[87] 于鹏：《公司高管犯罪问题研究》，上海交通大学硕士论文，2009年。

[88] 曾庆生：《公司内部人具有交易时机的选择能力吗？——来自中国上市公司内部人卖出股票的证据》，载《金融研究》2009年第10期。

[89] 曾庆生：《上市公司内部人交易披露延迟及其经济后果研究——来自上海股票市场的经验证据》，载《财经研究》2011年第37期。

[90] 曾亚敏、张俊生：《上市公司高管违规短线交易行为研究》，载《金融研究》2009年第11期。

[91] 张国华、陈方正：《我国上市公司盈余管理与董事会特征相关性实证研究》，载《技术经济与管理研究》2006年第2期。

[92] 张俊生、曾亚敏：《上市公司内部人亲属股票交易行为研究》，载《金融研究》2011年第3期。

[93] 张云：《中国股票市场非法内幕交易与公司治理研究》，华中科技大学博士论文，2009年。

[94] 周宇润：《我国证券市场内幕交易的负面影响研究》，复旦大学硕士论文，2009年。

[95] 朱伟骅：《内幕交易监管与监管困境研究综述》，载《证券市场导报》2007年第9期。

[96] 朱晓婷、杨世忠：《会计信息披露及时性的信息含量分析——基于2002~2004年中国上市公司年报数据的实证研究》，载《会计研究》

2007年第11期。

[97] 卞耀武：《美国证券交易法律》，法律出版社1999年版。

[98] 赵万一、刘小玲：《对完善我国短线交易归入制度的法律思考》，载《法学论坛》2006年第21期。

[99] 杨亮：《内幕交易论》，北京大学出版社2001年版。

[100] 成涛、鲍瑞坚：《证券法通论》，中国大百科全书出版社上海分社1994年版。

[101] 崔延花：《日本公司法典》，中国政法大学出版社2006年版。

[102] 吴建斌：《日本公司法规范》，法律出版社2003年版。

[103] 林建华：《"华夏建通"短线交易案相关法律问题评析》，载《证券法苑》2010年第2期。

[104] 朱伟一：《美国证券法判例解析》，中国法制出版社2002年版。

[105] 金仁权、金滋永：《韩国证券交易法》，载《商事法论集》2007年第1期。

[106] 曾洋：《修补还是废止？——解释论视野下的"证券法"第47条》，载《环球法律评论》2012年第5期。

[107] 张世增：《对我国实施短线交易归入权制度的思考——福建辖区D上市公司股东短线交易案例分析》，载《福建金融》2013年第5期。

[108] 杨志华：《证券法律制度研究》，中国政法大学出版社1995年版。

[109] 宋一欣、车敦国：《证券民事赔偿实务手册》，百家出版社2002年版。

[110] 赵威：《证券短线交易规制制度研究》，载《比较法研究》2004年第5期。

[111] 王福蕊、徐璐：《短线交易归入权性质探析》，载《法制与经济》2012年第14期。

[112] 曾庆生、张耀中：《信息不对称，交易窗口与上市公司内部人交易回报》，载《金融研究》2012年第12期。

附录一：上市公司内部人交易相关法律法规

一、美国内部人交易相关法律法规

（一）《证券交易法》（1934年）

1. 内部人及证券的相关定义

"董事"指一个公司的任何董事，或者具有与任何组织有关联的行使类似职能的任何人（无论该组织是否具有法人资格）。

"证券"是指任何票据、股票、库存股份、公债、利息单据，或者在任何利润股份管理中的分成或在任何石油、汽油或其他矿产产地使用费或租赁中的利息单据或分成，任何附属信托单据，团体组建前的单据，或是认缴费单据，可转让股份，投资合同，股票信托单据，存款单据，以上所列作为一种证券，或任何卖方的选择权、付款通知权、使对方在一定期限内按某一价格收交货的权力、买卖的特权，或者对任何证券、存款单据，或团体或证券指数的优惠权（包括其中的任何股权或在其中的价值基础上的股权），或者是进入与外汇有关的国家证券交易所的任何卖方的选择权、付款通知权，使对方在一定期限内按某一价格收交货的权力、买卖的特权，或优惠权，或者，通常被一般视为一种"证券"的契约；还指任何股权单据，或者是对上述任何一项的分成，或作为其暂时或临时单据，或作为其收据或保证书，或对其认购或购买的权力；但不包括货币或任何纸币、汇票、交易所账单，也不能包括具有自签发之日起不超过9个月的到期日（其中不包括宽限日期，或任何该到期日另有限制的延期）的银行承兑。

"市证券"指下列单位的有直接责任的证券，或者由下列单位保证作为本金或者利息责任的证券，即以一个州的或其任何政治分支机构的，或者一个州的或其任何分支机构的任何机构作媒介的,或者一个或多个州的任何市政协作媒介的,或者是作为一种工业发展证券。

"政府有价证券"主要包括:一是合众国直接负有义务的证券,或者是由美利坚合众国对本金和利息负责担保义务的证券;二是由美利坚合众国拥有直接或间接利益的公司,以及由财政部长为公众利益或为保护投资者而认为有必要指定为豁免的公司所发行或担保的证券;三是由根据特别命名这样公司的法规,在委员会执行的法律范围内指定为豁免证券的公司对本金或利息所发行或担保的证券;四是在上述三种情况下对于一种证券的卖方选择权、付款通知、双重期权、买卖特权或者优先权;但对于该证券有下述情况的卖方选择权、付款通知、双重期权、买卖特权或者优先权的除外(在一所或者多所全国证券交易所交易;其报价通过由一个注册证券协会操作的自动化报价系统发布。)

"豁免证券"或"多种豁免证券"包括政府有价证券及市证券。

2. 董事、官员和主要股东的相关规定

一是董事、官员和主要股东持股报告的规定。任何直接或间接是拥有依据本法登记超过 10% 的任何一种权益证券(豁免的证券除外)的受益所有人的个人,或者任何是该证券发行者的董事或官员的个人,应在该证券在国内证券交易所登记时,或申请登记表生效之日,或在他成为受益所有人、董事或官员后 10 天内,向委员会(如果该证券是在国内证券交易所登记,也应向交易所)提交他是其受益所有人的该发行者全部权益证券数量的报告,如果在日历月内这种所有权发生改变,应在每一日历月结束后 10 天内,向委员会(如果该证券是在国内证券交易所登记,也应向证券交易所)提交报告,说明在日历月结束时他的所有权情况和在该日历月内他的所有权发生的改变。

二是短线交易归入制度的相关规定。为了防止不公平地使用这些受益所有人、董事或官员由于自己同发行者的关系而可以获得的信息,他在少于 6 个月的任何时期内从任何购买出售或从任何出售和购买该发行者的任何权益证券(豁免的证券除外)所实现的任何利润,如果该证券不是与以前所负债务有关而善意地获得的,应对发行者生效和由发行者获得,不考虑这样的受益所有人、董事或官员在超过 6 个月的时期参加持有已购买的证券和未重新购买已售出的证券的贸易的任何意图。发行者可以向有足够司法权的法院提出诉讼或权益要求,以获得上述利润,如果发行者在要求后 60 天内未能或拒绝提出诉讼或权益要求,或以后未能努力检举同样的事情，则可由发行者任何证券的所有人以发行者的名义或为发行者的利益提出；但是，在利润实现之日后超过两年，不得提出这样的诉讼。本款不应看做是适用于上述受益所有人在购买和出售或出售和购买证券的时间都不是这样的任何交易，或者委员会认为不包括在本款目标内可以以规则和规章豁免的任何交易。

三是受益所有人、董事和官员出售证券的规定。任何直接或间接出售上述发行者的任何权益证券（豁免的证券除外）的任何这样的受益所有人、董事或者官员，在下述情况下应属违法：不拥有已出售的证券的；或者即使拥有证券，未在出售后二十天内交付证券，或者未在出售后五天内通过邮寄或者其他通常的运送途径存入证券。但是，如果个人证明，尽管自己真心实意，不能在上述时间内交付或者存入证券，或者那样做会造成很大的不便和开支，个人不得被视为违反本款。

四是权益证券的豁免原则。当权益证券属于下列情况时，即权益证券不是当时或者以前买卖商在投资账上持有的，是买卖商在其通常营业过程中伴随他建立和维持该证券的初级市场和二级市场而持有的时候，上述第二项规定不适用于该权益证券的任何购买和出售或者出售和购买及上述第三项规定不适用于该权益证券的任何出售。

（二）美国证券交易委员会（SEC）规则

1. 短线交易的豁免原则

一是对于6个月内赠与股票价值在3000美元以下的小额赠与，不适用短线交易归入制度。

二是承销商在承销过程中，符合下列条件的证券买卖，不适用于短线交易归入制度：承销商不是独家承销证券，而是参与承销团共同承销；其他不具有内幕人身份的承销商参与承销的条件，与免受归入权适用的承销商的条件相同或更为优惠；不具有内幕人身份的承销商所共同承销的股票至少与免受归入权适用的承销商所共同承销的股票数额相等或更多；承销商的买卖是承销过程中为完成承销目的或稳定市场有必要实施的交易。

2. 证券的登记注册要求

交易证券可由发行者向交易所提交申请书，申请书内容之一：董事、官员、包销人和持有超过10%任何种类发行人权益证券（豁免的证券除外）的证券记录持有人，他们的报酬，他们在发行人证券中的利益，他们与发行人签订的重要合同（包括以及直接或间接控制发行人或被发行人控制，或受发行人直接或间接共同控制的任何个人）。

3. 关于利用非公开信息交易的规定

基于非公开信息交易者要对同期同类证券进行交易的任何个人，以该交易中获得的利润和避免的损失为界承担赔偿责任，时效期为5年；该交易者的直接负责人及信息传递着负有连带责任。

一是对同时期的商人负有内部人员交易的责任。与利用内部信息交易的同时期交易的人，具有诉讼的私人权利。因在占有重要的非公开信息时购买或出售证券而违反相关规则和规章的任何规定的任何个人，在任何有足够司法权的法院进行的诉讼中，应对与上述违反行为原因的购买或出售证券的同时，购买（在这里，上述违反行为是根据出售证券）或出售（在这里，上述违反行为是根据购买证券）同一类证券的任何个人负有责任。

二是对责任的限制。对同时期商人负有的内部人员交易包括但不超出以下内容：同时期交易的诉讼赔偿总金额限于获得的利润和避免的损失；以被迫交出来之物来抵消责任，即对任何个人收取的赔偿金总额，应由关于同意交易提出的诉讼中，依据应委员会请求得到的法院命令要上述个人退出的金额来抵消一部分；进行控制的个人的责任，即个人只是由于雇佣负有责任的另外的个人时，不得负有责任；时效法令，即违反行为原因的最后交易日期后超过5年不得起诉。

三是传送的连带责任。传送重要的非公开的信息的任何个人，与上述第一项中负有责任的任何个人在同样程度上负有连带责任。

四是当局不限制其他明确的或含蓄的诉讼权，即本条的任何规定不得被视为限制或制约任何个人为实现本章的要求或从本章的规定中得到任何暗指的诉讼原因而进行的诉讼的权利。

五是规定不影响公开检举，即本条不得被视为委员会或司法部长根据本章任何其他规定以任何方式阻止或限制任何诉讼，以任何方式阻止或限制为取得罚款或寻求任何其他关于罚款命令的任何诉讼。

4. 内幕交易的相关规定

一是民事罚款。包括以下内容：第一，处以民事罚款的权限。包括委员会受权进行司法诉讼，即每当委员会认为任何个人在占有重要的非公开的信息时购买或出售证券，违反了本章或其下的规则和规章的任何规定，或者关于依靠或通过国内证券交易所的设备，或来自或通过经纪人和买卖商的交易传送了上述信息而违反了任何上述规定，并且这一交易除标准选择买卖权外不是证券发行者公开出售的一部分,其中委员会可以在合众国地区法院提出起诉,请求处以民事罚款,而法院应有权处以民事罚款,罚款由作出上述违反行为的个人支付;也可以在合众国地区法院提出起诉,请求处以民事罚款,而法院应有权处以民事罚款,罚款由在发生违反规定的情况时直接或间接控制作出上述违反行为人的人支付。第二,作出违反行为的个人的罚款数目。可以对作出上述违反行为的个人所处罚款数目,应由法院根据违反行为和情况来决定,但不得超过作为上述违法购买、出售或传送的结果所赚得的利润或所避免的损失的数目的3倍。第三,进行控制的个人的罚款数目。可以对在发生违反规定的情况时直接或间接控制作出上述违反行为的个人的任何个人所处罚款数目,应由法院根据违反行为和情况来决定,但不得超过100万美元或作为上述受控制的个人的违反行为的结果所赚得的利润或所避免的损失的数目的3倍。如果上述受控制的个人的违反行为是传送造成的违反行为,作为违反行为的结果所赚得的利润或所避免的损失,只在本项内应被视为只限于受控制的个人向其作上述传送的个人所赚的利润或所避免的损失。

二是对责任的限制。包括:第一,进行控制的个人的责任,即进行控制的个人不得根据上述规定处以罚款,除非委员会确认上述进行控制的个人知道或粗心大意地无视这样一个事实即上述受控制的个人像要从事构成违反的行为,并且在上述行为发生之前未能采取适当的措施加以防止;第二对责任的另外限制,即个人不得根据本条第一项仅仅由于雇用了根据上述条款被处罚款的另外的个人而被处以罚款,除非上述雇人的个人作为进行控制的个人根据本条第一项负有责任。

三是委员会以它认为对维护公共利益和保护投资者是必要的和适当的规则、规章和命令,可以无条件地或根据特定的条件全部或部分免除任何个人和交易或某类个人和交易不受本条的约束。

四是收款的程序。包括:第一,罚款上交国库。所处罚款应上交合众国国库;第二,罚款的征收。如果被处以罚款的个人未能在法院命令规定的时间内上缴上述罚款,委员会可以把问题提交司法部部长,司法部部长应向适当的合众国地区法院起诉以取得上述罚款;第三,补救办法不是独一无二的,即本条授权进行的诉讼又可以引起委员会和司法部部长有权进行的任何其他诉讼;第四,裁判管辖和审判地点,即根据本条进行的诉讼应是强制执行本章引起的责任或义务的诉讼;第五,时效法令,即在购买或出售之日后超过5年,不得根据本条提出诉讼。本条不得被看做是以任何方式阻止或限制委员会或司法部长根据任何其他规定进行诉讼,或者以任何方式阻止或限制为取得罚款或为请求关于在上述交易5年之内开始的诉讼所处罚款的任何其他命令的诉讼。

五是把奖励金授予提供信息者的权限。在根据本条作为罚款征收并由委员会或司法部长取得的金额中,应把不超过该金额10%、委员会认为适当的数额付给提供信息从而导致征收上述罚款的个人。除下述情况外,根据本款作出的任何决定,包括是否支付、对谁支付和以什么数额支付,只应由委员会自行决定:不得对任何适当的规章机构的任何成员、官员或雇员、司法部或自动规章组织进行上述支付。

六是相关定义。"赚得的利润"和"避免的损失"是证券的购买价和出售价与该证券的价值之差,后者是在非公开信息公开传播后的适当时期由证券的营业价格来测度的。

二、德国内部人交易相关法律法规

(一)《证券交易法》(2011年)

1. 内线证券的范围

内线证券包括以下几种:一是有价证券,即包含可于市场中交易的股份、认股权凭证、债券、分红认股权,或认购(售)权证;可于市场中交易的类似债权性质的有价证券;依《德国投资法》规定,投资公司所发行的基金单位;二是放于货币市场交易的商品;三是衍生性商品,即包括无条件或不附条件的店头衍生性商品,其价格是直接或间接由下述括号内因素所确定(在交易所或市场交易的有价证券市场价格;在交易所或货币市场交易商品的市场价格;在交易所或现货商品或贵金属商品的市场价格;外国货币汇率);四是有价证券所表彰的权利;五是其他经德国或其他欧盟会员国受规范市场允许交易的商品。

2. 内部人的范围

主要内部人的范围包含董事会、监事会成员、公司委员会成员、一般合作人及发行人的关系企业,以及德国《公开发行有限公司法》规定所规范的控制公司,不论证券发行人是否于交易所上市挂牌,或为公开发行有限公司,均为内线交易所规范的范围;除此之外还包括任何人依法令规定基于职业或雇佣关系,或基于职责取得内线消息者。

次要内部人是指经由其他任何方式，包含未经适当授权而接触内线消息的员工或基由逾越可接触权限范围取得内线消息的人。

（二）《有价证券交易法》（1994 年）

1. 交易所挂牌公司表决权变化时的通知义务和公布义务

凡通过购买、转让或其他方式使其在一个交易所挂牌公司的表决权达到、超过或低于 5%、10%、25%、50% 或 75% 者（申报义务人），应当毫不迟延地——至迟于 7 个日历日内——将达到、超过或低于所称界限一事以及将其表决权股份的数额书面通知该公司和联邦证券监督局，通知应当载明其地址和达到、超过或低于所称界限的日期。期限自申报义务人得知或根据具体情况必然应当得知其表决权股份达到、超过或低于所称界限之时开始。

凡对一个在一个欧盟成员国或其他欧洲自由贸易区协定条约国的交易所进行官方交易的所在地在国内的公司的股票在首次获得许可之时拥有 5% 以上的公司股票的人，应当通知该公司和联邦证券监督局。

上述交易所挂牌公司是指所在地在国内的，其股票被许可在一个欧盟成员国或其他欧洲自由贸易区协定条约国的交易所进行官方交易的公司。

2. 对申报义务和行为规则的审查

上述规定的申报义务的遵守情况，每年 1 次由 1 名适宜的审计人员予以审查。有价证券服务业应当至迟于应予审查的每个业务年度终结时任命 1 名审计人。

3. 对内幕交易的刑事处罚规定

对购买或转让内幕人证券者，得知内幕人事实者，推荐购买或转让内幕人证券者，处 5 年以下剥夺自由或处罚金。

4. 对内幕交易的行政处罚规定

内幕交易的行政处罚视情节轻重，分别处以 300 万德国马克以下、50 万德国马克以下、20 万德国马克以下、10 万德国马克以下的罚款。

三、日本内部人交易相关法律法规

（一）《证券交易法》（1948 年 4 月 13 日制定，1996 年 6 月 21 日修改）

1. 相关定义

特定有价证券包含公司债券（包括相互公司的公司债券）；"关于协

同组织金融机关的优先出资的法律"所规定的优先出资证券以及优先出资认购权证书；股票（包括散股票）以及表示新股认购权的证券或证书。

主要股东是指以自己或他人（包括假设人）的名义拥有已发行股份总数10%以上的股份（参考股份所有的状况及其他情况由大藏省令规定者除外）的股东。

2. 内部人短线交易归入制度的规定

为防止上市公司等的负责人或主要股东不当利用因其职务或地位取得的秘密，在其就该上市公司等的特定有价证券等在自己的结算范围内进行收购后6个月以内又卖出，或卖出以后6个月以内又买进而取得利益的场合，该上市公司等可以请求该利益提供给上市公司等。

该上市公司等的股东（包括作为保险合同人的公司成员或出资人）要求上市公司等依前项规定进行请求之日后60日内上市公司等未依该项规定进行请求的场合，该股东可以作为上市公司等的代位者进行该请求。

依前两项的规定对上市公司等的负责人或主要股东进行请求的权利，自利益取得之日起两年内不行使的，自行消灭。

大藏大臣认为上市公司等的负责人或主要股东取得短线交易利益的场合，应将报告书中与该利益有关的部分的副本送交该负责人或主要股东，该负责人或主要股东，未就该利益相关文件在此项规定的期间内进行该项规定的声明时，应将该利益相关文件的副本送交该上市公司等。但大藏大臣在将该利益相关文件的副本送交该负责人或主要股东或该上市公司等之前，得知短线交易利益已被提供给该上市公司等的场合，不在此限。

依前项规定，上市公司等的负责人或主要股东被送交利益相关文件的副本的场合，该负责人或主要股东认为未进行该利益相关文件的副本所记载内容的买卖时，自收到该利益相关文件的副本之日起20日内应向大藏大臣做出声明。

(二)《日本公司法典》(2005年7月26日公布，2006年4月实施)

股东要申请转让其持有的股份时，须对股份公司表明与其申请相关的股份数额（发行种类股份公司为股份的种类及数额）后提出。

四、中国内部人交易相关法律法规

（一）《公司法》（1993年12月29日　中华人民共和国主席令第20号）

发起人持有的本公司股份，自公司成立之日起3年内不得转让。公司董事、监事、经理应当向公司申报所持有的本公司的股份，并在任职期间内不得转让。

（二）《公司法》（2005年10月27日　中华人民共和国主席令第42号）

1. 内部人股票转让的基本规定

发起人持有的本公司股份，自公司成立之日起1年内不得转让。公司公开发行股份前已发行的股份，自公司股票在证券交易所上市交易之日起1年内不得转让。公司董事、监事、高级管理人员应当向公司申报所持有的本公司的股份及其变动情况，在任职期间每年转让的股份不得超过其所持有本公司股份总数的25%；所持本公司股份自公司股票上市交易之日起1年内不得转让。上述人员离职后半年内，不得转让其所持有的本公司股份。公司章程可以对董事、监事、高级管理人员转让其所持有的本公司股份作出其他限制性规定。

董事、监事、高级管理人员执行公司职务时违反法律、行政法规或者公司章程的规定，给公司造成损失的，应当承担赔偿责任。

2. 股东维护公司利益的起诉权

董事、高级管理人员有上述规定的情形的，有限责任公司的股东、股份有限公司连续180日以上单独或者合计持有公司1%以上股份的股东，可以书面请求监事会或者不设监事会的有限责任公司的监事向人民法院提起诉讼；监事有上述规定的情形的，前述股东可以书面请求董事会或者不设董事会的有限责任公司的执行董事向人民法院提起诉讼。

监事会、不设监事会的有限责任公司的监事，或者董事会、执行董事收到前款规定的股东书面请求后拒绝提起诉讼，或者自收到请求之日起30日内未提起诉讼，或者情况紧急、不立即提起诉讼将会使公司利益受到难以弥补的损害的，前款规定的股东有权为了公司的利益以自己的名义直接向人民法院提起诉讼。

3. 高级管理人员的定义

高级管理人员是指公司的经理、副经理、财务负责人，上市公司董事会秘书和公司章程规定的其他人员。

(三)《证券法》(1998年12月29日　中华人民共和国主席令第12号)

1. 本法适用范围

本法适用范围包括在中华人民共和国境内，股票、公司债券和国务院依法认定的其他证券的发行和交易；政府债券、证券投资基金份额的上市交易，适用本法；证券衍生品种发行、交易的管理。

2. 相关定义

证券包销是指证券公司将发行人的证券按照协议全部购入或者在承销期结束时将售后剩余证券全部自行购入的承销方式。

证券公司在代销、包销期内，对所代销、包销的证券应当保证先行出售给认购人，证券公司不得为本公司预留所代销的证券和预先购入并留存所包销的证券。

3. 股东持股及短线交易的基本规定

持有一个股份有限公司已发行的股份5%的股东，应当在其持股数额达到该比例之日起3日内向该公司报告，公司必须在接到报告之日起3日内向国务院证券监督管理机构报告；属于上市公司的，应当同时向证券交易所报告。

上述将其所持有的该公司的股票在买入后6个月内卖出，或者在卖出后6个月内又买入，由此所得收益归该公司所有，公司董事会应当收回该股东所得收益。但是，证券公司因包销购入售后剩余股票而持有5%以上股份的，卖出该股票时不受6个月时间限制；公司董事会不按规定执行的，其他股东有权要求董事会执行；公司董事会不按规定执行，致使公司遭受损害的，负有责任的董事依法承担连带赔偿责任。

法律、行政法规规定禁止参与股票交易的人员，直接或者以化名、借他人名义持有、买卖股票的，责令依法处理非法持有的股票，没收违法所得，并处以所买卖股票等值以下的罚款；属于国家工作人员的，还应当依法给予行政处分。

(四)《证券法》(2005年10月27日　中华人民共和国主席令第43号)

1. 内部人短线交易的基本规定

上市公司董事、监事、高级管理人员、持有上市公司股份5%以上的股东，将其持有的该公司的股票在买入后6个月内卖出，或者在卖出后6

个月内又买入，由此所得的权益归该公司所有，公司董事会应当收回其所得收益。但是，证券公司因包销购入售后剩余股票而持有5%以上股份的，卖出该股票不受6个月时间限制。

公司董事会不按照前款规定执行的，股东有权要求董事会30日内执行。公司董事会未在上述期限内执行的，股东有权为了公司的利益以自己的名义直接向人民法院提起诉讼。公司董事会不按照上述规定执行的，负有责任的董事依法承担连带责任。

2. 内部人持股报告的相关规定

签订上市协议的公司除公告前条规定的文件外，还应当公告的事项包括：股票获准在证券交易所交易的日期；持有公司股份最多的前10名股东的名单和持股数额；公司的实际控制人；董事、监事、高级管理人员的姓名及其持有本公司股票和债券的情况。

上市公司中期报告的内容包括：公司财务会计报告和经营情况；涉及公司的重大诉讼事项；已发行的股票、公司债券变动情况；提交股东大会审议的重要事项；国务院证券监督管理机构规定的其他事项。

上市公司年度报告的内容包括：公司概况；公司财务会计报告和经营情况；董事、监事、高级管理人员简介及其持股情况；已发行的股票、公司债券情况，包括持有公司股份最多的前10名股东名单和持股数额；已发行的股票、公司债券情况，包括持有公司股份最多的前10名股东名单和持股数额；国务院证券监督管理机构规定的其他事项。

3. 内部人短线交易的惩罚措施

上市公司的董事、监事、高级管理人员、持有上市公司股份5%以上的股东，违反内部人短线交易的规定买卖本公司股票的，给予警告，可以并处3万元以上10万元以下的罚款。

违反法律规定，在限制转让期限内买卖证券的，责令改正，给予警告，并处以违法买卖证券等值以下的罚款。对直接负责的主管人员和其他直接责任人员给予警告，并处以3万元以上30万元以下的罚款。

（五）《刑法修正案（六）》（2006年6月29日 中华人民共和国主席令第51号）

上市公司的董事、监事、高级管理人员违背对公司的忠实义务，利用职务便利，操纵上市公司从事下列行为之一，致使上市公司利益遭受重大损失的,处 3 年以下有期徒刑或者拘役,并处或者单处罚金;致使上市公司利益遭受特别重大损失的,处 3 年以上 7 年以下有期徒刑,并处罚金。上述行为包括:无偿向其他单位或者个人提供资金、商品、服务或者其他资产的;以明显不公平的条件,提供或者接受资金、商品、服务或者其他资产的;向明显不具有清偿能力的单位或者个人提供资金、商品、服务或者其他资产的;为明显不具有清偿能力的单位或者个人提供担保,或者无正当理由为其他单位或者个人提供担保的;无正当理由放弃债权、承担债务的;采用其他方式损害上市公司利益的。

上市公司的控股股东或者实际控制人,指使上市公司董事、监事、高级管理人员实施上述行为的,依照上述规定处罚。上市公司的控股股东或者实际控制人是单位的,对单位判处罚金,并对其直接负责的主管人员和其他直接责任人员,依照上述的规定处罚。

(六)《企业国有资产法》(2008 年 10 月 28 日　中华人民共和国主席令第 5 号)

国家出资企业的董事、监事、高级管理人员,应当遵守法律、行政法规以及企业章程,对企业负有忠实义务和勤勉义务,不得利用职权收受贿赂或者取得其他非法收入和不当利益,不得侵占、挪用企业资产,不得超越职权或者违反程序决定企业重大事项,不得有其他侵害国有资产出资人权益的行为。

国家出资企业的董事、监事、高级管理人员有下列行为之一,造成国有资产损失的,依法承担赔偿责任;属于国家工作人员的,并依法给予处分。上述行为指利用职权收受贿赂或者取得其他非法收入和不当利益的;侵占、挪用企业资产的;在企业改制、财产转让等过程中,违反法律、行政法规和公平交易规则,将企业财产低价转让、低价折股的;违反本法规定与本企业进行交易的;不如实向资产评估机构、会计师事务所提供有关情况和资料,或者与资产评估机构、会计师事务所串通出具虚假资产评估报告、审计报告的;违反法律、行政法规和企业章程规定的决策程序,决定企业重大事项的;有其他违反法律、行政法规和企业章程执行职务行为的。

国家出资企业的董事、监事、高级管理人员因前款所列行为取得的收入,依法予以追缴或者归国家出资企业所有。履行出资人职责的机构任命或者建议任命的董事、监事、高级管理人员有上述所列行为之一,造成国有资产重大损失的，由履行出资人职责的机构依法予以免职或者提出免职建议。

（七）《证券投资基金法》（2012 年 12 月 28 中华人民共和国主席令第 71 号）

公开募集基金的基金管理人的董事、监事、高级管理人员和其他从业人员，其本人、配偶、利害关系人进行证券投资，应当事先向基金管理人申报，并不得与基金份额持有人发生利益冲突。上述人员未按规定申报的，责令改正，处 3 万元以上 10 万元以下罚款。

公开募集基金的基金管理人应当建立前项规定人员进行证券投资的申报、登记、审查、处置等管理制度，并报国务院证券监督管理机构备案。违法此项规定的责令改正，处 10 万元以上 100 万元以下罚款；对直接负责的主管人员和其他直接责任人员给予警告，暂停或者撤销基金从业资格，并处 3 万元以上 30 万元以下罚款

公开募集基金的基金管理人的董事、监事、高级管理人员和其他从业人员，不得担任基金托管人或者其他基金管理人的任何职务，不得从事损害基金财产和基金份额持有人利益的证券交易及其他活动。违反此项规定的责令改正，没收违法所得，并处违法所得 1 倍以上 5 倍以下罚款；没有违法所得或者违法所得不足 100 万元的，并处 10 万元以上 100 万元以下罚款；情节严重的，撤销基金从业资格。

（八）《股票发行与交易管理暂行条例》（1993 年 4 月 22 国务院令第 112 号）

1. 内部人持股报告的情形

上市公告的内容，主要包括：股票获准在证券交易所交易的日期和批准文号；股票发行情况、股权结构和最大的 10 名股东的名单及持股数额；公司创立大会或者股东大会同意公司股票在证券交易所交易的决议；董事、监事和高级管理人员简历及其持有本公司证券的情况；公司近 3 年或者成立以来的经营业绩和财务状况以及下一年的盈利预测文件；证券交易所要求载明的其他事项。

上市公司的董事、监事和高级管理人员持有该公司普通股的，应当向证监会、证券交易场所和该公司报告其持股情况；持股情况发生变化的，应当自该变化发生之日起 10 个工作日内向证监会、证券交易场所和该公

司作出报告。上述人员在辞职或者离职后 6 个月内负有依照本条规定做出报告的义务。

年度报告应包含以下内容：公司简况；公司的主要产品或者主要服务项目简况；公司所在行业简况；公司所拥有的重要的工厂、矿山、房地产等财产简况；公司发行在外股票的情况，包括持有公司 5% 以上发行在外普通股的股东的名单及前 10 名最大的股东的名单；公司股东数量；公司董事、监事和高级管理人员简况、持股情况和报酬；公司及其关联人一览表和简况；公司近 3 年或者成立以来的财务信息摘要；公司管理部门对公司财务状况和经营成果的分析；公司发行在外债券的变动情况；涉及公司的重大诉讼事项；经注册会计师审计的公司最近 2 个年度的比较财务报告及其附表、注释；该上市公司为控股公司的，还应当包括最近 2 个年度的比较合并财务报告；证监会要求载明的其他内容。

2. 内部人短线交易的相关规定

股份有限公司的董事、监事、高级管理人员和持有公司 5% 以上有表决权股份的法人股东，将其所持有的公司股票在买入后 6 个月内卖出或者在卖出后 6 个月内买入，由此获得的利润归公司所有。此规定适用于持有公司 5% 以上有表决权股份的法人股东的董事、监事和高级管理人员。

证券业从业人员、证券业管理人员和国家规定禁止买卖股票的其他人员，不得直接或者间接持有、买卖股票，但是买卖经批准发行的投资基金证券除外。

（九）《上市公司董事、监事和高级管理人员所持本公司股份及其变动管理规则》（2007 年 4 月 5 日　证监公司字〔2007〕56 号）

（1）为加强对上市公司董事、监事和高级管理人员所持本公司股份及其变动的管理，维护证券市场秩序，根据《公司法》、《证券法》等法律、行政法规和规章的规定，制定本规则。

（2）上海证券交易所、深圳证券交易所（以下统称"证券交易所"）的上市公司及其董事、监事和高级管理人员，应当遵守本规则。

（3）上市公司董事、监事和高级管理人员所持本公司股份，是指登记在其名下的所有本公司股份。上市公司董事、监事和高级管理人员从事融资融券交易的，还包括记载在其信用账户内的本公司股份。

（4）上市公司董事、监事和高级管理人员所持本公司股份在下列情形下不得转让：本公司股票上市交易之日起 1 年内；董事、监事和高级管理人员离职后半年内；董事、监事和高级管理人员承诺一定期限内不转让并在该期限内的；法律、法规、中国证监会和证券交易所规定的其他情形。

（5）上市公司董事、监事和高级管理人员在任职期间，每年通过集中竞价、大宗交易、协议转让等方式转让的股份不得超过其所持本公司股份总数的25%，因司法强制执行、继承、遗赠、依法分割财产等导致股份变动的除外。上市公司董事、监事和高级管理人员所持股份不超过1000股的，可一次全部转让，不受前款转让比例的限制。

（6）上市公司董事、监事和高级管理人员以上年末其所持有本公司发行的股份为基数，计算其中可转让股份的数量。上市公司董事、监事和高级管理人员在上述可转让股份数量范围内转让其所持有本公司股份的，还应遵守本规则第四条的规定。

（7）因上市公司公开或非公开发行股份、实施股权激励计划，或因董事、监事和高级管理人员在二级市场购买、可转债转股、行权、协议受让等各种年内新增股份，新增无限售条件股份当年可转让25%，新增有限售条件的股份计入次年可转让股份的计算基数。因上市公司进行权益分派导致董事、监事和高级管理人所持本公司股份增加的，可同比例增加当年可转让数量。

（8）上市公司董事、监事和高级管理人员当年可转让但未转让的本公司股份，应当计入当年末其所持有本公司股份的总数，该总数作为次年可转让股份的计算基数。

（9）上市公司章程可对董事、监事和高级管理人员转让其所持本公司股份规定比本规则更长的禁止转让期间、更低的可转让股份比例或者附加其他限制转让条件。

（10）上市公司董事、监事和高级管理人员应在下列时点或期间内委托上市公司通过证券交易所网站申报其个人信息（包括但不限于姓名、职务、身份证号、证券账户、离任职时间等）：新上市公司的董事、监事和高级管理人员在公司申请股票初始登记时；新任董事、监事在股东大会（或职工代表大会）通过其任职事项、新任高级管理人员在董事会通过其任职事项后两个交易日内；现任董事、监事和高级管理人员在其已申报的个人信息发生变化后的两个交易日内；现任董事、监事和高级管理人员在离任后两个交易日内；证券交易所要求的其他时间。

（11）上市公司董事、监事和高级管理人员所持本公司股份发生变动的，应当自该事实发生之日起两个交易日内，向上市公司报告并由上市公司在证券交易所网站进行公告。公告内容包括：上年末所持本公司股份数量；上年末至本次变动前每次股份变动的日期、数量、价格；本次变动前持股数量；本次股份变动的日期、数量、价格；变动后的持股数量；证券交易所要求披露的其他事项。

（12）上市公司董事、监事、高级管理人员应当遵守《证券法》第47条规定，违反该规定将其所持本公司股票在买入后6个月内卖出，或者在卖出后6个月内又买入的，由此所得收益归该上市公司所有，公司董事会应当收回其所得收益并及时披露相关情况。上述"买入后6个月内卖出"是指最后一笔买入时点起算6个月内卖出的；"卖出后6个月内又买入"是指最后一笔卖出时点起算6个月内又买入的。

（13）上市公司董事、监事和高级管理人员在下列期间不得买卖本公司股票：上市公司定期报告公告前30日内；上市公司业绩预告、业绩快报公告前10日内；自可能对本公司股票交易价格产生重大影响的重大事项发生之日或在决策过程中，至依法披露后两个交易日内；证券交易所规定的其他期间。

（14）上市公司董事、监事和高级管理人员应当保证本人申报数据的及时、真实、准确、完整。

（15）上市公司应当制定专项制度，加强对董事、监事和高级管理人员持有本公司股份及买卖本公司股票行为的申报、披露与监督。上市公司董事会秘书负责管理公司董事、监事和高级管理人员的身份及所持本公司股份的数据和信息，统一为董事、监事和高级管理人员办理个人信息的网上申报，并定期检查董事、监事和高级管理人员买卖本公司股票的披露情况。

（16）上市公司董事、监事和高级管理人员买卖本公司股票违反本规则，中国证监会依照《证券法》的有关规定予以处罚。

（17）持有上市公司股份5%以上的股东买卖股票的，参照本规则第12条规定执行。

（18）本规则自公布之日起施行。

（十）《中国证券监督管理委员会关于提高上市公司质量的意见》

加强对上市公司高级管理人员的监管。要制定上市公司高级管理人员行为准则，对违背行为准则并被证券监督管理机构认定为不适当人选的上市公司高级管理人员，要责成上市公司及时按照法定程序予以撤换。对严重违规的上市公司高级管理人员,要实际严格的市场进入;对构成犯罪的,依法追究刑事责任。

(十一)《证券市场禁入规定》(2006年6月7日　证监会令第33号)

下列人员违反法律、行政法规或者中国证监会有关规定,情节严重的,中国证监会可以根据情节严重的程度,采取证券市场进入措施:发行人、上市公司的董事、监事、高级管理人员,其他信息披露义务人或者其他信息披露义务人的董事、监事、高级管理人员;发行人、上市公司的控股股东、实际控制人或者发行人、上市公司控股股东、实际控制人的董事、监事、高级管理人员;证券公司的董事、监事、高级管理人员及其内设业务部门负责人、分支机构负责人或者其他证券从业人员;证券公司的控股股东、实际控制人或者证券公司控股股东、实际控制人的董事、监事、高级管理人员;证券服务机构的董事、监事、高级管理人员等从事证券服务业务的人员和证券服务机构的实际控制人或者证券服务机构实际控制人的董事、监事、高级管理人员;证券投资基金管理人、证券投资基金托管人的董事、监事、高级管理人员及其内设业务部门、分支机构负责人或者其他证券投资基金从业人员;中国证监会认定的其他违反法律、行政法规或者中国证监会有关规定的责任人员。

被中国证监会采取证券市场进入措施的人员,在进入期间内,除不得继续在原机构从事证券业务或者担任上市公司董事、监事、高级管理人员职务外,也不得在其他任何机构中从事证券业务或者担任其他上市公司董事、监事、高级管理人员职务。被采取证券市场进入措施的人员,应当在收到中国证监会作出的证券市场进入决定后立即停止从事证券业务或者停止履行上市公司董事、监事、高级管理人员职务,并由所在机构按照规定的程序接触其被禁止担任的职务。

(十二)《上市公司章程指引》(2006年3月16日证监公司字〔2006〕38号)

发起人持有的本公司股份,自公司成立之日起1年内不得转让。公司公开发行股票前已发行的股份,自公司股票在证券交易所上市交易之日起1年内不得转让。

公司董事、监事、高级管理人员应当向公司申报所持有的本公司的股份及其变动情况,在任职期间每年转让的股份不得超过其所持有本公司股份总数的25%；所持有本公司股份自公司股票上市交易之日起1年内不得转让。上述人员离职后半年内，不得转让其所持有的本公司股份。若公司章程对董事、监事、高级管理人员转让其所持有的本公司股份作出其他限制性规定的，应当进行说明。

公司董事、监事、高级管理人员、持有本公司股份5%以上的股东，将其持有的本公司股票在买入后6个月内卖出，或者在卖出后10个月内又买入，由此所得收益归公司所有，本公司董事会将收回其所得收益。但是，证券公司因包销购入售后剩余股票而持有5%以上股份的，卖出该股票不受6个月时间限制。公司董事会若不执行的，负有责任的董事依法承担连带责任，同时股东有权要求董事会在30日内执行。公司董事会未在上述期限内执行的，股东有权为了公司的利益以自己的名义直接向人民法院提出诉讼。董事、高级管理人员违反法律、行政法规或者本章程的规定，损害股东利益的，股东可以向人民法院提起诉讼。

（十三）《上市公司股权激励管理办法（试行）》（2005年12月31日证监公司字〔2005〕151号）

上市公司全部有效的股权激励计划所涉及的标的股票总数累积不得超过公司股本总额的10%。非经股东大会特别决议批准，任何一名激励对象通过全部有效的股权激励计划获受的本公司股票累积不得超过公司股本总额的1%。

上市公司应当在股权激励计划中对下列事项作出明确规定或说明：股权激励计划的目的；激励对象的确定依据和范围；股权激励计划拟授予的权益数量、所涉及的标的股票种类、来源、数量及上市公司占股本总额的百分比；若分次实施的，每次拟授予的权益数量、所涉及的标的股票种类、来源、数量及占上市公司股本总额的百分比；激励对象为董事、监事、高级管理人员的，其各自可获授的权益数量、占股权激励计划拟授予权益总量的百分比；其他激励对象（各自或按适当分类）可获授的权益数量及占股权激励计划拟授予权益总量的百分比；股权激励计划的有效期、授权日、可行权日、标的股票的禁售期；限制性股票的授予价格或授予价格的确定方法，股票期权的行权价格或行权价格的确定方法；激励对象获授权益、行权的条件，如绩效考核体系和考核办法，以绩效考核指标为实施股权激励计划的条件；股权激励计划所涉及的权益数量、标的股票数量、授予价格或行权价格的调整方法和程序；公司授予权益及激励对象行权的程序；公司与激励对象各自的权利义务；公司发生控制权变更、合并、分立、激励对象发生职务变更、离职、死亡等事项时如何实施股权激励计划；股权激励计划的变更、终止；其他重要事项。

上市公司授予激励对象限制性股票，应当在股权激励计划中规定激励对象获授股票的业绩条件、禁售期限。

激励对象获授的股票期权不得转让、用于担保或偿还债务。激励对象应当在上市公司定期报告公布后第2个交易日，至下一次定期报告公布前10个交易日内行权，但不得在下列期间内行权：重大交易或重大事项决定过程中至该事项公告日后2个交易日；其他可能影响股价的重大事件发生之日起至公告后2个交易日。

激励对象的股票期权的行权申请以及限制性股票的锁定和解锁，经董事会或董事会授权的机构确认后，上市公司应当向证券交易所提出行权申请，经证券交易所确认后，由证券登记结算机构办理登记结算事宜。已行权的股票期权应当及时注销。

上市公司应当在定期报告中披露报告期内股权激励计划的实施情况，包括：报告期内激励对象的范围；报告期内授出、行使和失效的权益总额；至报告期末累计已授出但尚未行使的权益总额；报告期内授予价格与行权价格历次调整的情况以及经调整后的最新授予价格与行权价格；董事、监事、高级管理人员各自的姓名、职务以及在报告期内历次获授的行使权益的情况；因激励对象行权所引起的股本变动情况；股权激励的会计处理方法。

（十四）《股权激励有关事项备忘录1号》（2008年3月17日　中国证监会上市公司监管部）

限制性股票授予价格的折扣问题。如果标的股票的来源是存量，即从二级市场购入股票，则按照《公司法》关于回购股票的相关规定执行；如果标的股票的来源是增量，即通过定向增发方式取得股票，其实质属于定向发行，则参照现行《上市公司证券发行管理办法》中有关定向增发的定价原则和锁定期要求确定价格和锁定期，同时考虑股权激励的激励效应。发行价格不低于定价基准日前20个交易日公司股票均价的50%；自股票授予日起12个月内不得转让，激励对象为控股股东、实际控制人的，自股票授予日起36个月内不得转让。

(十五)《上市公司信息披露管理办法》(2007年1月30 证监会令第40号)

年度报告应当记载以下内容:公司基本情况;主要会计数据和财务指标;公司股票、债券发行及变动情况,报告期末股票、债券总额、股东总数,公司前十大股东持股情况;持股5%以上股东、控股股东及实际控制人情况;董事、监事、高级管理人员的任职情况、持股变动情况、年度报酬情况;董事会报告;管理层讨论和分析;报告期内重大事件及对公司的影响;财务会计报告和审计报告全文;中国证监会规定的其他事项。

(十六)《信息披露违法行为行政责任认定规则》(2011年4月29日证监会公告[2011]11号)

其他违法行为引起信息披露义务人信息披露违法的,通常综合考虑以下情形认定责任:信息披露义务人是否存在过错,有无实施信息披露违法行为的故意,是否存在信息披露违法的过失;信息披露义务人是否因违法行为直接获益或者以其他方式获取利益,是否因违法行为止损或者避损,公司投资者是否因该项违法行为遭受重大损失;信息披露违法责任是否能被其他违法行为责任所吸收,认定其他违法行为行政责任、刑事责任是否能更好体现对违法行为的惩处;其他需要考虑的情形。

前款所称其他违法行为,包括上市公司的董事、监事、高级管理人员违背对公司的忠实义务,利用职务便利,操纵上市公司从事损害公司利益行为;上市公司的控股股东或者实际控制人,指使上市公司董事、监事、高级管理人员从事损害公司利益行为;上市公司董事、监事、高级管理人员和持股5%以上股东违法买卖公司股票行为;公司工作人员挪用资金、职务侵占等行为;配合证券市场内幕交易、操纵市场以及其他可能致使信息披露义务人信息披露违法的行为。

(十七)《上市公司回购社会公众股份管理办法(试行)》(2005年6月16日 证监发[2005]51号)

上市公司回购股份备案材料应当包括以下文件:回购股份的申请;董事会决议;股东大会决议;上市公司回购报告书;独立财务顾问报告;法律意见书;上市公司最近一期经审计的财务会计报告;上市公司董事、监事、高级管理人员及参与本次回购的各中介机构关于股东大会做出回购决议前 6 个月买卖上市公司股份的自查报告；中国证监会规定的其他文件。

上市公司回购报告书应当包括以下内容：上市公司董事、监事、高级管理人员在股东大会回购决议公告前 6 个月是否存在买卖上市公司股票的行为，是否存在单独或者其他联合进行内幕交易及市场操作的说明；独立财务顾问就本次回购股份出具的结论性意见；律师事务所就本次回购股份出具的结论性意见；其他应说明的事项。

（十八）《上市公司证券发行管理办法》（2006 年 5 月 6 日证监会令第 30 号）

上市公司非公开发行股票，应当符合下列规定：发行价格不低于定价基准日前 20 个交易日公司股票均价的 90%；本次发行的股份自股份发行结束之日起，12 个月内不得转让；控股股东、实际控制人及其控制的企业认购的股份，36 个月内不得转让；

（十九）《上市公司非公开发行股票实施细则》（2007 年 9 月 17 日证监发行字［2007］302 号）

发行对象属于下列情形之一的，具体发行对象及其认购价格或者定价原则应当由上市公司董事会的非公开发行股票决议确定，并经股东大会批准；认购的股份自发行结束之日起 36 个月内不得转让：上市公司的控股股东、实际控制人或其控制人的关联人；通过认购本次发行的股份取得上市公司实际控制权的投资者；董事会拟引入的境内外战略投资者。发行对象认购的股份自发行结束之日起 12 个月内不得转让。

（二十）《上市公司解除限售存量股份转让指导意见》（2008 年 4 月 20 日　证监会）

为规范和指导上市公司解除限售存量股份的转让行为，现对上市公司存量股份的转让提出以下意见：

（1）本意见中的存量股份，是指已经完成股权分置改革、在沪深主板上市的公司有限售期规定的股份，以及新老划断后在沪深主板上市的公司于首次公开发行前已发行的股份。

（2）转让存量股份应当满足证券法、公司法等法律法规以及中国证监会对特定股东持股期限的规定和信息披露的要求，遵守出让方自身关于持股期限的承诺，转让需要获得相关部门或者内部权力机构批准的，应当履行相应的批准程序。

（3）持有解除限售存量股份的股东预计未来 1 个月内公开出售解除限售存量股份的数量超过该公司股份总数 1% 的，应当通过证券交易所大宗交易系统转让所持股份。

（4）解除限售存量股份通过证券交易所大宗交易系统转让的，应当遵守证券交易所和证券登记结算公司的相关规则。

（5）上市公司的控股股东在该公司的年报、半年报公告前 30 日内不得转让解除限售存量股份。

（6）本次解除限售存量股份转让后导致股份出让方不再是上市公司控股股东的，股份出让方和受让方应当遵守上市公司收购的相关规定。

（7）证券交易所和证券登记结算公司应当制定相应的操作规则，监控持有解除限售存量股份的股东通过证券交易所集中竞价交易系统出售股份的行为，规范大宗交易系统的转让规定。

（8）持有或控制上市公司 5% 以上股份的股东及其一致行动人减持股份的，应当按照证券交易所的规则及时、准确地履行信息披露义务。

（9）本指导意见自发布之日起施行。

（二十一）《上海证券交易所股票上市规则》（2012 年 7 月 7 日　上证公字〔2012〕第 34 号）

（1）董事、监事和高级管理人员应当在《董事（监事、高级管理人员）声明及承诺书》中声明：持有本公司股票的情况；有无因违反法律、行政法规、部门规章、其他规范性文件、本规则受查处的情况；参加证券业务培训的情况；他任职情况和最近 5 年的工作经历；拥有其他国家或者地区的国籍、长期居留权的情况；本所认为应当声明的其他事项。

（2）董事、监事、高级管理人员和上市公司股东买卖公司股票应当遵守《公司法》、《证券法》、中国证监会和本所相关规定及公司章程。董事、监事和高级管理人员自公司股票上市之日起 1 年内和离职后半年内，不得转让其所持本公司股份；任职期间拟买卖本公司股票应当根据相关规定提前报本所备案；所持本公司股份发生变动的，应当及时向公司报告并由公司在本所网站公告。

（3）董事、监事、高级管理人员、持有上市公司 5% 以上股份的股东，将其持有的公司股票在买入后 6 个月内卖出，或者在卖出后 6 个月内买入，由此所得收益归公司所有，公司董事会应当收回其所得收益，并及时披露相关情况。

(4) 董事会秘书应当对上市公司和董事会负责，履行如下职责：负责公司信息对外公布，协调公司信息披露事务，组织制定公司信息披露事务管理制度，督促公司和相关信息披露义务人遵守信息披露相关规定；负责投资者关系管理，协调公司与证券监管机构、投资者、证券服务机构、媒体等之间的信息沟通；组织筹备董事会会议和股东大会会议，参加股东大会会议、董事会会议、监事会会议及高级管理人员相关会议，负责董事会会议记录工作并签字；负责公司信息披露的保密工作，在未公开重大信息泄露时，及时向本所报告并披露；关注媒体报道并主动求证报道的真实性，督促公司董事会及时回复本所问询；组织公司董事、监事和高级管理人员进行相关法律、行政法规、本规则及相关规定的培训，协助前述人员了解各自在信息披露中的职责；知悉公司董事、监事和高级管理人员违反法律、行政法规、部门规章、其他规范性文件、本规则、本所其他规定和公司章程时，或者公司作出或可能作出违反相关规定的决策时，应当提醒相关人员，并立即向本所报告；负责公司股权管理事务，保管公司董事、监事、高级管理人员、控股股东及其董事、监事、高级管理人员持有本公司股份的资料，并负责披露公司董事、监事、高级管理人员持股变动情况；《公司法》、中国证监会和本所要求履行的其他职责。

(5) 上市公司董事、监事、高级管理人员违反本规则或者向本所作出的承诺，本所可以视情节轻重给予以下惩戒：通报批评；公开谴责；公开认定其3年以上不适合担任上市公司董事、监事、高级管理人员。

(二十二)《深圳证券交易所股票上市规则》（2012年7月7日 深证上〔2012〕第214号）

(1) 上市公司董事、监事和高级管理人员应当在《董事（监事、高级管理人员）声明及承诺书》中声明：持有本公司股票的情况；有无因违反法律、行政法规、部门规章、规范性文件、本规则或者本所其他相关规定受查处的情况；参加证券业务培训的情况；其他任职情况和最近5年的工作经历；拥有其他国家或者地区的国籍、长期居留权的情况；本所认为应当声明的其他事项。

(2) 上市公司董事、监事和高级管理人员应当保证《董事（监事、高级管理人员）声明及承诺书》中声明事项的真实、准确、完整，不存在虚假记载、误导性陈述或者重大遗漏。

（3）上市公司董事、监事和高级管理人员在任职（含续任）期间出现声明事项发生变化的，董事、监事和高级管理人员应当自该等事项发生变化之日起5个交易日内向本所和公司董事会提交有关该等事项的最新资料。

（4）上市公司董事、监事和高级管理人员应当在公司股票上市前、任命生效时及新增持有公司股份时，按照本所的有关规定申报并申请锁定其所持的本公司股份。公司董事、监事、高级管理人员和证券事务代表所持本公司股份发生变动的（因公司派发股票股利和资本公积转增股本导致的变动除外），应当及时向公司报告并由公司在本所指定网站公告。

（5）上市公司董事、监事、高级管理人员和公司股东买卖本公司股份应当遵守《公司法》、《证券法》、中国证监会和本所相关规定及公司章程。上市公司董事、监事、高级管理人员自公司股票上市之日起1年内和离职后半年内，不得转让其所持有本公司股份，拟在任职期间买卖本公司的，应该按有关规定提前报本所备案。

（6）上市公司董事、监事、高级管理人员、持有公司股份5%以上的股东，将持有的该公司的股票在买入后6个月内卖出，或者在卖出后6个月内又买入，由此所得收益归该公司所有，公司董事会应当收回其所得收益，并及时披露相关情况。

（二十三）《深圳证券交易所上市公司董事、监事和高级管理人员所持本公司股份及其变动管理业务指引》（2007年5月8日　深证上［2007］61号）

（1）为加强对上市公司董事、监事和高级管理人员所持本公司股份及其变动的管理，进一步明确办理程序，根据《公司法》、《证券法》、《上市公司董事、监事和高级管理人员所持本公司股份及其变动管理规则》，深圳证券交易所（以下简称深交所）和中国证券登记结算有限责任公司深圳分公司（以下简称中国结算深圳分公司）共同制定本业务指引。

（2）本指引适用于股票在深交所上市的公司的董事、监事和高级管理人员所持本公司股份及其变动的管理。

（3）上市公司董事、监事和高级管理人员在买卖本公司股票及其衍生品种前，应知悉《公司法》、《证券法》等法律、法规关于内幕交易、操纵市场等禁止行为的规定，不得进行违法违规的交易。

（4）上市公司董事、监事和高级管理人员在买卖本公司股票及其衍生品种前，应当将其买卖计划以书面方式通知董事会秘书，董事会秘书应当核查上市公司信息披露及重大事项等进展情况，如该买卖行为可能存在不当情形，董事会秘书应当及时书面通知拟进行买卖的董事、监事和高级管理人员，并提示相关风险。

（5）新上市公司董事、监事和高级管理人员应当在公司申请股份初始登记时，委托公司向中国结算深圳分公司申报其个人身份信息（包括姓名、担任职务、身份证件号码等），并申请将登记在其名下的所有本公司股份按相关规定予以管理。

（6）因上市公司公开或非公开发行股份、股权分置改革、实施股权激励计划等情形，对董事、监事和高级管理人员转让其所持本公司股份做出附加转让价格、附加业绩考核条件、设定限售期等限制性条件的，上市公司应当在办理股份变更登记或行权等手续时，向深交所和中国结算深圳分公司申请将相关人员所持股份登记为有限售条件的股份。

（7）上市公司董事、监事和高级管理人员应当在下列时间内委托公司向深交所和中国结算深圳分公司申报其个人身份信息（包括姓名、担任职务、身份证件号码等）：新上市公司的董事、监事和高级管理人员在公司申请股票上市时；新任董事、监事在股东大会（或职工代表大会）通过其任职事项后两个交易日内；新任高级管理人员在董事会通过其任职事项后2个交易日内；现任董事、监事和高级管理人员在其已申报的个人信息发生变化后的两个交易日内；现任董事、监事和高级管理人员在离任后2个交易日内；深交所要求的其他时间。

以上申报数据视为相关人员向深交所和中国结算深圳分公司提交的将其所持本公司股份按相关规定予以管理的申请。

（8）上市公司及其董事、监事和高级管理人员应当保证其向深交所和中国结算深圳分公司申报数据的真实、准确、及时、完整，同意深交所及时公布相关人员买卖本公司股份及其衍生品种的情况，并承担由此产生的法律责任。

（9）上市公司应当按照中国结算深圳分公司的要求，对高管股份管理相关信息进行确认，并及时反馈确认结果。如因确认错误或反馈更正信息不及时等造成任何法律纠纷，均由上市公司自行解决并承担相关法律责任。

（10）上市公司董事、监事、高级管理人员在委托上市公司申报个人信息后，中国结算深圳分公司根据其申报数据资料，对其身份证件号码项下开立的证券账户中已登记的本公司股份予以锁定。上市已满1年的公司的董事、监事、高级管理人员证券账户内通过二级市场购买、可转债转股、行权、协议受让等方式年内新增的本公司无限售条件股份，按75%自动锁定；新增有限售条件的股份，计入次年可转让股份的计算基数。上市未满1年的公司的董事、监事、高级管理人员证券账户内新增的本公司股份，按100%自动锁定。

（11）每年的第一个交易日，中国结算深圳分公司以上市公司董事、监事和高级管理人员在上年最后一个交易日登记在其名下的在深交所上市的A股、B股为基数，按25%计算其本年度可转让股份法定额度（按照A股、B股分别计算）；同时，对该人员所持的在本年度可转让股份额度内的无限售条件的流通股进行解锁。

当计算可解锁额度出现小数时，按四舍五入取整数位；当某账户持有本公司股份余额不足1000股时，其本年度可转让股份额度即为其持有本公司股份数。

因上市公司进行权益分派、股权分置改革获得对价、减资缩股等导致董事、监事和高级管理人员所持本公司股份变化的，本年度可转让股份额度做相应变更。

（12）董事、监事和高级管理人员拥有多个证券账户的，应当按照中国结算深圳分公司的规定合并为一个账户，在合并账户前，中国结算深圳分公司按本指引的规定对每个账户分别做锁定、解锁等相关处理。

（13）对涉嫌违规交易的董事、监事和高级管理人员，中国结算深圳分公司可根据中国证监会、深交所的要求对登记在其名下的本公司股份予以锁定。

（14）上市公司董事、监事和高级管理人员所持股份登记为有限售条件股份的，当解除限售的条件满足后，董事、监事和高级管理人员可委托上市公司向深交所和中国结算深圳分公司申请解除限售。解除限售后中国结算深圳分公司自动对董事、监事和高级管理人员名下可转让股份剩余额度内的股份进行解锁，其余股份自动锁定。

（15）在锁定期间，董事、监事和高级管理人员所持本公司股份依法享有的收益权、表决权、优先配售权等相关权益不受影响。

（16）上市公司董事、监事和高级管理人员离任并委托上市公司申报个人信息后，中国结算深圳分公司自其申报离任日起6个月内将其持有及新增的本公司股份予以全部锁定，到期后将其所持本公司无限售条件股份全部自动解锁。

（17）上市公司董事、监事和高级管理人员应在买卖本公司股份及其衍生品种的两个交易日内，通过上市公司董事会向深交所申报，并在深交所指定网站进行公告。公告内容包括：上年末所持本公司股份数量；上年末至本次变动前每次股份变动的日期、数量、价格；本次变动前持股数量；本次股份变动的日期、数量、价格；变动后的持股数量；深交所要求披露的其他事项。上市公司的董事、监事和高级管理人员以及董事会拒不申报或者披露的，深交所在其指定网站公开披露以上信息。

（18）上市公司董事、监事和高级管理人员违反《证券法》第47条的规定，将其所持本公司股票在买入后6个月内卖出，或者在卖出后6个月内又买入的，公司董事会应当收回其所得收益，并及时披露以下内容：相关人员违规买卖股票的情况；公司采取的补救措施；收益的计算方法和董事会收回收益的具体情况；深交所要求披露的其他事项。

（19）上市公司董事、监事和高级管理人员在下列期间不得买卖本公司股票：

上市公司定期报告公告前30日内，因特殊原因推迟公告日期的，自原公告日前30日起至最终公告日；上市公司业绩预告、业绩快报公告前10日内；自可能对本公司股票交易价格产生重大影响的重大事项发生之日或在决策过程中，至依法披露后2个交易日内；深交所规定的其他期间。

（20）上市公司通过章程对董事、监事和高级管理人员转让其所持本公司股份规定更长的禁止转让期间、更低的可转让股份比例或者附加其他限制转让条件的，应当及时向深交所申报。中国结算深圳分公司按照深交所确定的锁定比例锁定股份。

（21）上市公司董事、监事和高级管理人员应当确保下列自然人、法人或其他组织不发生因获知内幕信息而买卖本公司股份及其衍生品种的行为：上市公司董事、监事、高级管理人员的配偶、父母、子女、兄弟姐妹；上市公司董事、监事、高级管理人员控制的法人或其他组织；上市公司的证券事务代表及其配偶、父母、子女、兄弟姐妹；中国证监会、深交所或上市公司根据实质重于形式的原则认定的其他与上市公司或上市公司董事、监事、高级管理人员有特殊关系，可能获知内幕信息的自然人、法人或其他组织。上述自然人、法人或其他组织买卖本公司股份及其衍生品种的，参照本指引第17条的规定执行。

（22）上市公司董事、监事和高级管理人员持有本公司股份及其变动比例达到《上市公司收购管理办法》规定的，还应当按照《上市公司收购管理办法》等相关法律、行政法规、部门规章和业务规则的规定履行报告和披露等义务。

（23）上市公司董事、监事和高级管理人员从事融资融券交易的，应当遵守相关规定并向深交所申报。

（24）上市公司应当制定专项制度，加强对董事、监事、高级管理人员及本指引第21条规定的自然人、法人或其他组织持有及买卖本公司股票行为的申报、披露与监督。上市公司董事会秘书负责管理公司董事、监事、高级管理人员及本指引第21条规定的自然人、法人或其他组织的身份及所持本公司股份的数据和信息，统一为以上人员办理个人信息的网上申报，并定期检查其买卖本公司股票的披露情况。

（25）深交所对上市公司董事、监事、高级管理人员及本指引第21条规定的自然人、法人或其他组织买卖本公司股份及其衍生品种进行日常监管。深交所可通过发出问询函、约见谈话等方式对上述人员买卖本公司股份及其衍生品种的目的、资金来源等进行问询。

（26）上市公司董事、监事和高级管理人员违反本指引规定的，深交所视情节轻重给予相应处分。

（27）本指引由深交所和中国结算深圳分公司负责解释。

（28）本指引自发布之日起施行。

（二十四）《上海证券交易所上市公司董事、监事和高级管理人员所持本公司股份管理业务指引》（2007年5月9日）

（1）为加强对上市公司董事、监事、高级管理人员所持本公司股份及其变动的监管，进一步明确办理程序，根据《上市公司董事、监事和高级管理人员所持本公司股份及其变动管理规则》，制定本业务指引。

（2）本指引适用于股票在上海证券交易所上市的公司的董事、监事和高级管理人员所持本公司A股股份及其变动的管理。

（3）上市公司董事、监事和高级管理人员应当委托上市公司利用上证所信息网络有限公司发放的CA证书，通过本所网站及时申报或更新个人基本信息，包括但不限于姓名、职务、身份证号、A股证券账户、离任职时间等。申报数据将视为相关人员向本所提交的将其所持本公司股份按相关规定予以管理的申请。

（4）上市公司及其董事、监事和高级管理人员应当保证申报数据的真实、准确、及时、完整,并承担由此产生的法律责任。

(5) 上市公司董事、监事、高级管理人员在委托上市公司申报个人信息后,本所根据其申报数据资料,对其证券账户中已登记的本公司股份予以全部或部分锁定。

(6) 每年的第一个交易日,本所以董事、监事和高级管理人员在上年最后一个交易日登记在其名下的在本所上市的 A 股为基数,按 25% 计算其可解锁额度;同时,对该人员所持的在可解锁额度内的无限售条件的流通股进行解锁。

(7) 对存在涉嫌违规交易行为的董事、监事和高级管理人员,本所可根据中国证监会等监管机构的要求对其持有及新增的本公司股份予以锁定。

(8) 上市公司董事、监事和高级管理人员离任并委托上市公司申报个人信息后,本所自其离职日起 6 个月内将其持有及新增的本公司股份予以全部锁定,期满后将其所持本公司无限售条件股份予以全部自动解锁。

(9) 上市公司通过章程对董事、监事和高级管理人员转让其所持本公司股份规定更长的禁止转让期间、更低的可转让股份比例或者附加其他限制转让条件的,应当及时向本所申报。申报数据将视为相关人员向本所提交的将其所持本公司股份按相关规定予以管理的申请。

(10) 上市公司董事、监事和高级管理人员所持本公司股份发生变动的,应当自该事实发生之日起两个交易日内向上市公司报告,上市公司在接到报告后的 2 个工作日之内,通过本所网站进行在线填报,本所网站将于次日公开展示上述信息。

(11) 上市公司董事、监事和高级管理人员违反本指引规定的,本所视情节轻重给予相应处分。

(12) 本指引由本所负责解释。

(13) 本指引自 2007 年 6 月 1 日起执行。

(二十五)《深圳证券交易所关于进一步规范创业板上市公司董事、监事和高级管理人员买卖本公司股票行为的通知》(2010 年 11 月 4 日)

为进一步规范创业板上市公司(以下简称"上市公司")董事、监事和高级管理人员买卖本公司股票的行为,现将有关要求通知如下:

(1) 上市公司应当进一步强化对董事、监事和高级管理人员买卖本公司股票相关法规的培训,督促其严格遵守中国证监会《上市公司董事、监事和高级管理人员所持本公司股份及其变动管理规则》（以下简称《管理规则》）、深圳证券交易所（以下简称"本所"）《创业板上市公司规范运作指引》等相关规定。

（2）上市公司应当根据其发展战略，按照《管理规则》及其他相关规定的要求制定适合本公司特点的董事、监事和高级管理人员股份管理制度。

（3）上市公司董事、监事和高级管理人员在首次公开发行股票上市之日起6个月内申报离职的，自申报离职之日起18个月内不得转让其直接持有的本公司股份；在首次公开发行股票上市之日起第7个月至第12个月之间申报离职的，自申报离职之日起12个月内不得转让其直接持有的本公司股份。

因上市公司进行权益分派等导致其董事、监事和高级管理人员直接持有本公司股份发生变化的，仍应遵守上述规定。

上市公司董事、监事和高级管理人员应当在《董事（监事、高级管理人员）声明及承诺书》中作出以上承诺。

（4）上市公司应当自本通知发布之日起3个月内根据上述规定修改《公司章程》；上市公司董事、监事和高级管理人员应当在本通知发布之日起1个月内签署修订后的《董事（监事、高级管理人员）声明及承诺书》，并按本所规定的途径和方式提交重新签署的《董事（监事、高级管理人员）声明及承诺书》的书面文件和电子文件。

（5）上市公司董事、监事和高级管理人员离职时，应及时以书面形式委托上市公司向本所申报离职信息。上市公司董事、监事和高级管理人员应在委托书中声明："本人已知晓创业板上市公司董事、监事和高级管理人员离职后股份继续锁定的相关规定，并已委托上市公司向深圳证券交易所申报离职信息，在离职后本人将按照《关于进一步规范创业板上市公司董事、监事和高级管理人员买卖本公司股票行为的通知》以及《公司章程》的规定，对所持股份进行管理。"

（6）自上市公司向本所申报董事、监事和高级管理人员离职信息之日起，离职人员所持股份将按本通知规定予以锁定。自离职人员的离职信息申报之日起6个月内，离职人员增持本公司股份也将予以锁定。

（7）上市公司董事、监事和高级管理人员所持股份在申报离职后的18个月或12个月期满，且解除限售的条件满足，上述人员可委托上市公司向本所和中国证券登记结算公司深圳分公司申请解除锁定。

(8) 本所鼓励上市公司董事、监事和高级管理人员在本通知规定之外追加延长锁定期、设定最低减持价格等承诺并公告，公告至少应当包括以下内容：追加承诺董事、监事和高级管理人员持股情况；追加承诺的主要内容；上市公司董事会对承诺执行情况的跟踪措施等。

(9) 保荐机构及其保荐代表人应当重点关注上市公司董事、监事和高级管理人员离职情况，督导上市公司董事、监事和高级管理人员严格履行其做出的各项承诺。保荐机构及其保荐代表人应当对上市公司董事、监事和高级管理人员所持股份上市流通的合规性进行核查，并对解除锁定股份数量、上市流通时间是否符合有关法律、行政法规、部门规章、规范性文件、本通知及本所有关业务规则，相关承诺是否严格履行，信息披露是否真实、准确、完整发表意见。

(10) 本通知所称时间均含本数。

(11) 本通知自发布之日起施行。

（二十六）《关于进一步规范中小企业板上市公司董事、监事和高级管理人员买卖本公司股票行为的通知》（2008年4月29日）

各中小企业板上市公司：为进一步规范中小企业板上市公司董事、监事和高级管理人员买卖本公司股票的行为，现将有关要求通知如下：

(1) 上市公司应当进一步强化对董事、监事和高级管理人员买卖本公司股票相关法规的培训，保证董事、监事和高级管理人员知悉《证券法》、《公司法》等法律法规关于内幕交易、操纵市场、短线交易等禁止行为的规定，并督促其严格遵守中国证券监督管理委员会（以下简称"中国证监会"）发布的《上市公司董事、监事和高级管理人员所持本公司股份及其变动管理规则》（以下简称《管理规则》）以及《深圳证券交易所上市公司董事、监事和高级管理人员所持本公司股份及其变动管理业务指引》（以下简称《业务指引》）等相关规定。

(2) 上市公司应当及时按照《管理规则》的要求制定关于董事、监事和高级管理人员所持本公司股份及其变动的专项管理制度。

(3) 上市公司应当在公司章程中明确规定：上市公司董事、监事和高级管理人员在申报离任6个月后的12个月内通过证券交易所挂牌交易出售本公司股票数量占其所持有本公司股票总数的比例不得超过50%。

上市公司董事、监事和高级管理人员应当在《董事（监事、高级管理人员）声明及承诺书》中承诺其在申报离任6个月后的12个月内通过证券交易所挂牌交易出售本公司股票数量占其所持有本公司股票总数的比例不超过50%。

上市公司应当自本通知发布之日起3个月内根据上述规定修改《公司章程》；上市公司董事、监事和高级管理人员应当在本通知发布之日起1个月内签署修订后的《董事（监事、高级管理人员）声明及承诺书》，并按深圳证券交易所（以下简称"深交所"）规定的途径和方式提交已签署的《董事（监事、高级管理人员）声明及承诺书》的书面文件和电子文件。

（4）上市公司董事、监事和高级管理人员离任时，应及时以书面形式委托上市公司向深交所申报离任信息并办理股份加锁解锁事宜。上市公司董事、监事和高级管理人员应在委托书中声明："本人已知晓中小企业板董事、监事和高级管理人员离任后股份继续锁定的相关规定，并已委托上市公司向深交所和中国结算深圳分公司提出申请，在本人离任后按照《关于进一步规范中小企业板上市公司董事、监事和高级管理人员买卖本公司股票行为的通知》以及《公司章程》的规定，对本人所持股份进行加锁解锁管理。"

（5）自上市公司向深交所申报董事、监事和高级管理人员离任信息并办理股份加锁解锁事宜的两个交易日内起，离任人员所持股份将全部予以锁定。自离任人员的离任信息申报之日起6个月内，离任人员增持本公司股份也将予以锁定。

（6）自离任人员的离任信息申报之日起6个月后的第一个交易日，深交所和中国结算深圳分公司以相关离任人员所有锁定股份为基数，按50%比例计算该人员在申报离任6个月后的12个月内可以通过证券交易所挂牌交易出售的额度，同时对该人员所持的在上述额度内的无限售条件的流通股进行解锁。当计算可解锁额度出现小数时，按四舍五入取整数位；当某账户持有本公司股份余额不足1000股时，其可解锁额度即为其持有本公司股份数。

因上市公司进行权益分派等导致董事、监事和高级管理人员所持本公司股份变化的，可解锁额度做相应变更。

上市公司董事、监事和高级管理人员所持股份登记为有限售条件股份的，在申报离任6个月后的12个月内如果解除限售的条件满足，董事、监事和高级管理人员可委托上市公司向深交所和中国结算深圳分公司申请解除限售。解除限售后，离任人员的剩余额度内股份将予以解锁，其余股份予以锁定。

自离任人员的离任信息申报之日起 6 个月后的 12 个月期满，离任人员所持本公司无限售条件股份将全部解锁。

（7）中国结算深圳分公司在上市公司向深交所申报离任人员离任信息满 6 个月及满 18 个月后的第一个交易日上午 9：00，通过中国结算公司网站上市公司服务平台，以 PDF 格式将《高管人员离任解锁股份核对表》发给上市公司。

上市公司应在上述两个时点，对照《高管人员离任解锁股份核对表》，核对离任人员股份解锁数据是否准确无误。发现有误的，须在当天下午 2：00 之前以传真方式书面通知中国结算深圳分公司更正，并与中国结算深圳分公司相关联络人取得电话联系。

中国结算深圳分公司根据上市公司反馈情况进行相关股份解锁处理。如因确认错误或反馈更正信息不及时等造成任何法律纠纷，均由上市公司自行解决并承担相关法律责任。

离任人员解锁股份在上市公司向深交所申报离任信息满 6 个月及满 18 个月后的第 1 个交易日即可上市交易。

（8）上市公司董事、监事和高级管理人员离任后 3 年内，上市公司拟再次聘任其担任本公司董事、监事和高级管理人员的，上市公司应当提前 5 个交易日将聘任理由、上述人员离任后买卖公司股票等情况书面报告深交所。深交所收到有关材料之日起 5 个交易日内未提出异议的，上市公司方可提交董事会或股东大会审议。

（9）上市公司董事、监事和高级管理人员的配偶买卖本公司股票时，应当遵守《业务指引》第 19 条的规定，即董事、监事和高级管理人员的配偶在下列期间不得买卖本公司股票：上市公司定期报告公告前 30 日内，因特殊原因推迟公告日期的，自原公告日前 30 日起至最终公告日；上市公司业绩预告、业绩快报公告前 10 日内；自可能对本公司股票交易价格产生重大影响的重大事项发生之日或在决策过程中，至依法披露后两个交易日内；深交所规定的其他期间。

（10）上市公司应当加强内部控制，督促董事、监事和高级管理人员严格遵守《业务指引》第 4 条的规定。董事、监事和高级管理人员及其配偶在买卖本公司股票前，董事、监事和高级管理人员应将本人及其配偶的买卖计划以书面方式通知董事会秘书，董事会秘书应当核查上市公司信息披露及重大事项等进展情况，如该买卖行为可能存在不当情形，董事会秘书应当及时书面通知董事、监事和高级管理人员，并提示相关风险。

（11）上市公司董事、监事和高级管理人员存在违反《证券法》第47条的规定买卖本公司股票行为的，上市公司董事会应当收回其所得收益，并及时披露以下内容：相关人员违规买卖股票的情况；公司采取的补救措施；收益的计算方法和董事会收回收益的具体情况；深交所要求披露的其他事项。

（12）上市公司应当在定期报告中披露报告期内董事、监事和高级管理人员买卖本公司股票的情况，内容包括：报告期初所持本公司股票数量；报告期内买入和卖出本公司股票的数量，金额和平均价格；报告期末所持本公司股票数量；董事会关于报告期内董事、监事和高级管理人员是否存在违法违规买卖本公司股票行为以及采取的相应措施；深交所要求披露的其他事项。

（13）本通知自发布之日起实施。

（二十七）《上海证券交易所上市公司部关于重申上市公司董事、监事、高级管理人员应依法转让所持公司股份的通知》（2007年3月16日）

各上市公司：近日，本所对上市公司董事、监事、高级管理人员持有本公司股份的变动情况进行抽查，发现部分上市公司董事、监事、高级管理人员存在超比例转让所持本公司股份或短线交易行为，部分公司在线填报内容更新不及时或与事实不符，本所将对相关人员予以严肃处理。同时，我部就有关事项重申如下：

（1）上市公司董事、监事、高级管理人员应遵守法律、法规、部门规章和本所股票上市规则。

（2）上市公司董事、监事、高级管理人员转让公司股票应严格依照《公司法》第142条规定"公司董事、监事、高级管理人员在任职期间每年转让的股份不得超过其所持公司股份总数的25%。"即：以上年末所持本公司发行的A股、B股为基数，分别计算当年可转让股份；每年通过集中竞价、大宗交易、协议转让等方式转让股份不得超过所持本公司股份总数的25%，因司法强制执行、继承、遗赠、依法分割财产等导致股份变动，或法律、法规、证监会有关规定和公司章程限制转让的除外；年内新增股份，新增无限售条件股份当年可转让25%；因上市公司进行权益分派导致所持股份增加的，可同比例增加当年可转让数量；当年可转让但未转让的本公司股份，不得累积到次年转让。

（3）上市公司董事、监事、高级管理人员买卖本公司股票还应遵守《证券法》第47条规定"上市公司董事、监事、高级管理人员将其持有的该公司的股票在买入后6个月内卖出，或者在卖出后6个月内买入，由此所得收益归该公司所有。"

（4）上市公司董事、监事、高级管理人员所持本公司股份发生变动的，应当自事实发生之日起两个交易日内向上市公司报告，上市公司在接到报告内两个工作日内通过"本所网站—上市公司专区—在线填报—董监高持股变动"栏目进行在线填报，本所将于次日在"本所网站—上市公司诚信记录栏目"下公开展示上市公司所填报的上述信息。

（5）上市公司应当及时通过"本所网站—上市公司专区—在线填报—董监事声明/高级管理人员声明信息"栏目更新、维护各董监事、高管人员的个人信息。

（二十八）《上海证券交易所上市公司董事选任与行为指引》（2013年6月13日　上证公字〔2013〕21号）

（1）董事应根据相关法律法规的规定，及时向本所申报其近亲属情况、本人及其近亲属的证券账户以及持有其任职公司的股份以及债券、权证、股票期权等证券产品情况及其变动情况。

董事应根据相关法律法规的规定，谨慎买卖其任职公司的股票以及债券、权证、股票期权等证券产品，并提示其近亲属谨慎买卖其任职公司的股票以及债券、权证、股票期权等证券产品，不得利用内幕信息获取不法利益。

（2）董事以及相关方违反本指引规定的，本所视情节轻重，根据上市规则及相关规范性文件的规定采取监管措施或者予以纪律处分。

（3）董事以及相关方违法违规情形严重的，本所将报请中国证监会查处。

（4）本指引所指"中小股东"是指除以下股东之外的其他股东：公司控股股东、10%以上股东及其一致行动人；上市公司董事、监事、高级管理人员及其关联人，包括：上市公司的董事、监事、高级管理人员；与前项人员关系密切的家庭成员，包括配偶、年满18周岁的子女及其配偶、父母及配偶的父母、兄弟姐妹及其配偶、配偶的兄弟姐妹、子女配偶的父母；上述前两项人员直接或间接控制的法人或其他组织；上述前两项人员担任董事、监事或者高级管理人员的法人或其他组织。

（二十九）《深圳证券交易所中小企业板诚信建设指引》（2009 年 11 月 23 日）

（1）上市公司董事、监事、高级管理人员对公司负有忠实义务和勤勉义务，应当从公司和股东整体利益出发履行职责，不得利用职权牟取不当利益，损害公司和股东合法权益。上市公司应当制定本公司董事、监事、高级管理人员行为准则，并在本所指定网站披露。

（2）上市公司应当制定专项制度，规范本公司董事、监事、高级管理人员和其他可能因工作关系而获得内幕信息的员工及其亲属、所控制的法人或其他组织持有和买卖本公司股份的申报、披露、监督和管理。

（3）本所根据中国证监会的统一规划和安排，建立中小企业板诚信档案管理系统。中小企业板诚信档案主要记录以下诚信信息：上市公司及其董事、监事、高级管理人员、股东、实际控制人、收购人、证券服务机构、其他机构及相关人员违背诚信原则的信息；中国证监会及其派出机构、本所对上市公司董事、监事、高级管理人员、股东、实际控制人、收购人、证券服务机构、其他机构及相关人员的监管信息；本所对上市公司董事、监事、高级管理人员、股东、实际控制人、收购人、证券服务机构、其他机构及相关人员的考核或评价信息；上市公司董事、监事、高级管理人员及其亲属、所控制的法人或其他组织持有和买卖本公司股份的信息；其他反映上市公司及其董事、监事、高级管理人员、股东、实际控制人、收购人、证券服务机构、其他机构及相关人员诚信状况的信息。

五、我国台湾地区内部人交易相关规定

（一）"台湾证券交易法"（2002 年 6 月 12 日）

1. 有价证券的募集、发行及买卖

有价证券的募集与发行，除政府债券或经"财政部"核定的其他有价证券外，必须经主管机关核准或向主管机关申报之后才能生效；其处理准则，由主管机关规定。

前项规定适用于出售所持有的公司股票、公司债券或其价款缴纳凭证、表明其权利的证书或新股认购权利证书，新股权利证书而对非特定人公开招募者。

2. 内部人股票转让应遵循的规则

已依本规定发行股票公司的董事、监察人、经理人或持有公司股份超过股份总额10%的股东,其股票转让,必须依遵循下列方式之一:一是经主管机关核准或自申报主管机关生效日后,向非特定人发行;二是依主管机关所定持有期间及每一交易日得转让数量比例,在向主管机关申报之日起3日后,在集中交易市场或证券商营业处所进行交易。但每一交易日转让股数未超过1万股者,免予申报;三是在向主管机关申报之日起3日内,向符合主管机关所定条件之特定人发行,并且经此款受让的股票,受让人在1年内欲转让其股票,仍须依前项各款所列方式之一进行。

上述董事、监察人、经理人或股份总额10%的股东持有的股票,包括其配偶、未成年子女及利用他人名义持有者。

3. 股份变动申报义务

公开发行股票的公司在登记后,应即将其董事、监察人、经理人及持有股份超过股份总额10%的股东,所持有的本公司股票种类、股数及票面金额,向主管机关申报并予以公告。

前项股票持有人,应于每月5日以前将上月份持有股数变动的情形,向公司申报,公司应于每月15日以前,汇总向主管机关申报,必要时主管机关命令予以公告。

4. 内部人短线交易的相关规定

发行股票公司董事、监察人、经理人或持有公司股份超过10%的股东,对公司上市股票,在取得后6个月内再行卖出,或于卖出后6个月内再行买进,因而获得利益者,公司应请求将其利益归于公司。

发行股票公司董事会或监察人不为公司行使前项请求权时,股东必须以30日之限期,请求董事或监察人行使归入权利(若董事或监察人不行使上述请求以致公司受损害时,则需对公司负连带赔偿责任);逾期不行使时,请求股东得为公司行使前项请求权,并且此请求权自获得利益之日起2年间不行使而消灭。

5. 对内部人交易敏感期的规定

获悉发行股票公司有重大影响其股票价格的消息时,在该消息未公开前,下述人员不得,买卖本公司股票:一是该公司的董事、监察人及经理人;二是持有该公司股份超过10%的股东;三是基于职业或控制关系获悉消息的人;四是从前三项所列之人获悉消息者。

违反上述规定者,应就消息未公开前其买入或卖出该股票的价格,与消息公开后10个营业日收盘平均价格之差额限度内，对善意从事相反买卖的人负损害赔偿责任；其情节重大者，法院依善意从事相反买卖人的请求，将责任限额提高至3倍。

获悉消息者的损害赔偿，应负连带赔偿责任；但上述得知消息之人有正当理由相信消息已公开者，不负赔偿责任。

上述有重大影响其股票价格的消息，指涉及公司的财务、业务或该证券的市场供求，对其股票价格有重大影响，或对正当投资人的投资决定有重要影响的消息。

6. 相关惩罚措施

从事内部短线交易者及发行有价证券公司的董事、监察人、经理人或受雇人，以直接或间接方式进行股票交易，致公司遭受损害者处7年以下有期徒刑，并处以新台币300万元以下罚金。

（二）"证券交易法施行细则"（1978年8月6日制定、2008年1月8日修改）

1. 内部人短线交易的标的

内部人短线交易的标的指具有股权性质及其他有价证券，该有价证券指可转换公司债、附认股权公司债、认股权凭证、认购（售）权证、股款缴纳凭证、新股认购权利证书、新股权利证书、债券换股权利证书、台湾存托凭证及其他具有股权性质的有价证券。

2. 内部人短线交易归入收益的计算方式

内部人短线交易归入收益的计算遵从以下原则：一是取得及卖出的有价证券，其种类均相同者，以最高卖价与最低买价相匹配，次取次高卖价与次低买价相配，依序计算所得差价，亏损部分不予计入；二是取得及卖出的有价证券，其种类不同者，除普通股以交易价格及股数合计外，其余有价证券，以各证券取得或卖出当日普通股收盘价格为买价或卖价，并得以行使或转换普通股的股数为计算标准，其配对计算方式，准用前项规定；三是列入前两项计算差价利益的交易股票所获配的股息；四是列入前两项计算差价利益之最后一笔交易日起或前款获配现金股利之日起，至交付公司时，应依规定年利率5%，计算法定利息；五是列入前项第一款、第二款计算差价利益的买卖所支付证券商的手续费及证券交易税，得自利益中扣除。

附录二：上市公司内部人交易行为研究的相关阶段性成果

金字塔结构与股价信息含量

——基于审计师声誉的调节效应研究[①]

一、引　言

作为以产权为纽带的企业联合体，母子公司较之于其他形式的企业联合体更为稳定，同时由于产权纽带的存在，母子公司更多的呈现金字塔结构，许多学者也通过研究证实了金字塔结构的普遍存在性。基于委托—代理理论和控制权理论，考虑到信息披露在上市公司日常运营中的重要地位，母公司是否会借助其在母子公司中的地位对上市子公司的信息披露施加影响，以实现母子公司整体利益最优化或者控制权收益的最大化？如果这种影响存在，是否会因子公司在金字塔结构中的位置而存在一定的差异？这些问题的提出，为本文研究提供了必要性。另外，随着内部控制机制在我国的引入及推进，外部审计师在公司治理，尤其是内部控制方面发挥着越来越重要的作用，那么是否能够在母子公司治理中发挥应有的调节作用，即是否能够通过独立的外部审计实现母子公司整体利益的最优化，或者保证子公司的独立法人人格，进而保护子公司投资者的利益，也将纳入本文的研究框架，以期获得相关经验证据，为上市公司关于外部审计师的聘用提供有益的理论探索。

二、文献综述

伴随着资本市场理论与实践的发展及完善，投资者越来越多的借助于

[①] 方政、徐向艺，原文发表于《华东经济管理》2013年第7期。本文得到山东省社会科学规划项目"上市公司内部人交易行为研究"（项目编号：10BJGJ22）的资助。

上市公司不同形式的信息披露作为依据，进行投资对象的甄别、投资决策的制定以及投资价值的判断。因此，上市公司能否保证披露信息的有用性与重要性，以保证引导外部投资者进行正确的甄别与价值判断，成为其能否实现真实价值与市场价值匹配的关键。为了有效识别信息的有用性与重要性，学者们进行了许多有益的探索，期望通过科学的方法构建反映信息有用性与重要性的指标。其中，股价信息含量作为解释上市公司业绩指标与市场评价关联程度的指标被应用于信息识别研究中。坎贝尔等（Campbell et al., 2001）指出上市公司股票价格受到市场与公司两个层面的影响。但是，考虑到市场层面的因素属于共有信息的范畴，通过基本面产生结构性影响，而公司层面因素则是真实信息的体现，其信息含量越高越能真实可靠的反映上市公司的真实价值，所以本文选用股价信息含量作为信息有用性与重要性的评价标准，用以识别上市公司真实价值与市场价值匹配的程度。袁知柱、鞠晓峰（2009）指出股价能否真实地反映上市公司的真实信息，即股价信息含量决定了股价信息能够发挥引导资源优化配置的作用。

目前，国内外学者针对股价信息含量的影响因素研究涵盖了宏观因素与微观因素两条主线。关于宏观因素方面的研究，如资本市场的发展水平、相关法规准则的变迁等因素，通过研究发现股价信息含量确实受到相关宏观因素的显著影响。另一部分学者则着眼于微观因素，诸如公司内部治理结构、中介机构监督等，结论也显示微观因素能够通过治理行为显著影响上市公司股价信息含量。无论着眼于宏观因素还是微观因素，学者们都期望通过研究验证影响的存在性与重要性，进而确定股价信息含量的主要权变因素，为投资者判断上市公司股价信息含量提供必要的理论与实践指导。

随着资本社会化程度的日益提高以及融资渠道的多样化，上市公司资本结构也经历着相应的变化。詹森和梅克林（Jensen & Meckling, 1976）指出资本结构不仅仅是降低财务成本问题，其背后还隐藏着控制权的实际占有与支配问题。根据詹森和梅克林的观点，资本结构不再只是融资方式以及融资比例的问题，而已经成为一种控制权的制度安排，关系到控制权收益的分配问题。学术界关于金字塔结构与股价信息含量的研究相对于其他金字塔结构的研究还比较少，尤其是国内学者的研究还处于起步阶段，主要原因在于中国自2003年起才要求上市公司在年报中披露有关金字塔结构的信息。范和王（Fan & Wong, 2002）通过实证研究，结论显示上市公司现金流权与控制权的两权分离度和会计盈余信息含量呈现显著负相关关系，即随着两权分离度的增大，上市公司会计盈余信息含量相应降低。王俊秋、张奇峰（2007）以中国家族控制的上市公司 2003~2004 年数据为样本，研究指出上市公司实际控制人控制权和现金流权的偏离能够加剧控制性家族与小股东之间的代理冲突，从而产生利益侵占效应，降低盈余信息含量。

综合以上研究，现有关于金字塔结构与信息含量的研究文献相对较少，并且针对能够直观反映上市公司真实价值与市场评价关系的股价信息含量研究也是学术界需要完善的研究领域，究其原因主要在于中国上市公司年报在 2003 年之前并不要求披露关于金字塔持股的股权结构，所以数据难以取得成为学术研究的现实难题。另外，现有研究主要采用盈余信息含量作为解释变量，对于财务会计信息赋予了相对较高的权重，而降低了年报中关于治理结构信息的权重，在信息含量的度量问题上存在一定的不足。上市公司关于金字塔持股结构的披露，为本研究的数据收集提供了可能性，同时，已有文献存在的问题则为本研究提供了必要性。

三、理论分析与假设提出

由于市场竞争的日趋激烈以及外部环境不确定性程度的提高，上市公司作为公众公司的特殊身份必须承担包括市场风险在内的经营风险。为了有效地规避风险，上市公司开始寻求走向联合，通过不同形式的合作来增强抵御风险的能力。在这种背景下，基于委托—代理理论和控制权理论，学者们开始关注母子公司控制链延伸所导致的现金流权与控制权分离问题，以及由此产生的控制权配置问题。游家兴、罗胜强（2007），陈晓红等（2007）认为金字塔结构作为一种特殊的资本结构安排，优势在于能够保证实际控制人以较少的资本投入实现对于较大规模资源的控制，既规避了投资风险，又能够实现对于资本链的隐蔽控制。由于金字塔结构的以上特点，即实现现金流权与控制权的两权分离，而且可以借助延伸的资本链条增强实际控制权的隐蔽性，便于其获得相应的控制权收益，也正是控制权收益的存在，母公司有能力，也有动机通过其在母子公司中的核心地位对子公司的决策与运营施加影响，一定程度上弱化子公司的独立法人人格。

那么在母子公司日常运营中，母公司在保证自身收益的情况下，是否有动机强化对于子公司的控制？如果有，原因何在？根据研究需要，下面将从博弈论角度出发，对该问题进行理论性探讨。首先，基于以下两个基本前提：

前提1：影响母子公司机制的其他因素独立于博弈双方（母公司与子公司），并不对博弈双方产生影响；

前提2：母子公司运营中，母公司对于子公司的控制权即存在控制权私利，也存在因为强化控制子公司而引起的控制成本，二者在实际运作中同时予以考虑，即进行收益与成本的权衡，并不存在顺序决策；

控制权私利，作为母公司持股的源动机之一，能够为母公司带来高于母子公司共享收益的私有利益。因此，假定母公司的收益分为共享收益（P）与控制权私利（C）两种可能性，且共享收益（P）比重为p，则控制权私利（C）比重为1-p。现假定，若只存在共享收益（P），则无法通过控制行为为自身牟取私利，但也不存在控制权成本的威慑，则收益为零；若存在控制权私利（C）则会从中获取一定私利，但也存在控制权成本的威慑。

控制成本，母公司为了保证其意志能够在子公司运营中有所体现，需要为控制行为以及规避外部和子公司利益方诉讼付出必要的成本。假定控制路径在母子公司运营中存在强化控制（D）与弱化控制（I）两种可能性，且强化控制（D）概率为q，则弱化控制（I）概率为1-q。现假定，若母公司强化控制（D），虽然会产生一定的成本，但如果能够获取控制权私利（C），则可以获得相当的控制权超额收益；若母公司弱化控制（I），则难以获取因控制权的存在引起的那部分超额收益。

一方面，当母公司弱化控制（I），且存在控制权私利（C）时，假定母公司此时Payoff=2，而子公司Payoff=0；当母公司弱化控制（I），且母公司不存在控制权私利时（P），则子公司Payoff=2，而母公司Payoff=0。另一方面，当母公司强化控制（D），且母公司不存在控制权私利时（P）时，由于需要付出必要的成本，子公司Payoff=1，而母公司Payoff=-1；当母公司强化控制（D），且母公司存在控制权私利时（C）时，虽然因控制成本存在会抵消一部分收益，但因母公司控制权私利的存在，则母公司Payoff=2，而子公司因存在被剥夺的可能，假定Payoff=-5。

根据以上界定，构建模型如图1所示。

附录二：上市公司内部人交易行为研究的相关阶段性成果

	母公司 P	母公司 C
子公司 D	(-1, 1)	(2, -5)
子公司 I	(2, 0)	(0, 2)

图 1

故子公司收益为：强化控制（D）：$-1q+2(1-q)$；弱化控制（I）：$2q$；

母公司收益为：只存在共享受益（P）：p；存在控制权私利（C）：$-5p+2(1-p)$。

由于双方博弈并不存在均衡，因此属于混合策略的范畴，即随机化条件下，最佳对策预期收益相等，因此 $p=1/4$，$q=2/5$。

如果母公司为了获取更多控制权私利，采用强化控制的方式是不是一种好的方法？模型更改如图 2 所示。

	母公司 H	母公司 C
子公司 S	(-2, 2)	(3, -10)
子公司 N	(2, 0)	(0, 2)

图 2

故子公司收益为：强化控制（D）：$-2q+3(1-q)$；弱化控制（I）：$2q$；

母公司收益为：只存在共享受益（P）：$2p$；存在控制权私利（C）：$-10p+2(1-p)$。

同理，$p=1/7$（$<1/4$），$q=3/7$（$>2/5$）。即为了获取更多控制权私利，母公可以通过强化控制的方式实现。

从理论上讲，母公司存在通过控制子公司实现控制权私利的动机，这与其他学者研究结论一致。弗朗西斯等（Francis et al., 2005）研究指出在拥有发达资本市场以及较高程度的投资者保护水平的美国，实际控制人存在通过控制上市公司信息披露实现控制权私利最大化的动机。马忠、吴翔宇（2007）以中国家族控股上市公司 2002~2004 年数据为样本，研究结论显示上市公司实际控制人两权分离度越高，上市公司自愿性信息披露程度越低，即上市公司实际控制人为了获取控制权私利，倾向于抑制对外披露私人信息。因此，如果子公司位于母子公司金字塔结构的上端，即层级较高，则母公司由于现金流权与控制权偏离程度较小，需要承担的风险也就越大，所以母公司倾向于强化对于子公司信息披露的控制，也就容易导致股价信息含量偏低；相应的，如果子公司层级较低，则母公司现金流权与控制权偏离程度较大，承担的风险相对较低，所以母公司对于子公司信息披露的干预程度也就较低，子公司股价信息含量也就相应的较高。基于以上分析，本文提出假设1：

H1：假定其他因素不变，子公司位于金字塔结构的层级与上市子公司股价信息含量负相关。

委托代理理论认为，如果存在利益不一致和监管不完善问题，就容易导致机会主义行为的发生。在母子公司内部不可避免地存在利益不一致的情况，完善监管机制，尤其是外部监管就显得尤为重要。考虑到中国企业，尤其是国有企业存在强大的内部控制力，郑海航（2008）提出"内外主体平衡论"，强调了中国企业建立以外部董事、外部监事为主体的外部治理机制的必要性。审计师作为上市公司外部治理与约束机制的重要一极，在《萨班斯—奥克斯利法案》推出后被引入公司治理框架内。由于母子公司特殊的治理机制，母公司的核心地位决定了母子公司内部法人地位的不平等性，这就导致了子公司治理不仅丧失了自主性，而且还受到母公司相当程度的干预与控制。所以，母子公司治理机制不能寄望于内部治理机制来实现优化，而是需要借助外部治理机制，充分发挥监督与约束作用。林等（Lin et al.，2010）研究指出，不同的公司治理水平显著影响着外部审计师的选聘，原因就在于其内部治理机制的完备程度需要外部审计师的协同以实现其治理效果。如前所述，审计师尤其是外部审计师，作为相对独立的监督力量，如果能够承担信托责任、勤勉的履行监督义务，充分发挥外部监督机制的作用，完全可以在母子公司治理机制的优化方面做出应有的贡献，具体表现在：一方面，良好的审计师监督，可以强化子公司的独立性，保证子公司利益相关者合理的利益诉求；另一方面，强化上市公司信息透明度，压缩实际控制人控制权私利的寻租空间，规范母子公司治理机制的合规性。张娟等（2010）以2001~2006年的上市公司数据为样本，研究发现我国上市公司选择具有良好声誉的审计师能向市场传递利好信号，加快公司资本结构优化调整速度。王烨（2009）、唐跃军（2011）、洪金明等（2011）也都通过研究指出审计师在公司治理中的积极作用。由此，本文提出假设2：

H2：假定其他因素不变，具有良好声誉的审计师能够调节母子公司金字塔结构与上市子公司股价信息含量的相关关系，即强化上市子公司的股价信息含量。

四、研究设计

1. 变量定义

（1）被解释变量：股价信息含量（PII）。学者们关于股价信息含量的测度方法主要有股价波动非同步性指标、股价反映未来收益能力指标和知情交易指标（PIN 值）等。通过对于测度方法的比较，股价反映未来收益能力指标虽然强调对于收益的预测能力，能够较好地从长期把握信息含量，但是预测指标选取的合理性对于结果的影响较大，且稳健性难以保证；知情交易指标的计量指标十分细化，但是由于数据收集难度较大，并没有得到广泛应用。基于以上分析，本文选用股价波动非同步性指标进行股价信息含量计量，这一方法也得到了较多的学者的认可。具体测度方法如下：

$$R_{i,t} = \alpha_i + \beta_i R_{m,t} + \varphi_i R_{n,t} + \varepsilon_{i,t}$$

其中，$R_{i,t}$ 表示 i 公司在 t 期的股票收益率，$R_{m,t}$ 表示 t 期的资本市场股票收益率，$R_{n,t}$ 表示 t 期的行业股票收益率。选取方程的样本可决系数 R^2 作为股价信息含量的替代变量。R^2 越大，说明上市公司的股票收益率与资本市场股票收益率、行业股票收益率同步性越强，即股票收益率中包含的公司层面信息越少，股价信息含量越低。默克等（Morck et al., 2000）、杜尔涅夫等（Durnev et al., 2004）均采用类似方法对股价信息含量进行计量。另外，考虑到 R^2 取值服从 [0, 1] 区间呈贝努里分布，固做以下变换，以符合多元回归分析的要求：

$$PII = Ln \frac{1 - R^2}{R^2}$$

（2）解释变量：两权分离度（Div）。本文考虑到子公司位于金字塔结构中的层级与两权分离度关系较为密切，即随着金字塔结构层级的延伸，母公司两权分离度将呈现增大的趋势，因此，采用上市公司两权分离度作为子公司位于金字塔结构层级的替代变量。具体计算方式如下式：

$$Div_1 = CR - CFR \text{ 与 } Div_2 = \frac{CR}{CFR}$$。其中，CR 表示控制权，CFR 表示现金流权。

审计师声誉（Aud）。由于缺乏全面的审计师声誉评级标准，以及审计质量难以观察并量化，本文采用目前学者们常用的测度方法，即构建审计师是否"国际四大"（Top4）、是否"国内十大"（Big10）哑变量作为审计师声誉的替代变量。考虑到为了验证审计师声誉的调节作用，以及弱化两权分离度的影响，故赋值采用逆向赋值，即属于"国际四大"则赋值为0，属于"国内十大"则赋值为1，其他则赋值为2。

（3）控制变量。综合考虑其他可能对待检验假设产生影响的因素，选取控制变量如下：

股权制衡度（Bal），采用第二至第五大股东持股比例之和与第一大股东持股比例的比值度量。具有较强股权制衡度的上市公司，相比较于一股独大的上市公司具有较好的资本民主体现，能够遏制实际控制人对于上市公司的潜在剥夺动机。

独立董事比例（Ind），采用董事会独立董事占比度量。独立董事的存在，能够保证上市公司信息披露的公正性，也是制衡大股东的重要力量。

β系数（Beta）。资本资产定价模型将β系数视为上市公司对于资本市场风险的敏感性度量指标。如果上市公司存在潜在的经营风险，那么母公司强烈的保壳动机会促进"支持行为"的发生。

资本结构（Lev），采用资产负债率度量。如果上市公司具有较高的资产负债率，则意味着上市公司存在较大的债务压力，可能弱化母公司的剥夺动机。

公司规模（Size），采用上市公司总资产对数度量。由于企业规模与社会关注程度存在相关关系，所以具有较大规模的子公司可能受到较高的社会关注度，一定程度上可以弱化母公司对于控制权私利的追逐动机。

成长性（Growth），采用主营业务增长率度量。上市公司具有较高的成长性，直接体现在拥有充裕的现金流。根据现金流假说，现金流的充裕存在导致过度投资的可能，所以这就容易推动母公司占有上市公司的富裕现金流，侵害上市公司股东利益，如表1所示。

表1　　　　　　　　　　变量汇总表

	变量名称	变量符号	测度方法
被解释变量	股价信息含量	PII	股价波动非同步性指标，方法如上
解释变量	两权分离度	Div_i	控制权与现金流权的差值和比值
	审计师声誉	Aud	是否"国际四大"、"国内十大"哑变量

续表

	变量名称	变量符号	测度方法
	股权制衡度	Bal	第二至第五大股东持股比例之和与第一大股东持股比例的比值
	独立董事比例	Ind	董事会独立董事占比
控制变量	β系数	Beta	
	资本结构	Lev	资产负债率
	公司规模	Size	上市公司总资产对数
	成长性	Growth	主营业务增长率

2. 模型设计

本文采用多元回归分析进行假设检验，构建模型如下：

模型 I ：

$$PII = \alpha_0 + \alpha_1 Div_i + \alpha_2 Bal + \alpha_3 Ind + \alpha_4 Beta + \alpha_5 Lev + \alpha_6 Size + \alpha_7 Growth + \varepsilon$$

模型 II ：

$$PII = \alpha_0 + \alpha_1 Aud + \alpha_2 Bal + \alpha_3 Ind + \alpha_4 Beta + \alpha_5 Lev + \alpha_6 Size + \alpha_7 Growth + \varepsilon$$

模型 III ：（检验调节效应）

$$PII = \alpha_0 + \alpha_1 Div_i + \alpha_2 Aud + \alpha_3 Div_i * Aud + \alpha_i Control + \varepsilon$$

3. 样本选择与数据处理

结合研究需要，以沪、深两市2007~2011年度A股上市公司为研究对象，样本公司相关数据取自国泰安CSMAR数据库，部分缺失数据根据公司年度报告手工整理。另外，为了保证数据的稳健性，根据相应标准对于数据进行剔除整理，具体标准如下：剔除金融类公司；剔除2007~2011年被ST和PT的公司；剔除极端值公司；剔除整体上市的公司及母公司资料不清晰的上市公司。按照以上标准，最终获取1035家上市公司数据作为研究样本。

本文分别采用EXCEL、SPSS17.0、STATA10.0进行数据收集与整理、数据前期处理和多元回归分析。

五、实证研究及结果分析

1. 描述性统计

通过表2的描述性统计，样本公司的股价信息含量均值与方差分别为0.143与0.082，说明其股价信息含量相对较低且差异不大。样本公司的两权分离度方差为 9.513 与 2.321，这显示了样本公司的两权分离度差异相对较大，也说明了样本具有较强的普遍性，能够揭示资本链复杂性的客观事实。股权制衡度、资产负债率、独立董事比例等指标方差较小，可以认为基本排除了异常值的影响。另外，值得注意的是独立董事比例指标均值与方差分别为 0.366 与 0.003，即上市公司虽然按照法律规定，配置了至少 1/3 的独立董事，但是比例基本稳定，这说明中国上市公司对于独立董事的聘用动机较低，是否能够发挥独立董事的监督作用是一个需要探究的问题。

表2　　　　　　　　　　　主要变量描述性统计

	平均值 (Mean)	中位数 (Median)	方差 (Variance)	最小值 (Min)	最大值 (Max)
股价信息含量 (PII)	0.143	0.035	0.082	0.000	2.626
两权分离度1 (Div_1)	6.270	0.283	9.513	0.000	39.253
两权分离度2 (Div_2)	1.542	1.013	2.321	1.000	48.265
股权制衡度 (Bal)	0.493	0.322	0.242	0.010	3.695
独立董事比例 (Ind)	0.366	0.333	0.003	0.091	0.714
资本结构 (Lev)	0.566	0.536	0.165	0.002	6.740
公司规模 (Size)	21.835	21.745	2.083	15.418	30.370

2. 金字塔结构与股价信息含量分析

通过对于样本数据的整理与分析，以及排除了异常值、自相关与异方差的扰动影响因素后，采用 STATA10.0 对面板数据进行了 Hausman 检验后选用随机效应进行回归分析。具体结果如表3所示。

表3　　　　　　　金字塔结构与股价信息含量分析结果

	模型Ⅰ	
	股价信息含量 (PII)	
常数项 (Constant)	0.328*** (3.07)	0.328*** (3.11)
两权分离度1 (Div_1)	0.001** (2.11)	
两权分离度2 (Div_2)		0.002** (2.10)
股权制衡度 (Bal)	0.025** (2.17)	0.024** (2.10)
独立董事比例 (Ind)	0.063 (0.61)	0.046 (0.45)
β系数 (Beta)	-0.001 (-0.44)	-0.006 (-0.21)

续表

	模型 I	
	股价信息含量（PII）	
资本结构（Lev）	-0.019（-1.41）	-0.018（-1.31）
公司成长性（Growth）	0.008***（3.22）	0.009***（3.44）
公司规模（Size）	-0.010**（-2.33）	-0.010**（-2.32）
Wald	26.83***	24.09***
Adjust R^2	0.214	0.196

注：*** 表示显著性水平为1%，** 表示显著性水平为5%，* 表示显著性水平为10%，括号内数字为Z值。

模型 I 的结果显示两权分离度与股价信息含量呈现显著正相关关系，且显著性水平均为5%，也就是说两权分离度与股价信息含量的变化方向一致，即随着上市公司资本控制链的延伸，趋向于资本控制链末端的子公司，其两权分离度逐渐增大，股价信息含量也就相应的增加。通过这一实证结果，母公司由于在资本控制链末端的现金流权相对较低，其风险程度较控制链前端有了较大的降低，所以其对于上市子公司信息披露的控制动机也就相应得到了弱化，证实了假设1。另外，模型 I 的结果还有以下几个值得注意的方面：首先，股权制衡度与股价信息含量呈现显著正相关关系，且显著性水平为5%。这说明子公司拥有较强的股东制衡能够显著提升其股价信息含量，更为有效的保护股东，尤其是中小股东的利益，一定程度上验证了股权制衡度在治理效率方面的积极作用；其次，规模变量与股价信息含量呈现显著负相关关系，且显著性水平为5%，这与预期结论并不一致，原因可能在于随着上市公司规模的壮大，其社会关注度也得到相应的提升，母公司为了保证母子公司整体利益、避免业绩过大波动，倾向于强化对于子公司信息披露的控制，从而导致股价信息含量的降低；最后，独立董事比例与股价信息含量并不存在显著相关关系，也与预期结论并不一致，这说明中国上市公司独立董事制度有效性值得探讨，实践中更加倾向于"消极合规"，而非"积极守规"，从一定程度上为独立董事"橡皮图章"的论断提供了支持。

3. 审计师声誉的调节作用分析

通过加入审计师声誉变量，并借助模型 II 与模型 III 进行审计师声誉的调节作用分析。采用 STATA10.0 对数据进行了豪斯曼检验后仍然选用随机效应进行回归分析。具体结果如表4所示。

表4　　　　　　　　　审计师声誉的调节作用分析结果

	模型Ⅱ	模型Ⅲ	
	股价信息含量（PII）		
常数项（Constant）	0.421*** （3.67）	1.433*** （3.04）	0.336*** （2.86）
两权分离度（Div_i）		0.011*** （2.67）	0.033** （2.23）
审计师声誉 Aud	0.020（0.93）	0.055（1.51）	0.007（0.46）
两权分离度×审计师声誉（$Div_i * Aud$）		-0.005** （-2.40）	-0.017** （-2.12）
股权制衡度（Bal）	0.024** （2.08）	-0.002（-0.05）	0.023（0.97）
独立董事比例（Ind）	0.057（0.55）	-0.304（-1.44）	0.057（0.56）
β系数（Beta）	-0.005（-0.19）	-0.045（-1.04）	-0.003（-0.11）
资本结构（Lev）	-0.019（-1.37）	0.029（0.85）	-0.017（-1.25）
公司成长性（Growth）	0.008*** （3.36）	0.008*** （2.51）	0.008*** （3.43）
公司规模（Size）	-0.012*** （-2.84）	-0.057*** （-2.74）	-0.011*** （-2.57）
Wald	26.15***	30.08***	32.06***
Adjust R^2	0.231	0.246	0.228

注：***表示显著性水平为1%，**表示显著性水平为5%，*表示显著性水平为10%，括号内数字为Z值。

模型Ⅱ结果显示审计师声誉与股价信息含量并不存在显著相关关系，即审计师声誉作为调节变量，并不存在对于股价信息含量的主效应影响，是否存在调节效应影响还需要模型Ⅲ进一步给予解释。其他变量结果与模型Ⅰ基本一致。

模型Ⅲ结果显示两权分离度与股价信息含量仍然呈现显著正相关关系，且显著性水平分别为1%与5%，与模型Ⅰ检验结果一致，证明结论具备了一定的稳健性。同时，加入审计师声誉调节变量后，两权分离度与股价信息含量呈现显著负相关关系，且显著性水平均为5%，说明随着具有良好声誉的审计师参与公司治理，能够弱化因为现金流权与控制权分离导致的母公司控制，并且使得股价信息含量显著提高，证实了审计师声誉调节效应的存在，证实了假设2。模型Ⅱ还有几个结论值得注意：首先，在加入审计师声誉调节变量后，股权制衡度与股价信息含量的相关关系不再显著，说明审计师的参与公司治理与股权制衡度在一定程度上存在替代效应，为后续研究提供了经验证据；其次，独立董事比例、成长性与规模变量结论与模型Ⅰ一致，证实了研究结论的稳健性。

4. 稳健性检验

除了通过模型Ⅰ、Ⅱ、Ⅲ的结论比较检验稳健性外，本文还从以下途径检验了结论的稳健性：首先，引入现金流权变量，替代两权分离度代入回归分析，结论基本一致；其次，改变审计师声誉赋值方式，即对于属于"国际四大"及"国内十大"的审计师赋值为0，其他赋值为1，结论也无根本变化。由此，可以认为研究结论具有较强的稳健性。

六、研究结论与政策建议

本文以沪、深两市2007~2011年度1035家A股上市公司为研究对象，实证研究了金字塔结构、审计师声誉与股价信息含量的关系，期望验证在两权分离情况下，是否存在母公司对于子公司的信息披露控制问题。研究主要结论如下：

（1）金字塔结构下，两权分离度与上市公司股价信息含量呈现显著正相关关系，即随着母公司现金流权的减少、两权分离程度的加大，股价信息含量也得到相应的提高。结论证明在母子公司控制链下，由于母公司现金流权与控制权的分离程度的差异，子公司信息披露的受控程度也存在差异。处于控制链前端的上市公司由于两权分离程度较小，母公司需要承担相对较大的风险和责任，因而为了自身利益，母公司也就具有较强的动机对于子公司信息披露施加相应的控制，进而导致上市子公司股价信息含量偏低；另一方面，处于控制链末端的上市公司由于两权分离程度较大，母公司的现金流权相对较小，其风险与责任较之于前端的子公司也相对较小，所以其控制动机也相应降低，因此子公司股价信息含量也就相应的有所提高。

（2）具有良好声誉的审计师能够调节母子公司金字塔结构与上市子公司股价信息含量的相关关系，即强化上市子公司的股价信息含量。具有良好声誉的审计师参与公司治理，能够在保持独立性的同时，对上市公司信息披露进行审核，一方面能够保证信息披露的真实性与可靠性，另一方面能够起到制衡控股股东的作用，保证信息披露的独立性。

针对研究结论，提出相应政策建议如下：

（1）进一步完善"揭开法人面纱"原则的相关法律规定，制约母公司关于有限责任的滥用以及剥夺子公司的独立法人人格的不当行为。由于母子公司的资本链是维系其经营的核心纽带，母公司可以通过资本链实现对子公司决策与运营的干预与控制,不仅侵害子公司股东的合法利益,而且可以通过有限责任制度实现自我保护。新版《公司法》为了适应市场需要,对于"揭开法人面纱"原则进行了相关规定,但缺乏细则方面的解释,还需要进一步完善相关细则。因此,能否进一步完善"揭开法人面纱"原则的法规,并用以指导实践,对于子公司实现自我保护具有至关重要的作用,一方面可以为子公司提供法律保护与依据;另一方面可以限制母公司剥夺子公司的不当行为。

(2)在相关法规框架下适当扩大审计师的审计范围,将针对上市公司内部的审计扩展到结合内部决策机制与外部影响相结合、涉及信息披露程序合理性与独立性的全面审计。随着内部控制制度的推广,审计师的独立性与有效性得到了较大的提升,对于上市公司公司治理的推动作用已然显现。但是,母子公司特殊的组织形式下,能否保证子公司信息披露的自主性以及程序的合理性,将公司信息披露研究从内部向外部延伸,这不仅要求上市公司的董事会切实承担勤勉义务,也对上市公司审计师提出了更高的要求。审计师应该将针对上市公司内部的审计扩展到结合内部信息与外部影响的全面审计,这就要求审计师不仅要保证信息披露的真实性与可靠性,还要保证信息披露程序的合理性与独立性,以将更加真实、全面的信息披露给外部投资者,消除信息不对称产生的各种机会主义行为。

参 考 文 献

[1] La Porta, Rafael, Flowrencio Lopez-de – Silanes, Andrei Shleifer. Corporate Ownership around The World [J]. Journal of Finance. 1999 (54): 471 – 517.

[2] Claessens, Stijin, S. Djankov, Larry H. P. Lang. The Separation of Ownership and Control in East Asian Corporations [J]. Journal of Financial Economics. 2000 (58): 81 – 112.

[3] Faccio. M, Larry H. P. Lang. The Ultimate Ownership of Western European Corporations. Journal of Financial Economics [J]. 2002 (65): 365 – 395.

[4] Campbell. J., M. Lettau, B. Malkiel, Y. Xu. Have Individual Stocks Become more Volatile? An empirical Exploration of Idiosyncratic Risk [J]. Journal of Finance. 2001, 56 (1): 1 – 43.

[5] 袁知柱、鞠晓峰:《股价信息含量测度方法、决定因素及经济后果研究综述》,载《管理评论》2009 年第 4 期。

[6] Morck. R., B. Yeung., W Yu. The Information Content of Stock Markets: Why

Do Emerging Markets Have Synchronous Stock Price Movements? [J]. Journal of Financial Economics. 2000, 58 (1/2): 215 – 238.

[7] Li K, R. Morck., F Yang, B Yeung. Firm specific Variation and Openness in Emerging Markets [J]. The Review of Economics and Statistics. 2004, 86 (3): 658 – 669.

[8] Bae. K., W. Baile., C Mao. Stock Market Liberalization and the Information Environment [J]. Journal of International Money and Finance. 2006, 25 (3): 404 – 428.

[9] 宋常、恽碧琰：《上市公司首次披露的非标准审计意见信息含量研究》，载《审计研究》2005 年第 1 期。

[10] 柳木华：《业绩快报的信息含量：经验证据与政策含义》，载《会计研究》2005 年第 7 期。

[11] Ding Yuan, O. K. Hope, T. Jeanjean., H. Stolowy. Differences between Domestic Accounting Standards and IAS: Measurement, Determinants and Implications [J]. Journal of Accounting and Public Policy. 2007, 26 (1): 1 – 38.

[12] Beny. L. N. Insider Trading Laws and Stock Markets around the World: An Empirical Contribution to the Theoretical Law and Economics Debate [J]. Journal of Corporation Law. 2007, 32 (2): 237 – 300.

[13] 袁知柱、鞠晓峰：《制度环境、公司治理与股价信息含量》，载《管理科学》2009 年第 1 期。

[14] Piotroski. J. D., D. T. Roulstone. The Influence of Analysts, Institutional Investors and Insiders on the Incorporation of Market, Industry and Firm – Specific Information into Stock Prices [J]. The Accounting Review. 2004, 79 (4): 1119 – 1151.

[15] 朱红军、何贤杰、陶林：《中国的证券分析师能够提高资本市场的效率吗——基于股价同步性和股价信息含量的经验证据》，载《金融研究》2007 年第 2 期。

[16] Jensen. M. C., W. H. Meckling. Theory of the Firm: Managerial Behavior, Agency Costs and Ownership Structure [J]. Journal of Financial Economics. 1976 (3): 305 – 360.

[17] 李增泉、辛显刚、于旭辉：《金融发展、债务融资约束与金字塔结构——来自民营企业集团的证据》，载《管理世界》2008 年第 1 期。

[18] Joseph P. H. Fan, T. J. Wong. Corporate Ownership Structure and the Informativeness of Accounting Earnings in East Asia [J]. Journal of Accounting and Economics. 2002 (33): 401 – 425.

[19] 王俊秋、张奇峰：《终极控制权、现金流量权与盈余信息含量——来自家族上市公司的经验证据》，载《经济与管理研究》2007 年第 12 期。

[20] 游家兴、罗胜强：《金字塔股权结构、地方政府税收努力与控股股东资金占用》，载《管理科学》2007 年第 1 期。

[21] 陈晓红、尹哲、吴旭雷：《金字塔结构、家族控制与企业价值——基于沪深股市的实证分析》，载《南开管理评论》2007 年第 5 期。

[22] 徐向艺、孙召永：《论母子公司制条件下有限责任制度》，载《东岳论丛》2002年第1期。

[23] Francis. J., K. Schipper, L. Vincent. Earnings and Dividend Informativeness When Cash Flows Rights are Separated from Voting Rights [J]. Journal of Accounting and Economics. 2005（39）：329 – 360.

[24] 马忠、吴翔宇：《金字塔结构对自愿性信息披露程度的影响：来自家族控股上市公司的经验验证》，载《会计研究》2007年第1期。

[25] 郑海航：《内外主体平衡论——国有独资公司治理理论探讨》，载《中国工业经济》2008年第7期。

[26] Z. J. Lin, M. Liu. The determinants of auditor switching from the perspective of corporate governance in China [J]. Advances in Accounting, incorporating Advances in International Accounting. 2010（26）：117 – 127.

[27] 张娟、李虎、王兵：《审计师选择信号传递和资本结构优化调整——基于中国上市公司的实证分析》，载《审计与经济研究》2010年第9期。

[28] 王烨：《股权控制链、代理冲突与审计师选择》，载《会计研究》2009年第6期。

[29] 唐跃军：《审计质量VS. 信号显示——终极控制权、大股东治理战略与审计师选择》，载《金融研究》2011年第5期。

[30] 洪金明、徐玉德、李亚茹：《信息披露质量、控股股东资金占用与审计师选择——来自深市A股上市公司的经验证据》，载《审计研究》2011年第2期。

[31] Jeffrey Wurgler. Financial Markets and the Allocation of Capital [J]. Journal of Financial Economics. 2000, 58：187 – 214.

[32] Durnev. A, Morck. R, B. Yeung. Value Enhancing Capital Budgeting and Firm – Specific Stock Returns Variation [J]. Journal of Finance. 2004, 59（1）：65 – 105.

[33] Brockman. P, X. Yan. Block Ownership and Firm Specific Information [J]. Journal of Banking & Finance, 2009, 33（2）：308 – 316.

金字塔结构、股权制衡与上市公司股价信息质量[①]

一、引　言

根据委托—代理理论，基于利益最优化，委托人与代理人将进行控制权的重新配置。正如奈特（Knight，1921）指出，没有人愿意替他人承担风险而不要求控制权，也没有人能不替他人承担风险就能取得控制权。所以在母子公司治理实践中，母公司为了自身利益以及母子公司的整体利益，通过资本控制链对子公司进行直接或者间接的控制。同时，基于有效市场假说，由于作为公司内外部沟通桥梁的信息披露在获得合理的市场评价方面发挥重要的作用，母公司存在较强的动机对于子公司信息披露施加必要的控制。因此，金字塔结构下，上市公司的信息披露是否能够保持独立是一个需要研究的问题。进一步分析，根据传统的委托—代理理论，有效的内部治理机制能够优化公司治理结构，有效地提升公司决策水平。股权制衡作为重要的内部治理机制是否能够有效地优化子公司的治理结构，实现对于子公司独立法人人格的保护也将被纳入本文的研究框架。另外，通过引入社会资本理论和社会资本控制链的思想，将股权制衡进行细分，分别研究其制衡效果，发现两类股权制衡的治理效应存在显著差异，为后续研究进行了有益的探索

二、文献综述

如何合理地识别上市公司信息披露的有效性就成为目前学者们较为关注的问题。王美今、林建浩（2012）指出现代经济生活极大的复杂性，使得发现并建立真实模型往往成为奢望，这是一个探索的过程，也就允许研

[①] 方政、徐向艺，原文发表于《经济管理》2013 年第 3 期。本文得到山东省社会科学规划项目"上市公司内部人交易行为研究"（项目编号：10BJGJ22）与山东大学研究生自主创新基金（项目编号：11030072613059）的资助。

究者多方尝试，从而模型的设定呈现多样性。基于消除宏观因素的影响以及最大限度强化公司层面信息的权重的考虑，股价信息质量作为解释上市公司业绩指标与市场评价关联程度的指标被应用于信息披露有效性的识别研究中。袁知柱、鞠晓峰（2009）指出股价能否反映上市公司的内在价值信息，即股价信息含量，决定了股价信息是否能够发挥引导资源优化配置的作用。由于计量的是上市公司股价信息中涉及公司层面信息的权重，不仅包括了及时性、重要性，而且还涵盖了可靠性等特征，股价信息质量较股价信息含量更能体现该变量的实际内涵。

母子公司框架下，子公司的股价信息质量是否受到其在资本控制链中位置的影响？针对这一问题，学术界的研究相对于其他金字塔结构的研究还不成熟，国内学者的研究则还处于起步阶段，主要原因在于中国资本市场监管机构在2003年之前并没有要求上市公司向公众披露有关金字塔结构的信息（李增泉等，2008）、默克等（Morck et al.，2000）、卡纳等（Khanna et al.，2009）通过研究指出，尤其是在发展中国家，如果上市公司隶属于企业集团，则其股价信息质量普遍低于其他没有隶属关系的上市公司。国内学者李增泉等（2011）较早的关注处于企业集团资本控制链下的上市公司信息披露问题，研究选取中国上市公司作为样本，结论显示上市公司与其隶属的企业集团关联度越强，其股价同步性越高，股票的大涨、大跌风险越大。但是，部分学者注意到了控制权与现金流权的分离会导致信息披露质量下降的问题。约瑟夫等（Joseph et al.，2002）研究指出上市公司控制权与现金流权的两权分离和会计盈余信息含量呈现显著负相关关系，即随着两权分离度的增大，上市公司会计盈余信息含量相应降低。王俊秋、张奇峰（2007）选择中国家族控制的上市公司作为样本，研究发现上市公司实际控制人控制权和现金流权的偏离能够加剧控制性股东与小股东之间的代理冲突，从而产生"隧道效应"，降低盈余信息含量。

通过梳理相关文献，学术界关于金字塔结构与股价信息质量的研究还存在以下不足：首先，关于金字塔结构与股价信息质量的研究尚不成熟，还没有学者基于母子公司研究框架对子公司的信息披露是否受到其在资本控制链中位置的影响展开研究，即缺乏对于金字塔结构下的控制强度差异性的关注。其次，现有的关于两权分离度与信息披露质量的研究主要采用盈余信息含量作为信息披露质量的替代变量，这一思路在信息含量的度量问题上存在一定的不足，即赋予了会计信息相对较高的权重，而对于年报中关于治理结构的信息缺乏关注。再次，现有研究忽略了母子公司参与主体间的互动关系,仅仅假定母子公司间的契约为单向契约,即子公司只是被动接受方,这也导致了目前的研究结论存在分歧。基于以上不足,关于金字塔结构下的股价信息质量研究呈现出了必要性。另外,中国上市公司被强制要求披露金字塔持股结构,也为本研究的数据收集提供了可能性。

三、理论分析与假设提出

在竞争日益加剧、可预测性降低的不确定性市场条件下,公司通过走向联合以寻求分散风险、增强稳定性的有效路径。由于资本纽带的稳定性,母子公司成为较为普遍的企业集团形式,而其金字塔结构的资本控制链也作为股东治理的重要组成部分成为公司治理研究的热点。考虑到金字塔结构能够实现控制权与现金流权的两权分离,母公司或者处于资本控制链上端的公司可以实现"以小博大",既降低了经营风险,又能够以较低的交易成本实现最大限度的资源整合(游家兴等,2007;陈晓红等,2007)。根据委托—代理理论并结合金字塔结构的特点,即通过现金流权与控制权的两权分离实现控制权对于所有权的弱化,而且可以借助延伸的资本控制链条增强实际控制权的隐蔽性,获得超额的控制权收益,为了获得控制权收益,母公司存在借助其在母子公司中的核心地位控制子公司的决策与经营的动机,使得子公司在决策与经营中丧失自主权,这在一定程度上弱化子公司的独立法人人格。

由于信息披露机制作为消除信息壁垒的有效途径,在满足外部投资者需求方面发挥了积极的作用,母公司也就有较强的动机控制上市公司的信息披露,以获取市场溢价与控制权收益。佛朗西斯等(Francis et al., 2005)考虑到美国拥有发达资本市场以及较高程度的投资者保护水平,选取美国上市公司作为研究样本,指出实际控制人存在通过控制上市公司信息披露实现控制权私利最大化的动机。马忠、吴翔宇(2007)以中国家族控股上市公司为样本,研究结论显示上市公司实际控制人两权分离度越高,上市公司自愿性信息披露程度越低,即上市公司实际控制人为了获取控制权私利,倾向于抑制对外披露私人信息。但是,基于传统财务风险观与控制权理论,部分学者虽然没有直接研究金字塔结构与信息披露机制的关系,但也为该领域研究提供了有益的理论与实践探索,例如王雪梅(2012)采用更为全面反映企业治理效果的EVA,研究了金字塔控制层级与EVA的关系,结论指出二者呈现显著负相关关系,即控制层级越高,子公司受到的母公司控制越强。综合以上，研究结论分歧主要源于委托—代理理论的缺陷，即假定委托人与代理人的契约属于单向固定的，而忽视了委托人与代理人的互动性。冯根福、赵珏航（2012）也通过研究证实了委托人与代理人契约互动性的存在。因此，母子公司治理机制框架下，直接研究母公司对于子公司的控制效果而忽视了母子公司的互动性存在一定的逻辑跳跃性。

金字塔结构下，随着资本控制链的延伸，两权分离度呈现加大的趋势，即控制权与现金流权分离程度加大。在将母子公司的互动性纳入分析框架后，处于资本控制链末端的子公司由于两权分离度的加大，即母公司现金流权的稀释，母公司承担的风险也相应地降低，其对于子公司信息披露的控制也相应减弱，子公司由于能够相对自主地进行信息披露，其内部人就能基于自身利益提升信息披露的有效性，从而有助于股价信息质量的提升；相反，如果一个子公司处于资本控制链的顶端，由于其两权分离度较小，即母公司现金流权相对较高，也就需要承担相对较高的风险，其对于子公司信息披露的控制动机也就越强，由于子公司不能自主地进行信息披露，需要服从母子公司整体利益，也就不利于股价信息质量的提升。基于以上分析，提出假设如下：

假设1：金字塔结构下，子公司处于资本控制链的位置与股价信息质量呈现负相关关系，即子公司两权分离度与股价信息质量呈现正相关关系；

根据传统的委托—代理理论，有效的内部治理机制能够优化公司治理结构。股权制衡作为基于股权结构的内部治理机制，其在母子公司治理，尤其是子公司中小股东保护方面发挥了重要作用，是子公司自我保护以及独立法人地位得到保障的有效途径。关于股权制衡的实践效果，学者倾向于认为股权制衡作为一种内部治理机制能够通过股东层面的治理达到抑制控股股东侵害中小股东的行为，并进而改善公司绩效史莱佛等（Shleifer et al., 1986）、拉波特等（La Porta et al., 1999）、（陈德萍等，2011）。另外，学者还研究指出了股权制衡其他的积极作用，如吴红军、吴世农（2009）研究结论指出随着其他股东对于第一大股东制衡能力的增强，第一大股东的掏空程度呈现先升后降的倒"U"形关系，企业价值呈现先降后升的"U"形关系；徐向艺、王俊韡（2011）也通过研究得出了股权制衡对公司绩效的影响呈现"U"形关系的结论；洪剑峭、薛皓（2008），吕怀立、李婉丽（2010）指出股权制衡能够有效遏制控股股东的关联交易；李琳、刘凤委和卢文彬（2009）指出股权制衡能够有效地降低公司业绩波动性和离散程度，保证公司运营的稳健性。基于此，并结合委托—代理理论，提出假设如下：

假设2：金字塔结构下，股权制衡能够调节两权分离度与股价信息质量的关系，提高上市公司股价信息质量；

但是，部分学者也对股权制衡的效果提出了质疑，如拉克莱文（Laeven，2008）认为多个大股东共存，存在合谋的可能，并侵害公司利益；毛世平（2009）研究指出股权制衡的作用存在权变性，既存在激励效应，也存在合谋倾向。针对以上研究分歧，学者们开始关注可能存在的遗漏变量，如股权性质的作用莫利（Maury等，2005；刘星等，2007；涂国前等，2010）、所有权状态（朱滔，2007），分析指出股权制衡需要发挥正面治理效应是需要条件的（毛世平，2009）。

莫利等（Maury et al.，2005），刘星、刘伟（2007），涂国前、刘峰（2010）都通过自己的研究指出股权制衡与股权性质的内在联系，即由于股权性质的差异，股权制衡的治理效应存在差异。进一步分析，基于社会资本理论，高闯、关鑫（2008），关鑫、高闯、吴维库（2010）开创性地提出了终极股东社会资本控制链问题，认为仅凭借股权控制链无法完全揭示终极股东的隐蔽性，应该将股权控制链及其相关的社会资本控制链结合起来分析实际控制权。结合以上研究，股权制衡不仅受到股权性质的影响，还可能受到上市公司实际控制人社会资本的影响，所以研究应该将不同特点的股权制衡进行区分，即实质型股权制衡与形式型股权制衡，以更加合理、准确的评价股权制衡的作用。基于此，根据社会资本理论以及社会资本控制链的思想，提出以下假设：

假设3：金字塔结构下，实质型股权制衡治理效应显著优于形式型股权制衡。

四、研究设计

1. 变量定义

（1）被解释变量：股价信息质量（SPI）。本文选用股价波动非同步性指标进行股价信息质量计量，这一方法也得到了较多的学者的认可（默克等，2000；杰佛理，2000；杜尔涅夫等，2004；布洛克曼，2009；李增泉等，2011）。该指标通过以下公式进行度量：

$$R_{i,t} = \alpha_i + \beta_i R_{m,t} + \varphi_i R_{n,t} + \varepsilon_{i,t}$$

其中，$R_{i,t}$ 表示 i 公司在 t 期的股票收益率，$R_{m,t}$ 表示 t 期的资本市场股票收益率，$R_{n,t}$ 表示 t 期的行业股票收益率。通过上述方程回归的样本可决系数 R^2 作为股价信息质量的替代变量。这一方法的优点在于将市场、行业收益率均纳入分析框架，能够全面地反映股票价格信息。系数 R^2 越大，说明上市公司的股票收益率受到资本市场股票收益率、行业股票收益率的影响越大，即股票收益率中包含的公司层面信息越少，股价信息质量越低。另外，考虑到 R^2 取值服从 [0, 1] 区间，所以进行对数转换：

$$SPI = Ln \frac{1 - R^2}{R^2}$$

（2）解释变量：两权分离度（Div）。由于子公司位于母子公司资本控制链的层级与两权分离度关系较为密切，即随着资本控制链层级的延伸，母公司两权分离度将呈现增大的趋势，因此，采用两权分离度作为子公司位于金字塔结构层级的替代变量。具体计算方式如下式：

$Div_1 = CR - CFR$ 与 $Div_2 = \frac{CR}{CFR}$。其中，CR 表示控制权，CFR 表示现金流权。

（3）调节变量：股权制衡度（Bal），采用第二至第五大股东持股比例之和与第一大股东持股比例的比值度量，并进行排序，若高于中位数，则赋值为 2；反之，赋值为 1。学者们倾向于认为股权制衡度较高的上市公司，相对于一股独大的上市公司具有较好的治理效果，也能较好地服从资本民主原则，能够遏制控股股东对于其他股东的侵占行为。

根据社会资本理论以及社会资本控制链的思想，直接根据股东持股比例进行股权制衡的度量并不能真实反映股权分布状况，而需要进一步考虑股权控制链背后的相关社会资本控制链状况。因此，本文将股权制衡分为实质型股权制衡与形式型股权制衡两类，期望更加真实、合理地探讨股权制衡治理效应。考虑到中国上市公司大多脱胎于国有企业，且股权集中度依旧较高，并结合社会资本控制链，具体度量方法如下：形式型股权制衡满足任一条件：①前两大股东同为国有背景、国有控股背景；②前两大股东的公司来自于同一城市；③前两大股东隶属于同一集团公司；④前两大股东有一方为公司创始人；⑤前两大股东为自然人，且二人为亲属关系。反之，则定义为实质型股权制衡。如果股权制衡属于实质型，则取值为 2，以期增大该类股权制衡的权重；形式型股权制衡，则取值为 1。

(4) 控制变量。为了保证研究的稳健性，将其他可能对研究产生影响的因素一起纳入研究模型，选取控制变量如下：

独立董事自主性（Ind），借鉴曹廷求、王营和张蕾（2012）的概念和方法，采用董事会独立董事占比度量减去法规规定的独立董事比例1/3。委托—代理理论认为，独立董事作为"外部人"，能够保证董事会的独立性和制衡大股东，进而保证上市公司信息披露的真实性。但是，在梅斯（Mace，1986）指出独立董事投票权属于"橡皮图章"后，独立董事的有效性开始受到质疑。因此，为了有效衡量独立董事的作用，有必要引入独立董事自主性概念。

β系数（Beta）。资本资产定价模型将β系数视为公司层面唯一影响定价的因素，也是测度上市公司对于资本市场风险的敏感性指标。如果上市公司潜在的经营风险较大，母公司为了保住子公司的"壳资源"而具有强烈的保壳动机，存在施加"支持行为"的可能。

资本结构（Lev），采用资产负债率度量。如果上市公司具有较高的财务杠杆，其对上市公司利润的影响也被相应放大，这就意味着上市公司背负着较大的债务压力，可能弱化母公司的剥夺动机。

公司规模（Size），采用上市公司总资产对数度量。由于规模较大的公司可能受到社会的关注，外部监督机制相对完善，一定程度上可以弱化母公司对于控制权私利的追逐动机。

成长性（Growth），采用主营业务增长率度量。根据现金流假说，富余的现金流能够满足企业投资的需求，导致过度投资，所以母公司有动机占有上市公司的富裕现金流，侵害上市公司股东利益，如表1所示。

表1　　　　　　　　　　　变量汇总表

	变量名称	变量符号	测度方法
被解释变量	股价信息质量	SPI	股价波动非同步性指标，方法如上
解释变量	两权分离度	Div_i	控制权与现金流权的差值和比值
调节变量	股权制衡度	Bal	第二至第五大股东持股比例之和与第一大股东持股比例的比值，并进行排序赋值
	实质型股权制衡	Bal - Type	具体条件如前文所述
	形式型股权制衡		实质型股权制衡的其他情况

续表

	变量名称	变量符号	测度方法
控制变量	独立董事自主性	Ind	董事会独立董事占比减去规定的1/3
	β系数	Beta	
	资本结构	Lev	资产负债率
	公司规模	Size	上市公司总资产对数
	成长性	Growth	主营业务增长率

2. 模型设计

本文采用多元回归分析进行假设检验，构建模型如下：

模型 I ：

$$SPI = \alpha_0 + \alpha_1 Div_i + \alpha_2 Ind + \alpha_3 Beta + \alpha_4 Lev + \alpha_5 Size + \alpha_6 Growth + \varepsilon$$

模型 II ：

$$SPI = \alpha_0 + \alpha_1 Bal + \alpha_2 Ind + \alpha_3 Beta + \alpha_4 Lev + \alpha_5 Size + \alpha_6 Growth + \varepsilon$$

模型 III ：（检验调节效应）

$$SPI = \alpha_0 + \alpha_1 Div_i + \alpha_2 Bal + \alpha_3 Div_i \times Bal + \alpha_i Control + \varepsilon$$

3. 样本选择与数据处理

本文选取上海、深圳两个证券交易所2007～2011年度A股上市公司为研究对象，相关变量数据取自国泰安CSMAR数据库，部分缺失数据根据公司年度报告手工整理。另外，对于数据进行预处理，剔除相关样本数据，具体标准如下：剔除金融类公司；剔除2007～2011年被ST和PT的公司；剔除极端值公司；剔除整体上市的公司及母公司资料不清晰的上市公司。按照以上标准，最终获取1022家上市公司数据作为研究样本。

本文分别采用EXCEL、SPSS17.0、STATA10.0进行数据收集与整理、数据前期处理和多元回归分析。

五、实证研究及结果分析

1. 描述性统计

通过表2描述性统计，样本公司的股价信息质量均值与方差分别为0.141与0.080，表明目前上市公司的股价信息质量相对较低，并且不存在显著的差异；两权分离度均值分别为6.249与1.541，方差分别为9.686与2.331，这显示了样本公司的两权分离度相对较大，并且存在显著的差异，这在一定程度上说明了所选取的样本公司具有较强的普遍性，能够较为客观地揭示资本链复杂性；股权制衡度、资产负债率、独立董事自主性等指标方差较小，基本排除了异常值对于实证结果的干扰。另外，独立董事自主性指标均值为 0.030，而最小值为 -0.333，也就是说尽管公司治理准则要求上市公司董事会至少需要配置 1/3 的独立董事，但是严重缺乏主动性，并且还有部分上市公司没有严格落实相关比例要求，这说明中国上市公司聘用独立董事的内在动机不足，导致了独立董事是增强董事会独立性还是"橡皮图章"的分歧。

表 2　　主要变量描述性统计

	平均值（Mean）	中位数（Median）	方差（Variance）	最小值（Min）	最大值（Max）
股价信息质量（SPI）	0.141	0.035	0.080	0.000	2.625
两权分离度 1（Div_1）	6.249	0.232	9.686	0.000	39.253
两权分离度 2（Div_2）	1.541	1.012	2.331	1.000	48.266
股权制衡度（Bal）	0.489	0.319	0.238	0.010	3.695
独立董事自主性（Ind）	0.030	0.000	0.004	-0.333	0.381
资本结构（Lev）	0.566	0.537	0.166	0.002	6.740
公司规模（Size）	21.853	21.746	1.979	16.520	30.370

2. 母子公司金字塔结构与子公司股价信息质量分析

根据回归分析的基本要求，在进行多元回归分析之前，首先排除了异常值、自相关与异方差等潜在扰动影响因素后，采用 STATA10.0 对面板数据进行了 Hausman 检验后选用固定效应对模型 I 进行回归分析。具体结果如表 3 所示。

表 3　　金字塔结构与子公司股价信息质量分析结果

	模型 I	
	股价信息质量（SPI）	
常数项（Constant）	2.243*** (3.51)	2.291*** (3.53)
两权分离度（Div_1）	0.003** (1.94)	
两权分离度（Div_2）		0.004** (1.96)
独立董事自主性（Ind）	-0.025 (-0.22)	-0.037 (-0.32)
β 系数（Beta）	-0.038 (-0.81)	-0.047 (-0.97)
资本结构（Lev）	0.009 (0.36)	0.009 (0.36)

续表

	模型 I	
	股价信息质量（SPI）	
公司成长性（Growth）	0.008 *** （3.22）	0.009 *** （3.04）
公司规模（Size）	-0.096 *** （-3.34）	-0.097 *** （-3.31）
F 值	2.63 ***	2.08 **
Adjust R²	0.270	0.230

注：*** 表示显著性水平为1%，** 表示显著性水平为5%，* 表示显著性水平为10%，括号内数字为 T 或 Z 值。

表3结果显示控制权与现金流权两权分离度与股价信息质量呈现显著正相关关系，且显著性水平均为5%，说明随着母子公司资本控制链的延伸，位于资本控制链末端的子公司，随着其两权分离度的增大，股价信息质量也就相应的增加。具体来说，母公司由于在资本控制链末端的现金流权相对较低，一方面其风险程度较控制链前端相对较低；另一方面其控制方式也由直接控制变为间接控制，所以其对于上市子公司信息披露的控制动机也就相应得到了弱化，证实了假设1。另外，应该注意到，独立董事自主性与股价信息质量并不存在相关关系，这说明独立董事制度虽然已经作为重要的公司治理机制运用于公司治理实践中，但是其应用在更多情况下充当传递信息的"信号"，却不能有效改善董事会的独立性，为独立董事"橡皮图章"的论断提供了来自中国上市公司支持。

3. 股权制衡的调节效应分析

通过加入股权制衡调节虚拟变量，并借助模型Ⅱ与模型Ⅲ进行调节作用分析。采用STATA10.0对数据进行了豪斯曼检验（Hausman）后仍然选用随机效应进行回归分析。具体结果如表4所示。

表4　　　　　　　股权制衡调节作用分析结果

	模型 Ⅱ	模型 Ⅲ	
	股价信息质量（SPI）		
常数项（Constant）	0.349 *** （3.38）	0.089 *** （2.93）	0.097 *** （2.88）
两权分离度（Div$_i$）		-0.001 （-0.17）	0.019 ** （2.31）
股权制衡度（Bal）	0.027 * （1.89）	0.012 （0.65）	0.006 （0.33）
两权分离 × 股权制衡（Div$_i$ * Bal）		0.003 * （1.78）	0.017 ** （2.18）

续表

	模型 II	模型 III	
		股价信息质量（SPI）	
独立董事自主性（Ind）	0.119 (1.53)	0.039 (0.58)	0.023 (0.34)
β 系数（Beta）	-0.001 (-0.04)	0.006 (0.23)	-0.001 (-0.21)
资本结构（Lev）	-0.021 (-1.60)	0.003 (0.23)	0.003 (0.24)
公司成长性（Growth）	0.009 (1.36)	0.004** (2.17)	0.003*** (3.12)
公司规模（Size）	-0.010** (-2.47)	-0.001** (-2.29)	-0.001*** (-2.74)
Wald	14.21**	25.63***	23.32***
Adjust R^2	0.162	0.249	0.253

注：***表示显著性水平1%，**表示显著性水平为5%，*表示显著性水平为10%，括号内数字为T或Z值。

模型 II 结果显示股价信息质量与股权制衡存在显著正相关关系，且显著性水平为10%，即股权制衡作为调节变量，对于股价信息质量存在主效应影响；其他变量结果与模型 I 基本一致。模型 III 结果部分证明了两权分离度与股价信息质量仍然呈现显著正相关关系，且显著性水平为5%，与模型 I 检验结果基本一致。为了验证调节作用，将股权制衡引入方程后，两权分离度与股价信息质量呈现显著正相关关系，且显著性水平分别为10%与5%，说明随着股权制衡度的提高，能够调节两权分离度与股价信息质量的关系，即提升上市公司股价信息质量，证实了假设2。其他变量的结果基本与模型 I 一致，一定程度上证明了结论的稳健性。

4. 股权制衡效应具体化分析

基于前文分析，继续深化股权制衡效应分析，将股权制衡细分为形式型股权制衡与实质型股权制衡，并借助模型 II 与模型 III 进行相关调节作用分析。具体结果如表5所示。

表5　　　　　　　　股权制衡调节作用分析结果

	模型 II	模型 III	
		股价信息质量（SPI）	
常数项（Constant）	0.128*** (2.96)	0.131*** (2.79)	0.127** (2.43)
两权分离度（Div_i）		-0.002 (-1.25)	0.013* (1.75)
股权制衡度（Bal-Type）	0.018** (1.97)	0.013 (1.32)	0.011 (0.97)

续表

	模型Ⅱ	模型Ⅲ	
	股价信息质量（SPI）		
两权分离×股权制衡（$Div_i * Bal-Type$）		0.003** (1.96)	0.012* (1.76)
独立董事自主性（Ind）	0.025 (0.36)	0.028 (0.41)	0.015 (0.22)
β系数（Beta）	-0.007 (-0.26)	-0.005 (-0.19)	-0.008 (-0.32)
资本结构（Lev）	0.036 (1.53)	0.035 (1.56)	0.036 (1.62)
公司成长性（Growth）	-0.004 (-1.01)	0.004** (2.05)	0.004** (2.21)
公司规模（Size）	-0.001** (-2.18)	-0.001** (-2.30)	-0.002** (-2.19)
Wald	21.74***	23.33***	23.79***
Adjust R^2	0.259	0.291	0.282

注：*** 表示显著性水平为1%，** 表示显著性水平为5%，* 表示显著性水平为10%，括号内数字为T或Z值。

模型Ⅱ结果显示股价信息质量与股权制衡类型存在显著正相关关系，且显著性水平为5%，一方面说明股权制衡类型作为调节变量，对于股价信息质量存在主效应影响；另一方面说明实质型股权制衡的治理效应较形式型股权制衡更为显著。为了进一步验证不同类型股权制衡的调节作用，将股权制衡类型引入模型Ⅲ，结果显示两权分离度与股价信息质量呈现显著正相关关系，且显著性水平分别为5%与10%，实质型股权制衡比形式型股权制衡具有更加显著的治理效应，能够在金字塔结构下显著提升上市公司股价信息质量，证实了假设3。

六、研究结论与政策建议

本文选取上海、深圳证券交易所2007~2011年度1022家A股上市公司作为研究样本，研究了金字塔结构与股价信息质量的关系，以及股权制衡的调节作用，以验证在两权分离情况下，是否存在母公司对于子公司的信息披露控制问题，以及股权制衡是否能够约束母公司的控制行为。研究主要结论如下：

（1）基于母子公司资本控制链形成的金字塔结构，母公司两权分离度与上市子公司股价信息质量呈现显著正相关关系。结论证明在金字塔结构下，处于控制链顶端的子公司一方面由于两权分离程度较小，母公司需要承担相对较大的风险和责任；另一方面母公司对于子公司的控制方式还属于直接控制的范畴，因此母公司具有控制子公司信息披露的动机，导致上市子公司股价信息质量偏低；同时，处于控制链底端的上市公司由于两权分离程度较大，母公司的现金流权相对较低，其风险与责任得以分散，而且控制方式也由直接控制转为间接控制，所以其控制动机也相应降低，股价信息质量也伴随着子公司自主性的提高而得到提升；

（2）金字塔结构下，股权制衡能够调节两权分离度与股价信息质量的关系，提高上市公司股价信息质量。结论证明股权制衡作为重要的内部治理机制，在母子公司金字塔结构下，股权制衡的治理效应能够有效提升子公司股价信息质量，切实保护失去实际"独立法人人格"的子公司的独立性，尤其是中小股东的权益；

（3）金字塔结构下，实质型股权制衡治理效应显著优于形式型股权制衡，即实质型股权制衡较之于形式型股权制衡能够更加有效地提升股价信息质量。学者们已有的关于股权制衡的研究结论存在分歧，除了指标选取方式、变量度量方法以及研究模型的差异外，对于股权制衡的机械使用是主要原因。本文通过引入社会资本理论和社会资本控制链的思想，将股权制衡进行细分，分别研究其制衡效果，发现两类股权制衡的治理效应存在显著差异，为后续研究进行了有益的探索。

针对研究结论，提出相应政策建议如下：

（1）鼓励机构投资者积极参与公司治理，并欢迎上市公司引入境外战略机构投资者，简化外国投资者投资中国非战略行业上市公司的审批程序，实现股权制衡为导向的股权结构优化。通过简化审批程序，境外机构投资者能够更加便捷的参股中国非战略行业的上市公司，一方面实现股权结构的分散化；另一方面有利于增进资本市场的活跃程度。境外战略投资者不仅具有先进的投资理念与治理经验，而且其外部人的身份能够完善公司治理结构，形成实质型股权制衡，增强上市公司，尤其是子公司的独立性，保护中小股东的合法权益。

（2）强化上市公司年报股东情况信息披露，进一步细化有关股东间是否存在社会关系等信息披露，如自然人或者法人股东是否存在社会联系、自然人与法人股东间是否存在社会联系等，从而实现关联关系或一致行动人的形式与实质区别。为了有效发挥股权制衡机制的治理作用，对股权制衡的性质进行区分显得十分必要。通过强化股东情况披露的信息含量，投资者能够直接、清晰地了解股东的关联关系，以更为准确地把握上市公司股东构成情况,切实保护中小股东的知情权与收益权。

参 考 文 献

[1] Brockman. P, X. Yan. Block Ownership and Firm Specific Information [J]. Journal of Banking & Finance, 2009, 33 (2): 308 - 316.

[2] Durnev. A, Morck. R, B. Yeung. Value Enhancing Capital Budgeting and Firm - Specific Stock Returns Variation [J]. Journal of Finance, 2004, 59 (1): 65 - 105.

[3] Francis. J. , K. Schipper, L. Vincent. Earnings and Dividend Informativeness When Cash Flows Rights are separated from Voting Rights [J]. Journal of Accounting and Economics, 2005 (39): 329 - 360.

[4] Jeffrey Wurgler. Financial Markets and the Allocation of Capital [J]. Journal of Financial Economics, 2000, 58: 187 - 214.

[5] Joseph P. H. Fan, T. J. Wong. Corporate Ownership Structure and the Informativeness of Accounting Earnings in East Asia [J]. Journal of Accounting and Economics, 2002 (33): 401 - 425.

[6] Khanna T. , Thomas C. . Synchronicity and Firm Interlocks In An Emerging Market [J]. Journal of Financial Economics, 2009, 92: 182 - 204.

[7] Knight, F. Risk, Uncertainty and Profits [M]. Boston: Houghton, 1921.

[8] Laeven, L. Complex Ownership Structures and Corporate Valuations [J]. Review of Financial Studies, 2008 (2): 579 - 604.

[9] La Porta, Rafael, Lopez-de - Silanes, Shleifer, A. . Corporate Ownership around The World [J]. Journal of Finance, 1999, 54: 471 - 517.

[10] Mace, M. L. Directors: Myth and Reality. Boston: Harvard Business School Press, 1986.

[11] Maury, B. , Pajuste, A. Multiple Large Shareholders and Firm Value [J]. Journal of Banking&Finance, 2005, 29: 1813 - 1834.

[12] Morck R. , Yeung B. , Yu W. The Information Content of Stock Markets: Why Do Emerging Markets Have Synchronous Stock Price Movements [J]. Journal of Financial Economics, 2000, 58: 215 - 260.

[13] Shleifer, A. , Vishny, R. Large Shareholders and Corporate Control [J]. Journal of Political Economy, 1986, 94: 461 - 488.

[14] 曹廷求、王营、张蕾:《董事市场供给会影响董事会独立性吗?——基于中国上市公司的实证分析》,载《中国工业经济》2012年第5期。

[15] 陈德萍、陈永圣:《股权集中度、股权制衡度与公司绩效关系研究——2007~2009年中小企业板块的实证检验》,载《会计研究》2011年第1期。

[16] 陈晓红、尹哲、吴旭雷:《金字塔结构、家族控制与企业价值——基于沪深股市的实证分析》,载《南开管理评论》2007年第5期。

[17] 冯根福、赵珏航:《管理者薪酬、在职消费与公司绩效——基于合作博弈的分析视角》,载《中国工业经济》2012年第6期。

[18] 高闯、关鑫:《社会资本、网络连带与上市公司终极股东控制权——基于社会资本理论的分析框架》,载《中国工业经济》2008年第9期。

[19] 关鑫、高闯、吴维库:《终极股东社会资本控制链的存在与动用——来自中国60家上市公司的证据》,载《南开管理评论》2010年第6期。

[20] 洪剑峭、薛皓:《股权制衡对关联交易和关联销售的持续性影响》,载《南开管理评论》2008年第1期。

[21] 李琳、刘凤委、卢文彬:《基于公司业绩波动性的股权制衡治理效应研究》,载《管理世界》2009年第5期。

[22] 李增泉、辛显刚、于旭辉:《金融发展、债务融资约束与金字塔结构——来自民营企业集团的证据》,载《管理世界》2008年第1期。

[23] 李增泉、叶青、贺舟:《企业关联、信息透明度与股价特征》,载《会计研究》2011年第1期。

[24] 刘星、刘伟:《监督,抑或共谋?——我国上市公司股权结构与公司价值的关系研究》,载《会计研究》2007年第6期。

[25] 吕怀立、李婉丽:《股权制衡与控股股东关联交易型"掏空"——基于股权结构内生性视角的经验证据》,载《山西财经大学学报》2010年第6期。

[26] 马忠、吴翔宇:《金字塔结构对自愿性信息披露程度的影响:来自家族控股上市公司的经验验证》,载《会计研究》2007年第1期。

[27] 毛世平:《金字塔控制结构与股权制衡效应——基于中国上市公司的实证研究》,载《管理世界》2009年第1期。

[28] 涂国前、刘峰:《制衡股东性质与制衡效果——来自中国民营化上市公司的经验证据》,载《管理世界》2010年第11期。

[29] 王俊秋、张奇峰:《终极控制权、现金流量权与盈余信息含量——来自家族上市公司的经验证据》,载《经济与管理研究》2007年第12期。

[30] 王美今、林建浩:《计量经济学应用研究的可信性革命》,载《经济研究》2012年第2期。

[31] 王雪梅:《终极控股权、控制层级与经济增加值——基于北京上市公司数据》,载《软科学》2012年第2期。

[32] 吴红军、吴世农:《股权制衡、大股东掏空与企业价值》,载《经济管理》2009年第3期。

[33] 徐向艺、王俊韡:《控制权转移、股权结构与目标公司绩效——来自深、沪上市公司2001~2009年的经验证据》,载《中国工业经济》2011年第8期。

[34] 游家兴、罗胜强:《金字塔股权结构、地方政府税收努力与控股股东资金占

用》,载《管理科学》2007年第1期。

[35] 袁知柱、鞠晓峰:《股价信息含量测度方法、决定因素及经济后果研究综述》,载《管理评论》2009年第4期。

[36] 朱滔:《大股东控制、股权制衡与公司绩效》,载《管理科学》2007年第5期。

基于 SAMO 框架的中外上市公司信息披露机制比较研究[①]

上市公司信息披露长期以来被视为解决外部投资者与公司间信息不对称的有效途径。21 世纪初,随着安然、世通等上市公司财务丑闻的曝光,发达国家的公司治理体制弊端开始显现,尤其是信息披露方面的缺陷引发了公司治理领域的反思。本文分别选取美国、德国、日本和中国作为比较样本,利用徐向艺等(2006)提供的 SAMO 分析框架,即选择信息披露利益方 (Stakeholders)、监管主体 (Auditor)、监管手段 (Means)、监管目标 (Objective) 四个维度对各国信息披露机制进行比较研究,分析其信息披露法律法规、监管体系的差异,以期为中国上市公司信息披露机制完善寻找有益的途径。

一、美、德、日三国上市公司信息披露机制分析

1. 美国上市公司信息披露机制

信息披露利益方 (S) ——高度分散的股权持有者与日益崛起的机构投资者。20 世纪初各种反托拉斯法律的订立,以及美国多元化文化带来的民主思想使得美国上市公司的股权日趋分散。这使得公司管理层逐渐掌握了上市公司的控制权,同时中小股东由于话语权的限制无法有效监管管理层,委托代理问题成为困扰美国资本市场与分散股东的主要难题。在这种背景下,机构投资者作为介于中小股东与控制股东中间的一个投资者群体,能够在一定程度上解决因为中小股东股权分散而不能有效行使投票权的问题。但是,值得引起注意的是无论中小股东还是机构投资者,都不能解决"实际控制人缺位"的问题,美国市场模式的公司治理传统导致了这一问题的形成。如何解决这一问题,并完善信息披露制度是美国资本市场亟须解决的问题。因此,美国选择了独立的监管部门与严格的法律体系来

---

① 徐向艺、方政,原文发表于《理论学刊》,2012 年第 3 期。本文得到山东省社会科学规划项目"上市公司内部人交易行为研究"(项目编号:10BJGJ22)的资助。

规范资本市场的运行,一方面保护中小股东与机构投资者的利益;另一方面为解决代理问题提供了监管与法律保障。

监管主体(A)——美国证券交易委员会(SEC)。在美国的公司治理模式中,既不是借助公司法的力量,因为美国没有适用于全国的公司法,也不是借助股东的力量,因为美国是世界上少有的股权高度分散的国家,而是通过资本市场本身以及SEC有关信息披露的法规来进行规制。由于长期以来信奉自由竞争的市场原教旨主义,美国在20世纪20年代后期陷入了有史以来最严重的经济危机,即"大萧条"。富兰克林·罗斯福继任总统后,策划成立了美国证券交易委员会(SEC),依靠政府力量取代自由放任,加强对于资本市场的监管。从此,美国资本市场不再是自由放任,而是在美国SEC这一监管主体的规范下运行。总之,美国SEC作为资本市场监管的主体,在近百年的运作中承担着市场有序、规范运行的责任,可谓资本市场的"舵手"。

监管手段(M)——全面加强的强制信息披露监管。美国证券交易委员会(SEC)在1933年与1934年先后通过《证券法》与《证券交易法》,确立了信息披露制度,并对其进行了法律约束,美国由此进入了强制性信息披露时代。2000年,美国颁布《信息公平披露法》,确立了公平披露规则,保证了市场交易主体能够公平的获取上市公司信息,消除了上市公司对于信息披露对象的歧视性。安然、世通的破产再次拷问美国信息披露机制,信息披露中介机构(如会计师事务所)与上市公司的合谋开始引起监管部门的注意。2002年,美国国会通过了《萨班斯—奥克斯利法》(SOX),不仅将证券分析师、审计师等信息披露中介纳入公司治理结构中,而且强化了上市公司董事会与经理层有关信息披露的责任,以保证信息披露的客观性与及时性。综合以上,美国信息披露的法律体系经历了一个逐渐强化的过程,监管范围不断扩大,信息披露要求越发严格并且越来越具体,更加有效地保护市场投资者的利益。

监管目标(O)——解决市场模式下的代理问题,依靠严格的监管保护股东利益以及规范资本市场的运行。由于美国资本市场的特殊性(股权高度分散、市场有效性不断提高、民主意识强烈、法律法规高度健全等),上市公司的董事会或者经理层成为公司的实际控制人。为了解决这一市场模式下固有的代理问题,美国采用专门的监管机构进行市场监管,并辅以严厉的法律规制与苛刻的法律处罚,以此保护股东利益以及规范资本市场的运行。例如,根据《萨班斯—奥克斯利法》(SOX)第802节、第903

节、第904节、第906节等规定，上市公司管理层财务报告的蓄意瞒报、篡改或者销毁相关文件等，将处以最高20年的监禁、最高50万美元的罚金，或者并罚。而第1106节更是规定违反《证券交易法》的个人刑罚从原规定100万美元大幅增加到500万美元；违法监禁最高处以20年，而原规定为10年；对公司的处罚更为严厉，罚金高达2500万美元，原规定为250万美元。

2. 德国上市公司信息披露机制

信息披露利益方（S）——银行主导下的大股东治理。容克资本主义在德国历史进程中的影响，一定程度上形成了国家在经济生活中的主导地位，而银行成为国家参与经济生活的重要工具。同时，由于德国没有实现证券业与银行业的分业经营，银行混业经营的存在导致德国形成了"产融结合"的局面，既扮演着传统商业银行的角色，又充当投资银行，发行股票。基于银行的特殊地位以及混业经营的特点，德国的股权分布呈现高度集中化的现象，这就形成在银行主导下的大股东治理模式。由于德国私人投资者一般不直接进入股票市场，而是将表决权委托给银行，由银行行使代理表决权；另外，德国缺乏必要的全面信息披露制度与大范围交叉持股强化了银行在资本市场中的作用。因此，德国选择了多层次的信息披露制度，重点规范大型企业及上市公司的市场行为，优先保证债权人的合法利益，并保证资本市场的有序运行。

监管主体（A）——年轻的联邦金融服务监管局。与德国经济悠久的历史相比，资本市场的监管机构则显得十分年轻。随着第二次世界大战后经济的飞速发展以及资本市场规模的迅速膨胀，市场投资者开始接受先进的经济思想以及金融市场相关知识，银行的主导地位开始受到挑战。市场投资者开始要求强化对于公司委员会的问责机制以及加强上市公司信息披露的透明度。德国政府于1994年推出《金融市场促进法》，并规定设立联邦证券交易监管局作为资本市场的监管者，强化联邦政府的监管权力。2002年，为了加速欧盟一体化进程，德国根据欧盟关于金融监管的规定，将本国银行业务、保险业务和证券业务的监管部门合并，形成了今天的联邦金融服务监管局。但是，基于长期的联邦制历史，德国在资本市场监管方面实行联邦政府与州政府共同监管的机制，即联邦政府宏观调控、州政府具体协调。因此，尽管联邦金融服务监管局是全国性的监管机构，但在实际操作中，各州的监管机构发挥着更大的作用，这也导致了在监管主体方面依旧沿袭着传统做法，联邦金融服务监管局的职能有待强化。

监管手段（M）——多层次与不充分信息披露制度。德国资本市场的信息披露制度最显著的特点就是信息披露要求的多层次性与不充分性。主要规定比如：（1）企业根据自身不同规模进行信息披露，呈现多层次性；（2）根据相关法规界定的中小企业被允许进行简化的资产负债表与损益表等报表的信息披露。原因主要有两个方面：一方面，由于特殊的历史背景，即长期松散的联邦制历史，德国各州的监管机构发挥着主要作用，即使在联邦金融服务监管局建立以后，各州监管机构依旧负责着具体协调与监管，基本采用传统的监管方式；另一方面，银行在资本市场中的重要地位，以及银行的风险偏好与对现金流的要求，使得德国资本市场的监管优先为债权人服务，保证作为债权人的银行能够获得更加理想的收益。

监管目标（O）——保证银行利益优先，兼顾扶持创业与中小企业发展。如上所述，由于特殊的历史原因与银行在资本市场中的主导地位，德国形成了特殊的信息披露机制，并且在对于信息披露的监管目标上也有别于其他国家，即优先考虑银行利益，避免因股东要求分红或者发放现金股利导致银行利润的缩减；同时兼顾扶持创业企业与保证中小企业的发展壮大，推动德国经济的稳定发展。

基于以上分析，德国现行的信息披露制度在全球公司治理机制出现趋同化趋势的情况下显然不合时宜，对于外国投资者的吸引力相对较低。为了保证能够更好地利用资本市场的资源再分配功能，许多德国跨国公司开始积极与国际接轨。霍尔戈·达斯克和安德斯·格伯特（Holger Daske & Gunther Gebhardt，2006）研究指出在20世纪90年代，戴姆勒与宝马公司率先参照一般公认会计原则（GAAP）与国际会计准则（IAS）进行信息披露后，许多德国公司纷纷仿效，尤其是1998年前后，参照国际通行会计准则进行披露的德国公司数量激增。由此可见，随着全球化的推进以及公司治理机制趋同趋势的显现，德国的信息披露制度呈现一种"自下而上"，自觉接轨国际通行会计准则的特点，以此保证国际市场竞争中优势地位的维持。

3. 日本上市公司信息披露机制

信息披露利益方（S）——基于债权人利益的银行与企业共同治理。在公司融资结构方面，日本与德国有一个共同的特点，即债券融资比例相对高于股权融资比例。但是，与德国的监管利益方相比，日本自身的基于债权人利益的银行与公司共同治理模式则体现其特殊性。一方面，由于银行在资本市场中发挥重要的作用，日本上市公司主要融资渠道就是银行各种形式的贷款；另一方面，日本特殊的历史文化一定程度上影响了日本资本市场的形式与内容。日本特有的"和、诚"文化，是维系日本公司良好竞争关系的纽带，也成为日本在几次崛起中的精神动力。由于银行与公司的交叉持股，以及大企业集团的存在，日本资本市场相对其他成熟资本市场不够活跃，接管难度较大，难以进行有效的公司治理以及信息披露，保护投资者的利益，相反却更多的保护以银行为代表的债权人利益。因此，日本选择了所谓的"关系导向模式"，即银行与公司的共同治理模式，通过交叉持股的公司共同治理保证核心银行等债券人的利益。

监管主体（A）——集权体制下政股难分的日本金融厅。在资本市场发展的相当长的历史时期内，日本大藏省发挥着重要作用。为了适应资本市场的发展、保护投资者的利益以及建立独立的监督制度的需要，日本金融监管厅于1998年正式成立。但是，由于日本资本市场中大财团的存在以及银行与政府的特殊联系，日本金融监管再次做出调整，2000年成立金融厅，将金融决策权与监督权再次集中，形成了高度集中、政股难分的监管体制。考虑到文化因素以及历史进程，日本形成这种监管机制也基本符合路径依赖的进化模式，但是由于银行与政府、企业之间的特殊联系很难保证资本市场的信息披露机制能够更好地保护投资者利益。因此，集权体制下的日本金融厅尽管提出保护资本市场投资者的合法利益，但实际上更像是一个资本市场中财团企业的"庇护所"，而不是保护投资者利益的"执法者"。

监管手段（M）——不充分的信息披露制度及股东直接干预。明治维新后，日本参照欧洲各国先进的经验制定《商法》，规范本国市场参与主体的行为，并保证经济的快速有序的发展。第二次世界大战后，由于美国的短期接管，日本吸收了美国有益的资本市场经验，并制定了《证券交易法》，旨在保护投资者的利益。但是，日本信息披露制度的不充分成为制约日本资本市场进一步发展壮大的桎梏，其有关上市公司信息披露的内容规定较为宽松，强制性信息披露内容在资本市场发展过程中始终没有结合市场实践进行实质性的修改。考虑到日本资本市场的特殊性，其信息披露制度发展迟滞的原因可能在于日本上市公司特殊的公司治理模式，即以银行为核心的大财团通过交叉持股，形成较强的连接纽带，而如果股东对于关联公司管理层的绩效或者市场表现不满，可以直接进行干预，而不需要像其他国家股东那样"用脚投票"。因此，日本资本市场在股东直接干预的条件下，能够有效地保护大股东的利益；但是其不充分的信息披露制度并没有得到有效的完善，对于中小股东的保护是制约资本市场进一步发展的障碍。

监管目标（O）——保障财团的整体利益。日本在明治维新时期就开始扶持财团的发展，比如日本政府将相关实业交给以三菱为代表的财团运作，第二次世界大战后，日本原通产省成立由索尼、松下等电子公司组成的联盟进行计算机的研发，并给予政策支持。日本资本市场的发展在为日本经济发展注入了强劲的活力的同时，也为诸多财团提供了便利的融资渠道与有利的政策倾斜。因此，日本资本市场的信息披露制度更多的是保障以银行为核心的财团的整体利益，而主要不是保护投资者的利益。

与德国一样，日本财团虽然在国内市场得到保护，但却要积极适应国际竞争，自觉遵守国际资本市场的游戏规则。为了更好地参与国际竞争，日本上市公司在本国信息披露不充分、强制性信息披露较宽松的情况下，自觉进行自愿性信息披露，以保证投资者更加及时、全面地了解公司运营状况，增加公司在资本市场的吸引力，同时借助更加全面的信息披露，完善自身的公司治理机制。由此可见，日本、德国等公司治理机制存在明显不足，在全球化趋势下，这些国家开始积极寻求与先进的公司治理机制接轨，一方面进行公司治理机制的自我完善，更好地保护市场参与主体，尤其是投资者的利益；另一方面增强本国公司的国际竞争力与对于全球投资者的吸引力，促进本国公司的进一步发展壮大。

二、中国上市公司信息披露机制

1. 信息披露利益方（S）——国有资产代表人与公司终级控制人

郑海航（2008）提出正确区分国有资产所有者与国有资产代表人的概念，即在中国，全民是国有资产的实际所有者，而政府是国有资产所有者的代表人。由于全民所有制的特殊性，中国注定不能照搬西方发达国家的市场监管体制，而应该在结合本国实际的条件下借鉴发达国家的先进管理经验。但是，随着中国经济的发展与全球化的推进，非国有企业，尤其是民营中小企业的崛起，成为中国经济发展的重要推动力。因此在中国，信息披露利益方，在国有控股公司中是国有资产代表人，即国有资产管理机构；在非国有控股公司中是公司终级控制人。

2. 监管主体（A）——中国证券监督管理委员会

20世纪90年代，上海证券交易所与深圳证券交易所先后成立，成为中国证券市场走向成熟的里程碑。为了适应证券市场走向成熟的背景，中国于1992年成立证券监督管理委员会（即证监会），开始确立统一的市场监管机制与目标。证监会成立以来，在中国资本市场的实践中摸索前行，与证券交易所等资本市场参与主体形成立体的监管机制。在中国资本市场发展的历程中，证监会发挥着重要的导向与监管作用，不仅根据国内外经济环境的变化进行政策性的变更与指导，并且不断强化对于市场行为的监管，其中对于信息披露的监管是其监管职能的主要体现。

3. 监管手段（M）——由自愿披露制度向强制披露制度转变

中国资本市场形成初期，没有信息披露的强制性规定，属于信息自愿披露。1994年7月，中国第一部《公司法》正式生效，随后1999年7月《证券法》颁布，与《公司法》一并成为上市公司信息披露的原则性法律，对于上市公司的信息披露进行明确的界定，使得信息披露有法可依。由于经济全球化的推进，大量国外投资者开始寻求进入中国市场，也带来了先进的市场经验，同时使得中国资本市场的开放程度持续提高。证监会根据发达国家先进监管机制以不断调整、完善法律或者具体法规，以适应资本市场的创新与发展。2008年4月，证监会、财政部等五部门联合颁发《企业内部控制配套指引》，被外界称为中国版的《萨班斯—奥克斯利法》（SOX），原因在于其正式采用《萨班斯—奥克斯利法》（SOX）中最具争议的第404条款，即将内部控制纳入信息披露体系。至此，中国基本上建立了强制性信息披露制度。

4. 监管目标（O）——保证市场公平性，重点监督内部人控制行为（国有控股公司）和实际控制人行为（民营公司）

在国有控股公司中，虽然股权分置改革在一定程度上稀释国有股比重，但是股权集中度依旧较高。国有股控制下的国有企业不仅要实现市场价值的最大化，还要兼顾诸如就业、税收等社会责任。所以在国有控股公司中信息披露的直接目标是监督内部人信息披露行为，以保证政府国有资产管理部门（实际控制人）利益。在民营企业中则相反，徐向艺、宋理升和王亚斌（2010）以2004~2006年深圳证券交易所的民营上市公司为样本，对实际控制人与信息披露透明度之间的关系进行了实证研究。研究结果证实，民营上市公司实际控制人的控制权与信息披露透明度之间存在倒"U"型关系：当实际控制人的控制权小于41.94%时，信息披露透明度随着实际控制人控制权的增加而上升；当实际控制人的控制权大于41.94%时，信息披露透明度随着实际控制人控制权的增加而下降。因此在民营企业中,信息披露的直接目标是监督公司实际控制人的行为,以保障利益相关者的利益。

综合以上,虽然资本市场监管机制在不断完善,但是中国资本市场的公平性问题依旧比较严重,不仅体现在企业的市场竞争中,还体现在不同所有制形式企业的责任上,在这样的情况下,如何保证市场参与的公平性,成为需要解决的难题。国内学者研究发现上市公司的信息披露因制度背景或者所有制性质的不同,而存在不同程度的差异,即使是与内部控制相关的审计功能,如雷光勇、李书锋与王秀娟(2009)研究发现审计功能受到制度背景的显著影响,包括政治背景、法治化水平等。

三、中外上市公司信息披露机制比较及政策建议

1. 中外上市公司信息披露机制比较

通过对信息披露机制的多维度分析,样本各国由于历史原因、制度环境及资本市场的特点在信息披露机制上存在不同程度的差异,如表1所示。

表1　　　　　　　　各国信息披露现状比较

	中国	美国	德国	日本
信息披露利益方	国有资产代表人与公司终极控制人	中小股东为主	法人为主	法人为主
监管主体	证券监督管理委员会	美国证券交易委员会	联邦金融服务监管局	金融厅
监管手段	自愿披露制度向强制披露转变	全面强化的强制信息披露制度	多层次与不充分信息披露制度	不充分的信息披露制度及股东直接干预
监管目标	保证市场公平性,监督内部人控制行为和实际控制人行为	依靠市场模式,保护中小股东利益	保证银行利益优先,兼顾扶持创业与中小企业	保障财团的整体利益

根据表1的系统比较,样本国家信息披露基本分为三种类型:第一类:以美国为代表的市场机制。市场机制导向下的信息披露机制突出特点是:(1)信息披露主要依靠市场机制,即在高度分散的股权结构下,进行旨在保护中小股东利益的强制信息披露制度;(2)信息披露的监管主要依靠职能独立的、直属于美国联邦政府、具有独立的执法权美国证券交易委

员会（SEC）。第二类：以日本、德国为代表的关系机制。关系机制导向下的信息披露机制突出特点是：(1) 信息披露的监管根据本国资本市场现状，存在行政干预下的不充分信息披露或自愿信息披露，即存在银行、财团等大股东作为实际控制人的股权结构下，对其进行一定政策倾斜的信息披露制度。(2) 信息披露的监管主要依靠相关政府职能部门，隶属于本国最高行政机构，如德国的联邦金融服务监管局、日本的金融厅。第三类：以中国为代表的混合机制。混合机制导向下的信息披露机制突出特点是：(1) 信息披露的监管结合本国特殊的所有制形式，由自愿信息披露机制度向强制性披露制度转变，即在保证市场公平性的基础上，监督内部人控制行为和实际控制人行为，保障国有资产所有者和利益相关者利益。(2) 信息披露的监管依靠职能独立的证监会，该机构直属于国务院，但不具备独立的执法权。证监会需要依照法律、法规和国务院授权，监督证券市场的有效运行。

2. 研究结论与政策建议

通过比较研究，本文发现无论是以美国为代表的市场机制，还是以日本、德国为代表的关系机制，都在本国资本市场信息披露方面发挥重要作用，并且随着市场的发展不断自我完善。

但是应该注意的是，不同的信息披露机制并不存在绝对的优劣之分，都是根据各国的历史进程与国情进行修订。目前，各国公司治理模式的演进呈现一定的趋同趋势，以美国为代表的公司治理模式对银行持股的管制有所放松，而以日本、德国为代表的公司治理模式开始弱化银行对企业的监管、交叉持股比例有所下降。中国信息披露的混合机制，即处于关系机制向市场机制演进过程的一种过渡机制，所以市场机制与关系机制的优劣都会一定程度上体现在中国信息披露的实践中。

通过比较研究，发达国家的信息披露机制实践可以给予中国信息披露实践许多有益的指导：

(1) 切实做到对于上市公司信息披露机制的严格的事前监管，而不能仅仅依靠严厉的惩罚和事后管制，以实现"法的建立"与"法的实施"的无缝整合。严格的法律条款可以保证市场公平与保护投资者，尤其是中小投资者的利益，但是如果不能很好地将法律条文落到实处，进行必要的监管，使得法律能够切实地在市场运行中起到规制作用，即使有完善的法律条文也将是一纸空文。

(2) 推行区别性信息披露机制，针对主板与创业板企业成熟度的差异,明确扶持创业与中小企业的理念,有步骤地尝试不同市场上市公司信息披露的"双轨制"。通过"双轨制"的信息披露,资本市场监管部门在信息披露监管中,能够在保证资本市场健康良性发展的同时,可以有效地避免"一刀切"的问题。

(3)上市公司按照国际通行标准建立信息披露机制,完善信息披露的及时性、准确性与完整性,力争做到与国际接轨,以满足上市公司"走出去"的需要。在经济全球化的今天,上市公司面向的投资者也不仅仅限于国内,而且许多上市公司积极寻求海外上市,想要得到投资者,尤其是海外投资者的认可,就必须重新审视信息披露的重要性,避免海外上市公司被停牌的情况再次发生。

参 考 文 献

[1] 徐向艺:《公司治理制度安排与组织设计》,经济科学出版社 2006 年版。

[2] 甘培忠、楼建波:《公司治理专论》,北京大学出版社 2009 年版。

[3] Holger Daske, Gunther Gebhardt. International Financial Reporting Standards and Experts' Perceptions of Disclosure Quality [J]. ABACUS. 2006, 42: 461 – 498.

[4] 郑海航:《内外主体平衡论——国有独资公司治理理论探讨》,载《中国工业经济》2008 年第 7 期。

[5] 徐向艺、宋理升、王亚斌:《民营上市公司实际控制人与信息透明度研究》,载《山东大学学报(哲学社会版)》2010 年第 4 期。

[6] 雷光勇、李书锋、王秀娟:《政治关联、审计时选择与公司价值》,载《管理世界》2009 年第 7 期。

母子公司关联度与子公司审计师选择

——基于股权制衡的调节效应视角[①]

拉波特等（La Porta et al.，1999）、克拉森斯等（Claessens et al.，2000）较早的关注到了企业集团化的趋势，即为了抵御市场风险和不确定性，相当数量的上市公司倾向于建立隶属于企业集团的内部市场替代机制，而母子公司作为企业集团较为常见的组织形式之一，得到了越来越多学者的关注。但是，随着学者们对于母子公司研究的深入，考虑到风险—收益的匹配性，子公司在获得来自于母公司支持行为的同时，还需要接受来自于母公司的控制，这就导致了子公司独立性的弱化。其中，尤其是母子公司内地位相对重要的子公司，其受到来自于母公司的控制强度可能较其他关联公司更强，如默克（Morck，2007）指出日本财团通过重组金字塔结构的方式将重要的子公司向金字塔顶端转移，以期通过直接控制的方式提升整体绩效。

由于受到母公司的实际控制，子公司独立性的弱化使得其内部治理机制的治理效应受到约束，董事会、经理层等内部治理机制的运作容易受到母公司意志的影响，而外部治理机制作为内部治理机制的重要补充，在制衡与约束母公司，尤其是实际控制人方面能够发挥重要作用。基于内部控制等相关法规约束的外部审计师，由于其外部人身份以及较强的独立性已经成为来自外部的、监督与制衡内部人的有效治理机制。具有较强独立性的外部审计师作为外部治理机制发挥作用，能够弱化母公司或者实际控制人对于子公司经营行为的干预，这就使得母公司或者实际控制人必须兼顾子公司，尤其是中小股东的利益，一定程度上约束了其干预行为。基于控制权利益，母公司或者实际控制人就存在通过弱化子公司外部审计师的制衡作用来强化自身控制的可能，那么母公司会不会干预子公司的审计师选择，以及干预的强度是否与子公司的地位存在相关关系？另外，如果这种

[①] 徐向艺、方政，原文发表于《审计与经济研究》，2014年第3期。本文得到山东省社会科学规划项目"上市公司内部人交易行为研究"（项目编号：10BJGJ22）与山东大学研究生自主创新基金（项目编号：11030072613059）的资助。

干预现象存在，是否存在一种内部治理机制能够弱化这种干预行为？其中，作为子公司制衡母公司或者实际控制人的股权制衡机制是否能够增强审计师选择的合理性？本文借助母子公司关联度这一替代指标考察子公司的地位是否影响其审计师选择的自主性，期望对上述问题进行研究，厘清母子公司关联度与子公司审计师选择的关系，以及股权制衡的调节效应，为后续研究提供经验证据。

一、文献综述

外部审计师作为重要的外部治理机制之一，其积极作用已经得到了国内外学者的认可，主要体现在提高财务信息质量、向外部市场传递有关于治理结构的积极信号等。但是，如果高质量的外部审计师仅仅是影响公司治理绩效的外生变量，那么所有上市公司都会倾向于选择高质量的外部审计师，这样不仅可以提升公司治理绩效，而且能够向外部市场传递积极的信号，有助于实现市场"溢价"，然而这与上市公司对于外部审计师的选择呈现差异化是不相符的，即国际四大、国内十大以及其他事务所都能够在激烈的竞争中寻找到生存空间。因此，审计师的选择内生于上市公司治理实践，受到公司治理机制的显著影响。林等（Lin et al., 2010）研究指出，不同的公司治理水平显著影响着外部审计师的选聘，原因就在于其内部治理机制的完备程度需要外部审计师的协同以实现其治理效果。

基于审计师选择内生于公司治理机制的视角，国内外学者也取得了丰富的成果。范等（Fan et al., 2005）通过研究东亚地区的上市公司，发现代理问题较为突出的上市公司倾向于雇用声誉水平较高的事务所，而声誉水平较高的事务所出具非标准审计意见的可能性也越大，即外部审计师能够较好的发挥治理效应。陈等（Chen et al., 2010）采用案例研究方法研究了中国上市公司的审计师选择问题，结论显示为了进行"自利"的信息披露，样本公司在审计师选择过程中呈现由"四大"向本地事务所转移的趋势，其目的在于获取更加宽容的审计意见。张敏等（2011）研究指出机构投资者持股比例越高，公司越可能聘请规模较大的事务所进行审计，也有助于审计质量的提升。更多的学者则着眼于政治关联、市场环境的视角，研究发现政治关联较强、市场环境较差的上市公司倾向于选择规模较小、声誉一般的事务所进行审计，而不是选择国际四大或者国内十大等声誉较好的事务所。还有部分学者注意到了来自实际控制人的控制与外部审计师选择的关系问题，王烨（2009）指出随着资本控制链的延伸，子公司与母公司或者实际控制人的代理冲突趋于严重，为了降低控制性股东的资金侵占程度、减缓公司的代理冲突，子公司倾向于聘请审计质量较高的"四大"审计。唐跃军（2011）也通过研究支持了上述观点。

纵览现有研究，学者们不仅对审计师的治理效应进行了研究，还关注到了审计时选择的影响因素问题，并且部分学者还将实际控制人的控制纳入分析框架，为本文研究提供了充分的文献支持，但是已有研究还存在一定不足：首先，尽管学者认识到了实际控制人可能对于外部审计师选择施加影响，但是仅仅通过两权分离度或者金字塔链条层级观察子公司所在资本控制链位置的影响，而没有具体研究控制强度的差异性及其作用机理，如在整个母子公司体系内，地位相对重要的子公司是不是受到来自母公司或者实际控制人的更强控制？这一思路能够更加完善金字塔结构现有研究，即通过将子公司地位纳入资本链条分析中，使得资本链条分析更加合理，内容也更加丰富。其次，虽然杜兴强等（2011）立足于政治关联，关注到了事务所选择的"地缘偏好性"，但是现有研究忽视了母子公司治理行为间的互动过程，仅仅关注了治理特征与治理结果间的相关关系，而没有探讨这一过程中关于治理行为的作用机理，即母公司或者实际控制人控制，以及母子公司治理过程中存在的互动性而导致的审计师地域敏感性与声誉敏感性的权衡问题。基于以上不足，本文将深入分析母子公司关联度与子公司审计师选择的关系，以及股权制衡对于二者关系的调节效应，为审计师选择相关研究提供文献支持。

二、理论分析与研究假设

基于交易费用理论的主要观点，学者们认为母子公司的产生动机在于以内部交易取代外部市场，降低外部交易导致的福利损失，并期望最大化整体福利水平。但是，随着委托—代理理论和不完全契约理论引入母子公司治理分析框架，母子公司治理相较于单体公司治理出现了基于法人层面的治理问题——源于内部人控制的子公司治理风险，即存在子公司作为代理人的机会主义行为。为了避免子公司机会主义行为导致的整体效率损失，母公司倾向于通过施加控制的方式约束子公司内部人行为，尤其是母子公司内关联度较高的子公司，由于其业绩或者市场价值的波动对于母子公司整体影响较大，所以可能受到来自母公司更直接的控制。默克

（Morck，2007）基于日本财团的金字塔结构构成方式，分析指出日本财团为了借助直接控制的方式提升整体绩效，地位相对重要的子公司呈现向金字塔顶端转移的趋势。

继拉波特等（La Porta et al.，1999）率先将外部治理机制引入公司治理研究后，外部治理机制作为内部治理机制必要的补充开始得到学者们的关注。在母子公司实践中下，由于母公司的核心地位导致母子公司间权利与义务的不对称性，其内部治理机制发挥作用的空间较为有限，而外部治理机制作为相对独立的力量，能够较为充分地发挥监督与约束作用。其中，外部审计师作为上市公司外部治理机制，在母子公司框架内对于有效约束与制衡母公司或者实际控制人发挥了重要的作用，并在《萨班斯—奥克斯利法案》以及中国相关内控法规颁布后得到了强化。如前所述，为了保证母子公司整体绩效水平，母公司存在强化控制关联度较高子公司的动机，那么作为能够有效制衡母公司的外部治理机制，关联度较高子公司的外部审计师选择可能受到来自于母公司更强的控制。

国内学者杜兴强等（2011）研究指出上市公司倾向于选择"本地小所"，而国有上市公司的这一倾向更加明显，即审计师选择存在显著的"地缘偏好性"。借鉴权衡理论的主要观点，子公司审计师选择也存在基于权衡的权变问题，即仅仅关注"地缘偏好性"可能不利于合理市场评价的获得，而需要将审计师事务所的声誉也纳入考虑范围进行综合权衡，也就是在审计师地域敏感性与声誉敏感性中进行权衡。而基于母子公司框架，地位相对重要（关联度较高）子公司在审计师选择方面的权衡可能会以母公司意志为出发点，优先选择本地事务所而不是声誉较高的"国际四大"或者"国内十大"。因此，提出假设如下：

H1a：与母公司关联度较高的子公司，审计师选择倾向于选择本地事务所，即母子公司中处于相对重要地位的子公司，其审计师选择更有可能受到来自母公司的控制，从而呈现地域敏感性的特征。

H1b：与母公司关联度较低的子公司，审计师选择倾向于选择具有较高声誉的大所，如"国际四大"或者"国内十大"，即母子公司中其他子公司，其审计师选择受到来自母公司的控制相对较弱，从而呈现声誉敏感性的特征。

委托—代理理论认为有效的内部治理机制能够优化公司治理结构，提升公司绩效水平。然而，在母子公司框架下，内部治理机制往往体现了母公司的意志，即缺乏独立性。考虑到董事会、监事会以及经理层容易受到母公司意志的影响，股权制衡作为基于股权结构的内部治理机制，能够较好地保障子公司独立性，尤其是子公司中小股东的利益。现有关于股权制衡治理效应的文献更多地集中于单体公司治理研究，结论较为一致地认为股权制衡是基于股权结构的治理机制，能够发挥积极的治理效应，尤其是能够制衡与约束控股股东的行为，从而提升决策的科学性与有效性。基于以上分析，母子公司治理实践中，股权制衡不仅能够发挥其保护子公司独立性的积极治理效应，而且可以提升其决策，包括子公司审计师选择的合理性，即能够调节母子公司关联度与子公司审计师选择的关系，更加注重外部审计师的声誉。因此，提出假设如下：

H2：当子公司具有较高水平的股权制衡时，与母公司关联度较高的子公司倾向于选择具有较好声誉的审计师事务所，即在子公司股权制衡的调节作用下，审计师选择更具有声誉敏感性。

第二类代理成本理论认为，股权制衡也可能难以取得预期的治理效应，即存在股东合谋而引起"剥夺"行为的可能。所以，对于股权制衡的治理效应不能机械、教条地停留在股权结构上，而应该将更多有价值的信息纳入分析框架内。针对这一问题，国内学者高闯等（2008）、关鑫等（2010）较早地认识到了单纯利用股权控制链分析股权结构的弊端，并基于社会资本理论开创性地提出了终极股东社会资本控制链问题，认为由于终极控股股东的隐蔽性，仅仅分析股权控制链是不够的，还需要将与股权控制链相关的社会资本控制链综合考虑。也就是说，在母子公司框架下，子公司的股权制衡可能受到其实际控制人社会资本的影响，即实际控制人可以通过社会资本控制链强化其控制强度，形成股权制衡的表象，却无实际治理效果。基于以上分析，股权制衡需要将社会资本理论以及社会资本控制链纳入考虑范围，并进行区分，即实质型股权制衡与形式型股权制衡，以增强研究的合理性与稳健性。因此，综合考虑第二类代理成本理论、社会资本理论以及社会资本控制链，提出假设如下：

H3：实质型股权制衡对于审计师选择声誉敏感性的调节效应显著优于形式型股权制衡。

三、研究设计

1. 变量定义

（1）被解释变量：审计师选择（Aud_i）。采用虚拟变量赋值法度量子公司审计师选择变量。其中,审计师选择——地域(Aud_1),当所聘用审计师事务所所在地与母公司所在地一致时,取值为1,反之为0;审计师选择——声誉(Aud_2),当所聘用审计师事务所为"国际四大"或者"国内十大"时,取值为1,反之为0。

(2) 解释变量:子公司关联度(Con)。考虑到我国上市公司年报要求披露子公司归属于母公司的权益以及净利润规模,本文采用子公司归属于母公司所有者的净利润比率(Con_1)与子公司归属于母公司所有者的权益比率(Con_2)两个指标表示母子公司关联度。采用这种方法进行度量较之于以往相关研究具有以下优点:首先,由于中国资本市场的不完善,大部分集团公司选择其优质资产上市,以满足苛刻的上市或者"保壳"需求,所以上市子公司对于母公司的业绩影响显著强于非上市子公司;其次,子公司归属于母公司的权益规模较大或者利润贡献率较高,能够较为准确地揭示子公司与母公司的关联度以及子公司的地位;最后,对于关联度较高的子公司,母公司也倾向于施加控制强度,目的不仅在于规避资本控制链延伸而导致的机会主义效率损失问题,还可能在资源配置过程中给予必要的倾斜,反过来进一步强化子公司的地位。

(3) 调节变量:股权制衡度(Bal),采用第二大至第五大股东持股比例之和与第一大股东持股比例的比值度量。若高于中位数,说明股权制衡度较高,则赋值为2;反之,赋值为1。

股权制衡类型(Bal - Type)。基于社会资本理论以及社会资本控制链的思想,将股权控制链背后的相关社会资本控制链与股权控制链综合起来度量股权制衡更加合理(方政等,2013),所以本文将股权制衡分为实质型股权制衡与形式型股权制衡两类,以增强股权制衡治理效应的合理性与稳健性。具体说来,形式型股权制衡(Bal - E)只需满足任一条件:①前两大股东同为国有背景、国有控股背景;②前两大股东隶属于同一集团公司;③前两大股东有一方为公司创始人,而另一方为创始人创办的公司;④前两大股东为自然人,且二人为亲属关系。而实质型股权制衡(Bal - I)则不满足以上任一条件。赋值方式为实质型股权制衡取值为2,而形式型股权制衡取值为1。

(4) 控制变量。为了保证研究的稳健性,本文借鉴现有相关文献以及基于本研究的需求,选取董事长与总经理两职合一性(Plu)、独立董事自主性(Ind)(曹廷求等,2012)、资本结构(Lev)、公司规模(Size)、成长性(Growth)、盈利能力(ROA)作为控制变量(见表1)。

表1　　　　　　　　　　　变量汇总表

	变量名称	变量符号	测度方法
被解释变量	审计师选择	Aud_i	地域、声誉均采用虚拟变量赋值
解释变量	子公司关联度	Con_1	子公司归属于母公司的净利润比率
		Con_2	子公司归属于母公司的权益比率
调节变量	股权制衡度	Bal	第二大至第五大股东持股比例之和与第一大股东持股比例的比值
	实质型股权制衡	Bal – E	如前文所述
	形式型股权制衡	Bal – I	如前文所述
控制变量	两职合一性	Plu	董事长与总经理为同一人，则取1
	独立董事自主性	Ind	独立董事比例减去法规规定的1/3
	资本结构	Lev	资产负债率
	公司规模	Size	上市公司总资产对数
	成长性	Growth	主营业务增长率
	盈利能力	ROA	总资产收益率

2. 模型设计

为了检验股权制衡的调节效应，构建模型Ⅰ与模型Ⅱ。模型Ⅰ用于检验假设1a和1b，即母子公司关联度与子公司审计师选择是否存在地域敏感性或者声誉敏感性；模型Ⅱ则用于检验假设2和假设3，通过加入子公司股权制衡度与母子公司关联度的交叉项，意在检验股权制衡的调节效应，以及不同类型股权制衡的调节效应是否存在区别。模型如下：

模型Ⅰ：

$$Aud_i = \alpha_0 + \alpha_1 Con_i + \alpha_2 Plu + \alpha_3 Ind + \alpha_4 Lev + \alpha_5 Size + \alpha_6 Growth + \alpha_7 ROA + \varepsilon$$

模型Ⅱ：

$$Aud_i = \alpha_0 + \alpha_1 Con_i + \alpha_2 Con_i * Bal + \alpha_3 Plu + \alpha_4 Ind + \alpha_5 Lev + \alpha_6 Size + \alpha_7 Growth + \alpha_8 ROA + \varepsilon$$

3. 样本选择与数据处理

本文选取沪深两个证券交易所2009～2011年度A股上市公司作为研究样本，相关变量数据全部取自国泰安CSMAR数据库。另外，为了提高研究结果的稳健性，进行数据分析之前首先对于数据进行预处理，剔除相关数据，具体标准如下：剔除同时在海外上市的上市公司（考虑到海外上市公司对于审计师选择有较为具体、严格的要求）；剔除金融类公司；剔除2009～2011年被ST和PT的公司；剔除极端值公司。按照以上标准，最终获取1001家上市公司数据作为研究样本。

四、实证研究及结果分析

1. 描述性统计

表2列示了主要变量的描述性统计结果，样本公司的审计师选择地域变量与声誉变量均值分别为0.278与0.614，且离散程度较小，表明目前上市公司外部审计师选择权衡问题上赋予了审计师事务所声誉较高的权重，但也确实存在优先考虑审计师地域性的情况；母子公司关联度变量均值分别为0.921与0.922，且较为集中，这显示了目前我国母子公司关联度较高的现实情况，即母公司通常选择优质资产公开上市，旨在获得资本市场的"壳资源"以及更加宽广的投融资渠道；股权制衡度类型变量方面，其均值与方差分别为1.528与0.249，说明上市公司的股权制衡更多的还是属于实质型股权制衡，但是也存在着形式型股权制衡的影响，显示了对于股权制衡进行具体细分的必要性；独立董事自主性变量的均值与方差分别为0.033与0.003，从数据层面揭示了上市公司聘用独立董事内在动机不足的现状，即独立董事聘用更多停留在"消极合规"的层面，而不是"积极守规"，一定程度上限制了独立董事治理效应的发挥；其他控制变量方差较小，基本可以排除异常值的扰动影响。

表2　　　　　　　　　主要变量描述性统计

	平均值（Mean）	方差（Variance）	最小值（Min）	最大值（Max）
审计师选择1（Aud_1）	0.278	0.201	0.000	1.000
审计师选择2（Aud_2）	0.614	0.237	0.000	1.000
子公司关联度1（Con_1）	0.921	0.071	-1.766	3.000
子公司关联度1（Con_2）	0.922	0.017	-0.362	2.585
股权制衡度（Bal-Type）	1.528	0.249	1.000	2.000
独立董事自主性（Ind）	0.033	0.003	-0.243	0.381
资本结构（Lev）	0.547	0.072	0.002	3.419
盈利能力（ROA）	0.042	0.015	-1.451	2.811
公司成长性（Growth）	0.177	0.163	-1.000	2.905
公司规模（Size）	21.859	1.995	16.520	30.370

2. 母子公司关联度与子公司审计师选择分析

考虑到子公司审计师选择采用虚拟变量赋值，采用 SPSS17.0 对数据进行逻辑回归（Logistic Regression Analysis）。具体结果如表 3 所示。

表3　母子公司关联度与子公司审计师选择分析结果

	模型 I			
	审计师选择1 (Aud_1)	审计师选择2 (Aud_2)	审计师选择1 (Aud_1)	审计师选择2 (Aud_2)
常数项 (Constant)	1.478*** (8.39)	-0.879*** (-4.66)	1.585*** (7.99)	-1.052*** (-4.88)
子公司关联度1 (Con_1)	0.005* (1.91)	-0.008* (-1.74)		
子公司关联度2 (Con_2)			0.068** (2.23)	-0.105* (-1.77)
两职合一性 (Plu)	0.021 (1.12)	-0.007 (-0.35)	0.021 (1.10)	-0.007 (-0.32)
独立董事自主性 (Ind)	0.076 (0.85)	-0.196* (-1.84)	0.077 (0.86)	-0.195* (-1.83)
公司规模 (Size)	-0.056*** (-7.07)	0.071*** (8.25)	-0.058*** (-7.09)	0.074*** (8.39)
资本结构 (Lev)	0.026* (1.78)	-0.069* (-1.69)	0.026* (1.79)	-0.067* (-1.67)
公司成长性 (Growth)	-0.011** (-2.27)	0.007** (1.96)	-0.010** (-2.22)	0.006** (1.97)
盈利能力 (ROA)	-0.031 (-0.68)	0.045 (0.94)	-0.031 (-0.66)	0.039 (0.84)
Wald	56.32***	76.68***	56.38***	78.08**
R^2	0.145	0.160	0.143	0.158

注：*** 表示显著性水平为1％，** 表示显著性水平为5％，* 表示显著性水平为10％，括号内数字为 Z。

表 3 整理了母子公司关联度与子公司审计师选择的实证结果，结果显示母子公司关联度与审计师选择在地域性上均呈现显著正相关关系，而在声誉上则呈现显著负相关关系，即与母公司关联度较高、地位相对重要的子公司，其外部审计师选择更具地域敏感性的特征；而与母公司关联度较低的其他子公司，则更具有声誉敏感性的特征，证实了假设 1a 和 1b。其

他变量方面，独立董事自主性与审计师声誉呈现显著负相关关系，说明样本公司独立董事的数量并不能保证审计师选择的合理性，即应该重视独立董事质量的要求而不是仅仅关注数量，这也为独立董事"橡皮图章"的论断提供了来自中国上市公司支持；而规模变量、成长性变量则与审计师地域性选择显著负相关，而与声誉显著正相关，这与现有研究结论基本一致。

3. 股权制衡的调节效应分析

借助模型Ⅱ进行股权制衡调节效应分析，采用SPSS17.0对数据进行了Logistic回归分析。具体结果如表4所示。

表4　　　　　　　　　　股权制衡调节作用分析结果

	模型Ⅱ			
	审计师选择1 (Aud_1)	审计师选择2 (Aud_2)	审计师选择1 (Aud_1)	审计师选择2 (Aud_2)
常数项（Constant）	1.475 *** (8.38)	-0.875 *** (-4.62)	1.587 *** (8.01)	-1.054 *** (-4.90)
子公司关联度1 (Con_1)	-0.021 (-0.95)	-0.024 (-1.04)		
子公司关联度2 (Con_2)			-0.101 (-1.64)	0.143 ** (1.97)
子公司关联度1×股权制衡度（$Con_1 * Bal$）	0.018 (1.36)	0.022 ** (2.29)		
子公司关联度2×股权制衡度（$Con_2 * Bal$）			0.018 (1.17)	0.021 ** (2.33)
两职合一性（Plu）	0.021 (1.11)	-0.007 (-0.34)	0.020 (1.08)	-0.006 (-0.30)
独立董事自主性（Ind）	0.078 (0.88)	-0.198 * (-1.87)	0.079 (0.89)	-0.198 * (-1.87)
公司规模（Size）	-0.056 *** (-7.06)	0.071 *** (8.22)	-0.058 *** (-7.08)	0.074 *** (8.35)
资本结构（Lev）	0.025 * (1.77)	-0.069 * (-1.68)	0.025 * (1.78)	-0.067 (-1.64)
公司成长性（Growth）	-0.010 ** (-2.23)	0.006 ** (1.97)	-0.010 ** (-2.18)	0.006 ** (1.96)
盈利能力（ROA）	-0.032 (-0.69)	0.045 (0.96)	-0.032 (-0.68)	0.040 (0.87)

续表

	模型 Ⅱ			
	审计师选择1 (Aud₁)	审计师选择2 (Aud₂)	审计师选择1 (Aud₁)	审计师选择2 (Aud₂)
Wald	59.57***	82.40***	59.23***	82.80**
R²	0.152	0.163	0.155	0.161

注：*** 表示显著性水平为1%，** 表示显著性水平为5%，* 表示显著性水平为10%，括号内数字为 Z。

表4关于股权制衡调节效应的检验结果显示母子公司关联度与股权制衡交叉项与审计师声誉存在显著正相关关系，且显著性水平均为5%，而与审计师地域不存在相关关系，说明股权制衡对于母子公司关联度和审计师选择存在调节效应，即在股权制衡的调节下，地位相对重要的子公司对于审计师选择的声誉敏感性显著强于地域敏感性，证实了假设2。其他变量方面，检验结果与模型Ⅰ基本一致，一定程度上证明了结果的稳健性。

4. 股权制衡效应分类分析

为了进一步检验股权制衡效应的权变性影响，将股权制衡细分为形式型股权制衡与实质型股权制衡，并借助模型Ⅱ进行相关调节作用分析。具体结果如表5所示。

表5　　　　　　　　股权制衡分类调节作用分析结果

	模型 Ⅱ			
	审计师选择1 (Aud₁)	审计师选择2 (Aud₂)	审计师选择1 (Aud₁)	审计师选择2 (Aud₂)
常数项（Constant）	1.478*** (8.38)	-0.879*** (-4.65)	1.583*** (7.97)	-1.048*** (-4.86)
子公司关联度1 (Con₁)	0.014 (0.87)	-0.022 (-1.34)		
子公司关联度2 (Con₂)			-0.058 (-1.02)	0.084* (1.73)
子公司关联度1×股权制衡度 Con₁*Bal-type	-0.006 (-0.96)	0.009* (1.71)		
子公司关联度2×股权制衡度 Con₂*Bal-type			-0.006 (-0.88)	0.012* (1.69)

续表

	模型 II			
	审计师选择1 (Aud$_1$)	审计师选择2 (Aud$_2$)	审计师选择1 (Aud$_1$)	审计师选择2 (Aud$_2$)
两职合一性（Plu）	0.021 (1.13)	-0.008 (-0.36)	0.021 (1.11)	-0.007 (-0.34)
独立董事自主性（Ind）	0.074 (0.83)	-0.193* (-1.82)	0.075 (0.84)	-0.191* (-1.80)
公司规模（Size）	-0.056*** (-7.06)	0.071*** (8.23)	-0.058*** (-7.08)	0.074*** (8.36)
资本结构（Lev）	0.026* (1.78)	-0.069* (-1.69)	0.026* (1.78)	-0.067 (-1.63)
公司成长性（Growth）	-0.011** (-2.24)	0.007** (1.95)	-0.010** (-2.23)	0.006** (1.97)
盈利能力（ROA）	-0.032 (-0.69)	0.045 (0.96)	-0.031 (-0.67)	0.040 (0.87)
Wald	57.91***	79.26***	57.71***	81.83***
R^2	0.150	0.166	0.148	0.158

注：*** 表示显著性水平为1%，** 表示显著性水平为5%，* 表示显著性水平为10%，括号内数字为Z。

表5整理了两种类型股权制衡调节效应的比较结果，结果显示股权制衡类型与母子公司关联度的交叉项和审计师声誉存在显著正相关关系，且显著性水平均为10%，而和审计师地域不存在相关关系，说明实质型股权制衡相较于形式型股权制衡更能够促进子公司选择声誉较好的外部审计师，强化了审计师选择的声誉敏感性，证实了假设3。

五、研究结论与政策建议

本文选取沪深两市2009~2011年度1001家A股上市公司作为研究样本，研究了母子公司关联度与子公司审计师选择的关系，以及股权制衡的调节作用，希望验证在存在母公司强化控制地位相对重要子公司的倾向下，是否存在母公司对于子公司的审计师选择施加控制的现象，以及股权制衡，尤其是实质型股权制衡是否能够监督和约束母公司的控制行为。研究主要结论如下：（1）母子公司中与母公司关联度较高的子公司（关联度较高）选择审计师时，受到来自母公司的控制越强，则子公司对于审计师选择的地域敏感性显著强于声誉敏感性，倾向于选择本地事务所；(2) 当子公司股权制衡较高时，能够一定程度上监督和约束母公司的控制行为，与母公司关联度较高的子公司对于审计师选择的声誉敏感性显著强于地域敏感性，即在股权制衡的调节作用下，子公司倾向于选择具有较好声誉的审计师事务所；(3) 通过引入社会资本链概念，本文将股权制衡进行了分类，发现子公司实质型股权制衡对于审计师选择合理性的调节效应显著优于形式型股权制衡，即实质型股权制衡相较于形式型股权制衡更能够促进子公司选择声誉较好的外部审计师，强化了审计师选择的声誉敏感性。

针对研究结论，提出相应政策建议如下：(1) 通过简化外国投资者投资中国非战略行业上市公司的审批程序，鼓励境外机构投资者积极参与公司治理，优化机构投资者市场，使其能够作为境内机构投资者必要的补充优化上市公司治理结构，从而实现实质型的股权结构，增强上市公司的独立性。(2) 规范外部审计师市场，建立严格监管体制下的审计师声誉激励长效机制，对于存在舞弊行为的上市公司实行审计师连带责任，并健全审计师市场的准入和退出机制，实现审计师市场的良性竞争和优胜劣汰。

参 考 文 献

[1] La porta R, Lopez-de-silanes F, Shleifer A. Corporate Ownership around the World [J]. Journal of Finance, 1999, 54 (2): 471 – 517.

[2] Claessens S, Djankov S, Lang L. The Separation of Ownership and Control in East Asian Corporations [J]. Journal of Financial Economics, 2000, 58 (1 – 2): 81 – 112.

[3] Haas R, Lelyveld I. Internal Capital Markets and Lending by Multinational Bank Subsidiaries [J]. Journal of Financial Intermediation, 2010, 19 (1): 1 – 25.

[4] Lin C, Ma Y, Malatesta P, Xuan Y. Corporate Ownership Structure and Bank Loan Syndicate Structure [J]. Journal of Financial Economics, 2012, 104 (1): 1 – 22.

[5] Jian M, Wong T. Propping through Related Party Transactions [J]. Review of Accounting Studies, 2010, 15 (1): 70 – 105.

[6] Cheong K, Choo K, Lee K. Understanding the Behavior of Business Groups: A Dynamic Model and Empirical Analysis [J]. Journal of Economic Behavior & Organization, 2010, 76 (2): 141 – 152.

[7] Peng W, Wei K, Yang Z. Tunneling or Propping: Evidence from Connected Transactions in China [J]. Journal of Corporate Finance, 2011, 17 (2): 306 – 325.

［8］Azofra V, Santamaria M. Ownership, Control, and Pyramids in Spanish Commercial Banks［J］. Journal of Banking & Finance, 2011, 35（6）: 1464 – 1476.

［9］Morck R. A History of Corporate Governance around the World: Family Business Groups to Professional Managers［M］. Chicago: University of Chicago Press, 2007.

［10］唐跃军:《审计质量 VS. 信号显示——终极控制权、大股东治理战略与审计师选择》,载《金融研究》2011 年第 5 期。

［11］洪金明、徐玉德、李亚茹:《信息披露质量、控股股东资金占用与审计师选择——来自深市 A 股上市公司的经验证据》,载《审计研究》2011 年第 2 期。

［12］张奇峰、张鸣:《公司控制权安排、审计师选择与市场价值——来自中国上市公司的证据》,载《山西财经大学学报》2009 年第 6 期。

［13］张娟、李虎、王兵:《审计师选择、信号传递和资本结构优化调整——基于中国上市公司的实证分析》,载《审计与经济研究》2010 年第 9 期。

［14］梁莱歆、冯延超、杨继伟:《实际控制人的政治身份与审计师选择——来自我国民营上市公司的经验证据》,载《审计与经济研究》2011 年第 3 期。

［15］Lin Z, Liu M. The Determinants of Auditor Switching from the Perspective of Corporate Governance in China［J］. Advances in Accounting, incorporating Advances in International Accounting, 2010, 26（1）: 117 – 127.

［16］Fan J, Wong T. Do External Auditors Perform a Corporate Governance Role in Emerging Markets? Evidence from East Asia［J］. Journal of Accounting Research, 2005, 43（1）: 35 – 72.

［17］Chen C, Su X, Wu, X. Auditor Changes Following a Big 4 Merger with a Local Chinese Firm: A Case Study［J］. Auditing: A Journal of Practice and Theory, 2010, 29（1）: 41 – 72.

［18］张敏、冯虹茜、张雯:《机构持股、审计师选择与审计意见》,载《审计研究》2011 年第 6 期。

［19］雷光勇、李书锋、王秀娟:《政治关联、审计师选择与公司价值》,载《管理世界》2009 年第 7 期。

［20］杜兴强、周泽将:《政治联系与审计师选择》,载《审计研究》2010 年第 2 期。

［21］黄新建、张会:《地区环境、政治关联与审计师选择——来自中国民营上市公司的经验证据》,载《审计与经济研究》2011 年第 5 期。

［22］杜兴强、周泽将、杜颖洁:《政治联系、审计师选择的"地缘"偏好与审计意见——基于国有上市公司的经验证据》,载《审计研究》2011 年第 2 期。

［23］王烨:《股权控制链、代理冲突与审计师选择》,载《会计研究》2009 年第 6 期。

［24］钟海燕、冉茂盛、文守逊:《政府干预、内部人控制与公司投资》,载《管理世界》2010 年第 7 期。

[25] Fan J, Wong T. Corporate Ownership Structure and the Informativeness of Accounting Earnings in East Asia [J]. Journal of Accounting and Economics, 2002, 33 (3): 401 – 425.

[26] 王俊秋、张奇峰:《终极控制权、现金流量权与盈余信息含量——来自家族上市公司的经验证据》,载《经济与管理研究》2007 年第 12 期。

[27] 陆正飞、张会丽:《所有权安排、寻租空间与现金分布——来自中国 A 股市场的经验证据》,载《管理世界》2010 年第 5 期。

[28] Shleifer A, Vishny R. Large Shareholders and Corporate Control [J]. Journal of Political Economy, 1986, 94 (3): 461 – 488.

[29] 陈德萍、陈永圣:《股权集中度、股权制衡度与公司绩效关系研究——2007~2009 年中小企业板块的实证检验》,载《会计研究》2011 年第 1 期。

[30] Laeven L. Complex Ownership Structures and Corporate Valuations [J]. Review of Financial Studies, 2008, 21 (2): 579 – 604.

[31] 毛世平:《金字塔控制结构与股权制衡效应——基于中国上市公司的实证研究》,载《管理世界》2009 年第 1 期。

[32] 高闯、关鑫:《社会资本、网络连带与上市公司终极股东控制权——基于社会资本理论的分析框架》,载《中国工业经济》2008 年第 9 期。

[33] 关鑫、高闯、吴维库:《终极股东社会资本控制链的存在与动用——来自中国 60 家上市公司的证据》,载《南开管理评论》2010 年第 6 期。

[34] 方政、徐向艺:《金字塔结构、股权制衡与上市公司股价信息含量》,载《经济管理》2013 年第 3 期。

[35] 曹廷求、王营、张蕾:《董事市场供给会影响董事会独立性吗?——基于中国上市公司的实证分析》,载《中国工业经济》2012 年第 5 期。

母子公司治理研究脉络梳理与演进趋势探析[①]

一、引 言

自拉波特等（La Porta et al.，1999）实证研究指出全球大部分上市公司都隶属于企业集团（business group）、且呈现复杂的股权结构以来，越来越多的学者开始关注企业集团的治理问题。本文以最典型的企业集团——股权呈金字塔结构的母子公司——为研究对象，对母子公司治理研究现状进行了深入剖析。通过梳理国外相关研究，我们发现该领域研究主要集中于母子公司间"自上而下"的单向治理问题，而忽略了以母子公司间互动为核心的双向治理问题，如母公司基于控制权收益的道德风险和母子公司间的讨价还价等问题。近年来，随着行为经济学的发展，母子公司治理研究开始关注子公司在母子公司治理方面的能动性，单向治理研究开始向双向治理研究演进。双向治理研究拓宽了母子公司治理研究的范畴，同时也为复杂的企业集团治理进行了有益的理论探索。

二、母子公司单向治理研究评述

国外学者运用不同理论研究了母子公司这种企业组织形式的成因及治理问题，但没能没有得出一致的结论，甚至有学者如克拉森斯等（Claessens et al.，2006）、陶等（Dow at al.，2009）、彭等（Peng et al.，2011）研究发现股权结构呈金字塔形的控股集团同时存在积极和消极两种治理效应。本文按照治理效应（积极效应或者消极效应）和治理范围（母子公司整体治理或者子公司个体治理）两个维度，把现有的母子公司治理研究细分为积极治理效应内生、积极治理效应外生、消极治理效应内生、消极

[①] 方政、徐向艺，原文发表于《外国经济与管理》，2013年第7期。本文得到山东省社会科学规划项目"上市公司内部人交易行为研究"（项目编号：10BJGJ22）与山东大学研究生自主创新基金（项目编号：11030072613059）的资助。

治理效应外生四个研究视角（见图1）。其中，内生视角把母子公司视为一个整体，认为治理效应内生于母子公司之间，关注母子公司整体绩效的提升；而外生视角则把母公司与子公司作为两个独立的个体，认为治理效应由母公司外生作用于子公司，主要关注母公司对子公司的影响。

	治理效应	
	积极效应	消极效应
外生视角	积极治理效应外生视角	消极治理效应外生视角
内生视角	积极治理效应内生视角	消极治理效应内生视角

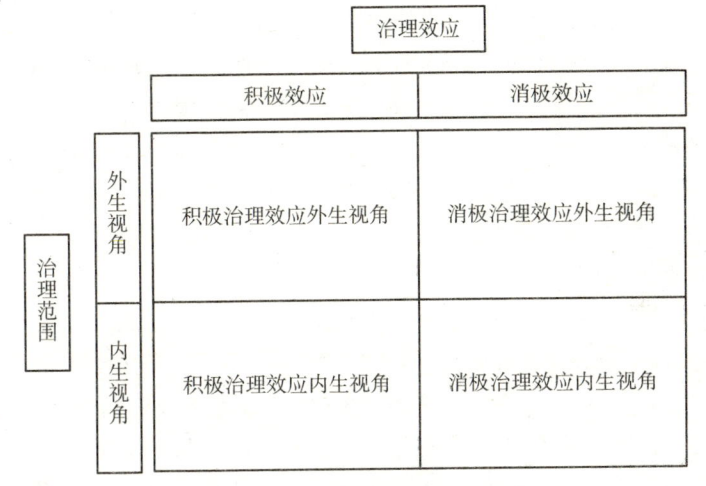

图1 母子公司治理研究视角分类

1. 积极治理效应内生视角

积极治理效应内生视角主要着眼于母子公司整体治理效应，即具体的治理行为是否有助于母子公司整体利益水平的提升。学者们基于交易费用理论的相关研究得出了基本一致的结论，认为母子公司具有"内部市场替代"的功能，能够有效应对市场失灵问题，即母子公司是一种替代市场的组织形式，可用于规避由市场失灵导致的资本、劳动和管理低效率问题（坎纳，2000）。

许多学者不仅验证了"内部市场替代"假说，而且还提供了来自不同国家的经验证据，从而大大提高了该假说的适用性。具体而言，克拉森斯等（Claessens et al.，2000）采用中国香港、印度尼西亚、日本、韩国等九个东亚国家和地区1996年的母子公司数据研究表明：这些东亚国家和地区母子公司控制权与现金流权分离的现象非常普遍，因此，大股东或者实际控制人能够实施资源的调度与配置。这种现象在家族控制企业（family-controlled firms）尤为常见。西奥等（Faccio at al.，2002）采用欧洲大陆13国1996~1999年的相关数据研究发现，尽管家族控制是在这些国家和地区比较常见母子公司控制模式,但控制权与现金流权分离的现象并不严重。为了提高研究结论的适用性,林等(Lin et al.,2012)综合运用以上两项研究的样本数据,以这 22 个国家和地区的 3056 家公司(1998~2006年)作为研究对象进行了多元回归分析,结果发现:在子公司现金流权与控制权两权分离的情况下,实际控制人能以母子公司整体为信誉载体,获得地理位置相近或者相关产业借贷经验丰富的银行组成贷款银团的融资。还有学者如安德烈斯等(Andres et al.,2008)、哈斯等(Haas et al.,2010)以跨国银行集团为样本,研究发现跨国银行集团常常通过内部协调来方便和优化资本转移,从而证实了它们用集团内部市场来替代外部市场的倾向。其他一些学者采用不同国家数据完成的实证研究从不同的侧面都支持了母子公司"内部市场替代"假说。例如,陶等(Dow et al.,2009)采用日本企业集团 1987~2001 年的数据发现:在信贷压力增大的宏观经济环境下(1991 年之后),由母公司提供信用担保的子公司具备较强的应变能力;张等(Cheong et al.,2010)考察了韩国公平交易委员会圈定的最大 30 家韩国最大企业集团,结果表明母公司能够为旗下子公司营造便利的融资环境和发展空间;诺斯等(Manos et al.,2007)比较分析了印度 4506 家独立上市公司和 2042 家隶属于母子公司的上市公司,结果表明后一种上市公司财务杠杆比率越高,融资空间就越大。

2. 积极治理效应外生视角

积极效应治理外生视角以子公司利益为出发点,认为母公司行为外生作用于子公司,并且主要关注母公司对子公司产生的积极作用或正面影响。该视角的研究通常把资源依赖理论作为自己的理论基础。资源依赖理论关注组织之间相互关系,认为外部环境也是组织的重要资源。致力于母子公司治理问题研究的学者基于资源依赖理论研究了母子公司之间的资源依赖关系,认为子公司(尤其是陷入困境的子公司)通过与母公司进行互动和协同,能够获取母公司的资源支持,实现资源的外部整合,并创造有利的竞争环境。常等(Chang et al.,2000)较早就关注企业集团内部母子公司之间的"支持"(propping)行为,并且研究发现企业集团出于保证整体利益的需要,有可能对陷入困境的子公司实施救济或提供援助。佛里德曼等(Friedman et al.,2003)则最先为企业集团的支持行为提供了实证证据:陷入困境的子公司能够取得高额贷款就是母公司支持行为的具体表现。近年来,许多学者还利用不同国家的样本进行了研究,为企业集团的支持行为提供了经验证据,而且证明在宏观经济不景气时母公司支持行为的作用就更加显著。例如，格内奇等（Gonenc et al., 2008）以1991~2003年的土耳其母子公司为研究样本，不仅证实了支持行为的存在，而且还发现在1991~1999年经济"温和负增长"时期土耳其的母公司明显对子公司采取了支持行为。彭等（Peng et al., 2011）基于中国上市公司的研究表明，某些母公司甚至通过关联交易来支持支持上市公司，而且在经济状况欠佳时尤其明显；陶等（Dow et al., 2009）以及张等（Cheong et al., 2010）对日本、韩国的研究也表明：虽然平时母公司会对子公司实施掏空行为，但在宏观经济不景气时期会对子公司提供支持。

3. 消极治理效应内生视角

消极治理效应内生视角主要基于第二类代理成本问题，从母子公司整体利益出发来考察母公司的治理行为可能对子公司利益造成的侵害，并且认为母公司的治理行为有可能产生消极效应而不能提升母子公司的整体利益。具体而言，基于消极治理效应内生视角的研究主要根据廉价现金流假说和有效市场假说，从转移风险引发的过度投资以及转移资源导致的市场价值贬损两个方面来验证了母公司治理行为对子公司产生的消极效应。

（1）过度投资。按照廉价现金流假说，企业内部现金流充裕，会导致现金价值下降，即导致廉价现金流，因而容易引发过度投资。有学者结合风险转嫁假说，运用廉价现金流假说来考察母子公司治理问题，认为母公司在自身扩张冲动的驱使下会把子公司的现金流投资于高风险项目。例如，魏等（Wei et al., 2008）选取东南亚金融危机发生前（1991~1996年）中国香港、韩国、马来西亚等八个东亚地区新兴经济体为样本，将控制权与现金流权分离程度引入分析框架，考察了实际控制人对投资水平的影响，结果发现：随着现金流权与控制权分离程度的提升导致母公司之于子公司经营风险与责任承担的同步下降，从而容易产生严重的代理问题，使得子公司对投资—现金流敏感性相应提高，进而引发过度投资行为，证实了自由现金流假说。

（2）市场价值贬损。也有学者基于代理成本理论，结合运用有效市场假说和信号理论来研究母子公司治理问题，结果发现：母子公司间关联交易滥用会向外界发送了"资源转移不合理"的信号，从而导致市场做出负面评价，进而导致公司市场价值贬损。具体而言，乔治等（George et al., 2008）利用1998~2000年的数据，对印度476家独立上市公司和368家非独立上市公司进行了比较研究，结果发现母公司的利润分配行为容易导致市场对子公司的价值做出负面评价估；麦瑞森田等（Marisetty et al.,

2010）以印度 1990~2004 年的 IPO 公司为样本，研究发现无论是长期还是短期，隶属于母子公司的上市公司都承受着更高的"价值折扣"；班纳森等（Bennedsen et al., 2010）在考察了欧盟国家 4096 家上市公司后指出母公司或者实际控制人现金流权较低的上市公司不仅存在"价值贬损"现象，而且这一现象在投资者保护水平较高的国家更加严重。雷等（Lei et al., 2011）以 181 家在香港上市的内地子公司作为样本，以托宾 Q 值、账面价值和累计异常收益率（CAR）为企业价值评判标准，实证考察了母子公司关联交易对子公司市场价值评估的影响，结果表明母子公司关联交易显著降低了子公司的市场价值，而信息披露完备程度能够显著弱化这一负向关系。

4. 消极治理效应外生视角

消极治理效应外生视角以子公司利益作为出发点，着眼于由于实际控制人寻租行为所导致的子公司利益损失，即"掏空"行为（约翰逊等，2000）。由于实际控制人与子公司中小股东之间的信息不对称，母公司或者实际控制人获得了寻租的外部条件，加之母公司或者实际控制人与子公司中小股东利益不一致的内部原因，"掏空"行为就发生了，具体体现为自我交易（self-dealing）、实际控制人与子公司高管共谋以及借助财务杠杆剥夺子公司。

（1）自我交易（self-dealing）。"自我交易"是指公司的实际控制人（经理层或控股股东）在信息不对称的情况下，利用职权的便利实现财富的"自肥式"转移，而不是与其他投资者分享（詹可夫等，2008）。"自我交易"在公司治理实践中有多种表现形式，例如，不合理的高管薪酬、过度投资、关联交易滥用等（史莱佛等，1997）。由于市场机制不健全、法律制度不完善，中国资本市场"自我交易"行为更是成为近年来研究的热点（伯克曼等，2009；李，2010；姜等，2010；彭等，2011）基于中国关于投资者保护和信息披露的法律法规现状，研究证实了母子公司条件下"自我交易"行为的普遍性。阿索佛拉等（Azofra et al., 2011）利用 1996~2004 年数据，对西班牙 80 家商业银行进行了研究，结果表明：实际控制人存在利用"自我交易"行为进行跨领域信贷转移的现象，并且导致商业银行绩效水平的下降。

（2）实际控制人与子公司高管合谋。母子公司治理框架下，代理人与大股东或者实际控制人找到了共同的利益诉求点，即通过共谋侵害子公司以及中小股东的利益，导致控制权与现金流权的形式分离和实际重合，出现内部人控制。王等（Wang et al., 2011）研究中国非独立上市公司（1999~2005年）高管薪酬—业绩敏感性是否受到母公司的影响，结果显示隶属于母子公司的上市公司高管薪酬—业绩敏感性较低，主要原因在于高管的特殊身份，即高管能够协调实际控制人与中小股东的利益分歧，所以实际控制人为了实现"掏空"而扭曲高管评价体系，通过降低高管薪酬—业绩敏感性以获取高管的支持，合谋导致子公司和中小股东利益受损；波等（Lo et al., 2011）则利用2004~2005年中国沪市上市公司作为研究对象，研究发现：关联交易的存在导致子公司高管自愿性信息披露动机弱化，不利于信息披露质量的提升；佛朗西斯科（Francisco, 2009）在考察了智利157家非金融类上市公司后指出在现金流权较低的情况下，实际控制人更加倾向于提升子公司董事与高管的薪酬水平，而不是提升股利水平。

（3）借助财务杠杆与盈余管理剥夺子公司。现有研究也关注了财务管理领域的治理效应，从两个方面对实际控制人的控制权私利进行研究：首先，基于代理成本理论，利用子公司进行担保或者抵押等途径，转移子公司资源，实现"掏空"，导致子公司财务风险水平与融资成本的提高。研格若瓦等（Paligorova et al., 2012）研究指出隶属于母子公司的上市公司与没有隶属关系的上市公司相比，前者具有更高的财务杠杆，这主要源于终极控制人的剥夺。林等（Lin et al., 2011）以中国香港、中国台湾、新加坡等22个国家和地区（1996~2008年）为样本进行母子公司框架下的子公司财务风险研究，结果表明：由于终极控制人的"剥夺"，子公司的财务杠杆以及债务融资成本显著高于没有隶属关系的上市公司。巴尼—阿里芬等（Bany - Arifn et al., 2010）则考察了马来西亚的上市公司数据，研究证实了母公司借助财务杠杆剥夺子公司的存在。其次，基于信号理论与有效市场假说，利用盈余管理向外界释放积极的信号，以期获取市场溢价。阿哈罗尼等（Aharony et al., 2010）以中国实施IPO的上市公司为研究对象，研究发现在IPO之前，实际控制人存在利用盈余管理获取更高市场溢价的动机，从而借助母公司的主导地位取得更大的寻租空间（见表1）。

表1　　　　　　　　母子公司单向治理的研究视角比较

研究视角	基础理论	治理问题	具体表现
治理积极效应内生视角	交易费用理论	内部市场替代、税盾效应	获取银行支持；资源的共享或者转移；合理避税

续表

研究视角	基础理论	治理问题	具体表现
治理积极效应外生视角	资源依赖理论	"支持"行为	对陷入困境的子公司进行救济,如提供高额贷款等
治理消极效应内生视角	代理成本理论	过度投资、资源转移	基于风险转嫁的投资行为;不合理的资源转移
治理消极效应外生视角		"掏空"行为	"自我交易"行为;实际控制人与子公司高管实现合谋等

资料来源:根据相关文献整理。

5. 母子公司单向治理研究评价

综上所述,综观国外母子公司治理研究我们发现一个共同的特征:以母公司的单向治理为主,即主要关注了母公司治理行为对于母子公司整体以及子公司的影响。

(1)作为公司治理研究的主要理论基础,传统委托—代理理论侧重于单向契约基础上的母子公司治理。具体表现在两方面:首先,忽视了契约双方的互动性。假定委托人与代理人之间是单向的契约关系,且代理人只能被动接受,没有双方讨价还价的空间(冯根福等,2012);其次,忽视了母公司道德风险的存在。传统委托—代理理论关注的是母子公司框架下,控制链的延伸可能产生由于子公司"内部人控制"导致的效率损失问题,故而将母公司的治理方向定格在了对于子公司"自上而下"的管控,但是没有将母公司基于控制权私利的道德风险问题纳入研究框架。因此,现有关于母子公司治理的研究只关注了母公司单向治理问题。

(2)由于母公司"权责不对等",现有研究过于强调母公司的控制强度与效率,而忽视了子公司自主性以及自我保护。按照法律规定,母公司"以出资额为限承担有限责任",在规避母公司因控制链延伸而存在的潜在效率损失的同时,然而却容易产生母公司"越位"问题,导致"掏空"行为,从而侵害子公司利益。

因此,母子公司治理研究亟须引入一个全新的视角,克服单向治理研究的不足,一方面要突破传统委托代理理论的束缚,即将母子公司间的互动性和母公司道德风险纳入分析框架;另一方面在"权责对等"原则下兼顾母子公司间的权利、义务的对称性,从母公司"自上而下"单向治理实现向母子公司之间"互动性"研究过渡。

三、母子公司治理研究的演进趋势：从单向治理到双向治理

随着哈特（Hart，2009）将行为经济学引入契约理论，承认缔约双方的能动性，放松了关于双方不进行讨价还价的假设，母子公司治理开始关注子公司的能动性，以母子公司之间"互动性"的全新视角审视母子公司治理，单向治理向双向治理转变，产生了一个全新的视角——母子公司双向治理。

1. 母子公司双向治理研究的演进：行为经济学的引入

行为经济学认为感知、价值判断等个体差异，一方面呈现自利倾向，即在判断过程中优先考虑自身利益得失，难以容忍"损己利人"；但另一方面呈现互惠倾向，即当自身利益得到保障时，存在追求互惠的利他动机。哈特（Hart，2009）率先将行为经济学关于个体差异的思想引入新古典分析框架，提出了参照点契约概念（Contract as a Reference Point），即契约不再是完全预设的，而仅仅是为契约双方提供了一个符合期望预期的参照点，为双方提供议价空间，允许双方就自身利益进行讨价还价。如果一方觉得契约规定有利于自身利益的实现，那么其就会尽力履行契约；如果一方感觉难以保证自身利益的实现，那么其就会消极履约，甚至违约（徐细雄，2012）。

通过将参照点契约概念引入母子公司治理研究，即允许母子公司双方基于自身利益和互惠的目的进行敲竹杠和再谈判，给予双方讨价还价的空间，原有的母公司单向治理、管控子公司也就转向母子公司双向治理、母子公司协同，因此，参照点契约成为母子公司双向治理的理论基础。母子公司双向治理，不仅要求母公司以整体利益为治理行为出发点，还应该承认在提高管控效率的过程中可能存在的母公司"道德风险"问题，即充分尊重子公司自主性，允许子公司基于自身利益的合理讨价还价行为，在治理实践中表现为子公司对于自主性的诉求或者自我保护。

2. 母子公司双向治理研究实现途径

双向治理目前虽然没有得到普遍关注，但是我们对已有文献进行梳理，发现该领域研究主要集中于双向治理实现途径，学者们主要从内部治理机制、子公司特征与外部治理机制三个角度展开研究。

（1）基于内部治理机制的双向治理实现途径。

第一，股权结构。首先，避免过度集中的股权结构，引入机构投资者

参与治理。休斯（Hughes，2009）通过考察西欧 12 个国家上市子公司股权结构与市场评价的关系，结果表明：在投资者保护水平较低的法律环境下，股权结构分散以及现金流权与控制权分离程度较低能够有效抵御由于终极控制权所导致的子公司"价值折扣"。张等（Cheung et al.，2009）以中国企业集团作为研究对象，结论指出国有股"一股独大"容易导致"掏空"行为，但是如果拥有外国投资者参股或者子公司双重上市，则"掏空"行为会转变为"支持"行为。其次，在控制权与现金流权分离程度较大时，有必要限制现金流权的表决权。贝尔克（Belkhir，2009）、阿索佛拉等（Azofra et al.，2011）研究指出在现金流权与控制权两权分离的情况下，股权结构的配置一定程度上可以替代董事会的职能，因为后者主要受到实际控制人的控制。

第二，董事会治理。基于委托—代理理论，学者们研究指出董事会治理能够有效提升子公司决策自主性，具体来说，首先，为了增强董事会决策的独立性与科学性，进而保证子公司董事会决策的自主性，应该引入更多的独立董事达哈等（Dahya et al.，2008）、勒福尔等（Lefort et al.，2008）。其次，实施董事长与 CEO 两职分离，避免决策权的过度集中，从制度层面实现权力的分散化（金等，2005）；再次，更大的董事会规模能够提升实际控制人或者控股股东的机会成本，有效降低其对于子公司决策的过度干预等（金等，2005）。还有学者基于自愿性披露（波等，2010，2011）与母子公司间关联交易（叶等，2012）视角验证了董事会的独立性能够有效制衡实际控制人，保护子公司核心利益。叶等（Lo et al.，2010，2011）以中国上市公司（2004～2005 年）为研究对象发现随着董事会独立性的增强（独立董事数量的增多），子公司自愿性信息披露水平能够得到显著提升；叶等（Yeh et al.，2012）利用 1996～2008 年的数据，研究了中国台湾上市公司的关联交易情况，结果表明：董事会治理机制的优化能够有效限制子公司与母公司关联交易的规模。

（2）基于子公司特征的双向治理实现途径。子公司可以借助自身特征，增强与母公司间的讨价还价能力，进而实现自我保护的双向治理也得到了许多学者的认可，具体表现为子公司地位、子公司自治性与子公司内外部社会资本。

第一，子公司地位。子公司在母子公司中的地位，一方面体现了子公司对于母公司的重要性，可能受到来自母公司的更强干预与控制，但是另一方面实现了子公司对于母公司资源的"套牢"，增强了母子公司相互之间的依赖性，使得子公司能够在经营决策过程中获得必要的话语权，即强化了其讨价还价的能力。子公司地位主要有 3 个研究视角：母子公司关联强度、母公司对子公司业绩的评价和母子公司业务重叠程度与持久性。阿加沃尔等（Aggarwal et al., 2012）从母子公司关联强度角度研究了日本企业集团母子公司股利政策配置问题，结论指出母子公司关联强度显著影响母公司对子公司的股利分配的倾斜程度，母子公司间关联程度越强，母子公司依赖性越发增强，一定程度上能够抑制母公司对子公司的过度干预。洛维特等（Lovett et al., 2009）从业绩评价角度研究子公司地位，通过考察美国在墨西哥设立的 44 家子公司后发现母公司对子公司业绩的积极评价能够增强子公司的讨价还价能力，进而显著弱化母公司的控制。皮亚纳等（Piana et al., 2012）考察了意大利家族企业集团，结论表明：母子公司业务重叠程度与持久性能够显著提升子公司的地位，进而增强子公司治理机制的积极效应。

第二，子公司自治性。林等（Lin et al., 2010）以海外企业集团在台湾设立的子公司为研究对象，结论指出具有自主或者自治性战略角色的子公司具有较强的自发协同能力，从而降低了来自母公司的管制压力。基于嵌入理论，王等（Wang et al., 2009）、桑坦赫洛（Santangelo, 2012）指出子公司信息共享主动性能够有效弱化来源于母公司的控制，尤其是文化控制；基于网络分析方法，盖米伽德等（Gammelgaard et al., 2012）将在英国、德国以及丹麦的国外公司子公司置于母子公司治理网络中研究影响子公司自治性的相关因素，发现经营效率能够显著提升子公司自治性。

此外，还有学者关注到子公司内外部社会资本对于增强子公司独立性的作用，认为如果子公司拥有高度的社会资本资源，能够以此强化其讨价还价能力实现自我保护，例如，盖米伽德等（Gammelgaard et al., 2012）研究表明子公司在企业集团内部以及外部的社会资本联结能够成为子公司有力保障。

（3）基于外部治理机制的双向治理实现途径。子公司外部治理机制的相关研究十分有限，原因可能在于学术界基于传统委托—代理理论，默认了母公司单向治理的思想。但是，通过梳理相关文献，还是能够找到少数有价值的研究，其主要切入点是外部审计师、政治关联与投资者保护 3 个方面。外部审计师方面，范等（Fan et al., 2005）以东亚 8 个国家和地区的上市公司（1994~1996 年）为研究对象，希望研究在家族控制较为普遍的东亚地区，上市公司是否愿意雇佣更有声望的外部审计师来缓解其代理冲突，从而获取投资者对于会计信息更高的信任度，结论显示越是代理冲突严重的上市公司，越倾向于雇用声誉水平较高的会计事务所，而声誉水平较高的事务所出具非标准审计意见的可能性也越大，即外部审计师作为外部治理机制能够较好的发挥治理效应，很好地补充了内部治理机制的不足。政治关联方面，彭等（Peng et al.，2011）利用1998~2004年数据研究了中国上海、深圳两市上市公司，并针对中国上市公司普遍存在政治关联的现实，将政治关联引入分析框架，以检验政治关联是否对于上市公司关联交易的市场反应产生显著影响，结果表明：中国上市公司的政治关联能够抵消一部分因为"掏空"行为所导致的市场"价值折扣"。在投资者保护保护方面，李（Li，2010）以中国上市公司为研究对象，为了增强研究结论的实用性，每年随机选择50家上市公司（2002~2007年），意在研究中国上市公司中实际控制人的"掏空"行为，结论证实了中国资本市场上"掏空"行为的普遍存在，即单纯依靠公司内部治理机制很难抑制"掏空"行为，因此需要建立健全投资者保护的法律体系从外部切实保护投资者利益。

四、结论与研究展望

通过梳理国外关于母子公司治理领域的研究，母公司"自上而下"的单向治理得到了充分的关注，研究视角也十分全面，可具体细分为治理积极效应内生视角、治理积极效应外生视角、治理消极效应内生视角和治理消极效应外生视角等几个角度。但是，由于传统委托—代理理论的不足以及对于母公司权责的非对称性关注，学术界对于以子公司自主性以及母子公司间的互动性为中心的母子公司双向治理问题还没有展开系统的论述。本文回顾了近年来国外母子公司治理文献，发现目前有关于母子公司双向治理思想的研究主要集中于母子公司双向治理的实现路径，例如内部治理机制、子公司特征与外部治理机制3个角度。但是，现有关于母子公司双向治理的研究对于其理论框架、影响因素的作用机理以及治理绩效评价等几个方面还存在不足，存在着几个亟须回答的问题，如双向治理的理论基础较之于单向治理如何实现了演化与完善？双向治理框架下，内、外部治理机制对于治理效应的作用机理是什么？双向治理绩效评价是否区别于单向治理？对于这几个方面的问题，我们认为可以从以下方向进行深化研究，以进一步完善母子公司治理研究。

（1）完善母子公司治理理论框架，将母子公司互动性引入理论框架，实现传统委托代理分析框架向行为分析框架的转变。通过将行为经济学中参照点契约概念引入母子公司治理研究，子公司不再是母公司治理行为的被动接受者，而可以成为母公司治理行为的积极影响者，进而实现由传统委托—代理分析框架向行为分析框架的转变，即进一步从理论上分析母子公司间是否存在最优的参照点水平？如果存在最优的参照点水平，母子公司双方通过再谈判或者讨价还价实现这一水平的作用机理是什么？这些问题都是完善母子公司治理理论框架亟须回答的问题。

（2）拓展母子公司双向治理研究的实证研究，系统阐述治理机制互动的影响及机理研究。在母子公司双向治理的理论框架下，母子公司能够根据自身利益诉求进行再谈判，这就需要引入治理机制为谈判过程提供保障和约束，以保证再谈判能够切实提高母子公司整体治理效率。母子公司通过再谈判能否提升整体治理效率？在存在实际控制人情况下，母公司董事会是否能够有效的履行职能？在母公司存在实际控制的情况下，子公司的外部审计师或者来自于媒体的监督，能够有效制衡实际控制人的治理行为？这些都是需要母子公司双向治理研究进行量化分析的问题。

（3）建立母子公司双向治理绩效评价体系，进行基于整体评价的机制与制度创新。母子公司双向治理要求母子公司双方寻求最优的契约参照点，实现整体治理效率的最优化，而不再单纯地关注于母公司管控行为的治理效率，这就要求母子公司治理绩效评价方面进行相关机制与制度创新，即治理行为是否兼顾了母子公司整体绩效水平以及母子公司个体绩效水平的提升？是否在提升子公司管控效率的同时，有效地规避了母公司道德风险导致的过度干预问题？另外，母子公司双向治理的治理绩效评价不仅要兼顾母子公司短期与长期的经济绩效，还要力求产生必要的社会绩效，也就是说母子公司双向治理是否能够从以获取企业利润为导向的"消极遵守法律法规"向以获取社会效益为导向的"积极迎合法律法规"转变，进而完成母子公司基于整体治理效率评价的机制与制度创新。

参 考 文 献

[1] Aggarwal R and Dow S. Dividends and Strength of Japanese Business Group Affiliation [J]. Journal of Economics and Business. 2012, 64: 214–230.

[2] Azofra V and Santamaria M. Ownership, Control, and Pyramids in Spanish Com-

mercial Banks [J]. Journal of Banking & Finance. 2011, 35: 1464 – 1476.

[3] Belkhir M. Board Structure, Ownership Structure and Firm Performance: Evidence from Banking [J]. Applied Financial Economics. 2009, 19: 1581 – 1593.

[4] Bennedsen M and Nielsen K. Incentive and Entrenchment Effects in European Ownership [J]. Journal of Banking & Finance. 2010, 34: 2212 – 2229.

[5] Cheong K, et al. Understanding the Behavior of Business Groups: A Dynamic Model and Empirical Analysis [J]. Journal of Economic Behavior & Organization. 2010, 76: 141 – 152.

[6] Claessens S, et al. The Separation of Ownership and Control in East Asian Corporations [J]. Journal of Financial Economics. 2000, 58: 81 – 112.

[7] Dahya J, et al. Dominant Shareholders, Corporate Boards, and Corporate Value: A Cross-country Analysis [J]. Journal of Financial Economics. 2008, 87: 73 – 100.

[8] Djankov S, et al. The Law and Economics of Self-dealing [J]. Journal of Financial Economics. 2008, 88: 430 – 465.

[9] Gammelgaard J, et al. The Impact of Increases in Subsidiary Autonomy and Network Relationships on Performance [J]. International Business Review. 2012, 21: 1158 – 1172.

[10] Hart O. Hold-up, Asset Ownership and Reference Points [J]. Quarterly Journal of Economics. 2009, 124: 267 – 300.

[11] Hughes J. Corporate Value, Ultimate Control and Law Protection for Investors in Western Europe [J]. Management Accounting Research. 2009, 20: 41 – 52.

[12] Johnson S, et al. Tunneling [J]. American Economic Review. 2000, 90: 22 – 27.

[13] Khanna T. Business Groups and Social Welfare in Emerging Markets: Existing Evidence and Unanswered Questions [J]. European Economic Review. 2000, 44: 748 – 761.

[14] La Porta, et al. Corporate Ownership around the World [J]. Journal of Finance. 1999, 54: 471 – 517.

[15] Li G. The Pervasiveness and Severity of Tunneling by Controlling Shareholders in China [J]. China Economic Review. 2010, 21: 310 – 323.

[16] Lin S and Hsieh A. International Strategy Implementation: Roles of Subsidiaries, Operational Capabilities, and Procedural Justice [J]. Journal of Business Research. 2010, 63: 52 – 59.

[17] Lei A and Song F. Connected Transactions and Firm Value: Evidence from China-affiliated Companies [J]. Pacific – Basin Finance Journal. 2011, 19: 470 – 490.

[18] Lin C, et al. Corporate Ownership Structure and Bank Loan Syndicate Structure [J]. Journal of Financial Economics. 2012, 104: 1 – 22.

[19] Lo A and Wong R. An Empirical Study of Voluntary Transfer Pricing Disclosures in China [J]. Journal of Accounting and Public Policy. 2011, 30: 607 – 628.

[20] Lo A, et al. Can Corporate Governance Deter Management from Manipulating Earnings? Evidence from Related-party Sales Transactions in China [J]. Journal of Corporate Finance. 2010, 16: 225 – 235.

[21] Paligorova T and Xu Z. Complex Ownership and Capital Structure [J]. Journal of Corporate Finance. 2012, 18: 701 – 716.

[22] Peng W, et al. Tunneling or Propping: Evidence from Connected Transactions in China [J]. Journal of Corporate Finance. 2011, 17: 306 – 325.

[23] Piana B, et al. Towards a Better Understanding of Family Business Groups and Their Key Dimensions [J]. Journal of Family Business Strategy. 2012, 3: 174 – 192.

[24] Santangelo G. The Tension of Information Sharing: Effects on Subsidiary Embeddedness [J]. International Business Review. 2012, 12: 180 – 195.

[25] Tang J and Rowe W. The Liability of Closeness: Business Relatedness and Foreign Subsidiary Performance [J]. Journal of World Business. 2012, 47: 288 – 296.

[26] Wang K and Xiao X. Controlling Shareholders' Tunneling and Executive Compensation: Evidence from China [J]. Journal of Accounting and Public Policy. 2011, 30: 89 – 100.

[27] Yeh Y, et al. Related-party Transactions and Corporate Governance: The Evidence from the Taiwan Stock Market [J]. Pacific – Basin Finance Journal. 2012, 20: 755 – 776.

[28] 冯根福、赵珏航:《管理者薪酬、在职消费与公司绩效——基于合作博弈的分析视角》,载《中国工业经济》2012年第6期。

[29] 郝云宏:《公司治理内在逻辑关系冲突:董事会行为的视角》,载《中国工业经济》2012年第9期。

[30] 徐细雄:《参照点契约理论:不完全契约理论的行为与实验拓展》,载《外国经济与管理》2012年第11期。